東日本大震災の
税務・復興支援

監 修　川田　剛　尾崎三郎　関場　修
編 著　税理士法人山田＆パートナーズ
　　　　山田コンサルティンググループ株式会社
　　　　　山田FAS株式会社
　　　　　山田ビジネスコンサルティング株式会社

財経詳報社

はじめに

　本当に辛いことが起きてしまいました。

　この度の東日本大震災で被災された皆さまに心からお見舞いを申し上げますとともに、少しでも平穏な時間を1日も早く取り戻されますようお祈り申し上げます。そして私たちは被災された皆さまに心を寄せて、お役に立つべく、しっかりやらねば、やり続けねばならない、と思っています。

　被災された皆さまにとっては、まず生活の基盤を取り戻していただくのが先決ですので、税金などは頭の隅にも浮かばないことかと思います。ではありますが、申告すれば既に納めた税金が戻り、また、今後支払う税金が軽減されるなど、少しは役に立つこともあります。せっかくの権利であり、そのための手当ですので、皆さまにその適用があることを知っていただき、対応していただきたいと希望し、本書を執筆いたしました。

　本書は3部構成です。

　第1部は「個人編」です。東日本大震災で被災された個人に適用される所得税・住民税・相続税・贈与税の措置について、そして、東日本大震災に関連して義援金等を拠出された個人に適用される税制措置（所得税・住民税・相続税）を記載しております。例えば、今回の震災があたかも平成22年に発生したものとして、自宅・家財の被害や個人事業者の事業損失を平成22年分の所得税計算に織り込むことができる特例（平成22年の所得税が軽減されます）が設けられました。

　個人の方々にとって税金は身近な存在ではありませんので、「第1編　チェック編」を設け、給与所得者・事業所得者・不動産所得者に分けてチェッ

クポイントをまとめました。また、「資産に受けた損失」と「災害に関連して支出した費用」について取扱い一覧表を設けました。まずは、「第1編　チェック編」でご自分にあてはまる項目の有無をチェックしてください。そして、適用がある項目について「第2編　概要編」の該当ページで内容をご確認ください。具体的事例等を用いたさらに詳細な説明は「第3編　解説編」をご覧ください。

　第2部は「法人編」です。東日本大震災で被災された法人に適用される法人税・法人住民税を中心に、法人・個人に共通する消費税・固定資産税・印紙税・登録免許税・不動産取得税・自動車諸税の取扱い（特例等）を記載しております。主な項目は「震災損失の繰戻しによる法人税額の還付（震災損失により被災事業年度が赤字の場合、被災損失の繰戻しにより被災前の2事業年度に納めた法人税の還付を受けられます）」・「災害損失特別勘定の損金算入（一定の被災資産の修繕費見積り額を被災事業年度の損金に算入できる措置）」・「特定資産の買換え特例」・「代替資産を取得した場合の特別償却」です。
　「第1編　概要編」で震災対応の税制措置の全体像を知っていただき、そのうえで自社に関係する項目について「第2編　解説編」をご覧ください。

　第3部は「復興プラン・資金調達編」です。
　企業が復興に向けてすべきことについて記載しております。第2章で金融支援（融資の特例）制度や融資を受けるために事前にやっておきたい「震災の影響に関する定量要因分析や回復可能性の検証」について詳しく説明しています。第3章では大震災により想定される労務に関する諸問題とそれに対する特例措置をまとめています。企業経営者の皆様の不安が少しでも軽減され復興に向けて進む一助になれば幸いです。

東日本大震災は、想像もできないほどの広い地域に甚大な被害をもたらしました。今も不自由な生活を余儀なくされている皆さまのご心中は察するに余りあります。復興も緒についたばかりで、まだまだ長い時間がかかると思いますが、私たち国民は一体となってこの「国難」に立ち向かい、一日も早い復興を果たさなければなりません。そのためにも、「3月11日」を決して忘れることなく長期にわたる支援を続けていくことが何より大切です。

　被災された皆さまがこの危機を乗り越えられて、一日も早く元気になられることを心からお祈りいたします。

　　平成23年8月

　　　　　　　　　　　　　　　　　　　　　　監修者・編著者一同

追記　財経詳報社富高克典さんの励ましと熱意ある協力により本書が完成し
　　　ました。ありがとうございました。

目　次

はじめに

第1部　個人編

東日本大震災の税制特例措置
　1　東日本大震災の税制特例（震災特例法）（Q1）……………2
　2　東日本大震災の税制特例の適用範囲（Q2）………………4

第1編　チェック編

第1章　所得税・住民税
　Ⅰ　給与所得者のチェックポイント………………………………6
　　1　給与所得者のチェックポイント……………………………6
　　2　平成22年の給与年収が2,000万円以下の給与所得者………7
　　3　平成22年の給与年収が2,000万円超の給与所得者で、
　　　　大震災前に申告納税を済ませた人……………………………9
　　4　平成22年の給与年収が2,000万円超の給与所得者で、
　　　　申告納税が済んでいない人…………………………………10
　Ⅱ　事業所得者のチェックポイント……………………………11
　Ⅲ　不動産所得がある人のチェックポイント…………………13
　Ⅳ　資産に受けた損失、取扱い一覧……………………………13
　Ⅴ　災害に関連して支出した費用、取扱い一覧………………15

第2章　相続税・贈与税
　Ⅰ　相続税のチェックポイント…………………………………16
　　1　相続税申告期限後に被害を受けた場合
　　　　（相続発生：平成22年5月10日以前）………………………16
　　2　相続税申告期限前に被害を受けた場合
　　　　（相続発生：平成22年5月11日～平成23年3月10日）………16
　　3　平成23年3月11日以降に相続が発生した場合………………17

Ⅱ　贈与税のチェックポイント……………………………………………18
　　1　贈与税申告期限前に被害を受けた場合……………………………18
　　2　贈与税申告期限後に被害を受けた場合……………………………19
　　3　「住宅取得等資金の贈与税の特例」によるマイホーム取得資金の
　　　贈与を受けた場合……………………………………………………19

第2編　概要編

第1章　所得税・住民税
　Ⅰ　申告・納付等期限の延長………………………………………………22
　　1　納税地が青森県、岩手県、宮城県、福島県、茨城県の場合
　　　―申告・納付等の期限自動延長（Q3）……………………………22
　　2　納税地が「指定地域」以外の場合―申告・納付等の
　　　期限延長（Q4）………………………………………………………23
　　3　「指定地域」外に転出した場合の申告・納付等の期限（Q5）……24
　　4　申告期限等が延長されるもの（Q6）………………………………24
　Ⅱ　国税に関する納税の猶予………………………………………………25
　　1　納付期限が到来していない国税
　　　―「災害により相当の損失を受けた場合」の納税猶予（Q7）……25
　　2　既に納期限が到来している国税
　　　―「納付困難な場合」の納税猶予（Q8）……………………………26
　Ⅲ　住宅・家財の損害と所得税・住民税の軽減・免除
　　（雑損控除・災害減免法等）……………………………………………27
　　1　住宅・家財の損害と所得税の軽減・免除…………………………27
　　　(1)　雑損控除と災害減免法（Q9）……………………………………27
　　　(2)　雑損控除と災害減免法、どちらが有利か、おおむねの目安（Q10）…29
　　2　雑損控除…………………………………………………………………30
　　　(1)　雑損控除の概要（Q11）……………………………………………30
　　　(2)　雑損控除の対象となる資産・災害関連支出（Q12）……………31
　　　(3)　雑損控除における資産損失額の把握
　　　　（簡便的な方法―「損失額の合理的な計算方法」）（Q13）………33

(4) 雑損控除の計算（**Q14**）··35
　　(5) 雑損控除により軽減される所得税額（**Q15**）····················37
　　(6) 翌年以降5年間の繰越しが可能（雑損失の繰越控除）（**Q16**）··········38
　　(7) 必要書類（り災証明書）と、書類がない場合の対応（**Q17**）··········38
　　(8) 雑損控除と住民税（**Q18**）··39
　3　災害減免法···39
　　(1) 災害減免法の概要（**Q19**）··39
　　(2) 災害減免法の適用を受けられる人（**Q20**）·······················40
　　(3) 災害減免法の対象となる資産（**Q21**）····························40
　　(4) 損害割合が50％以上であるか否かの判定（**Q22**）·············41
　　(5) 減免される所得税（**Q23**）··41
　　(6) 1年限りの取扱い（**Q24**）··42
　　(7) 災害減免法と住民税（**Q25**）···43
　4　平成22年分の所得税、平成23年分の所得税、どちらで適用を受けるか················44
　　(1) 平成22年分の所得税または平成23年分の所得税、いずれで適用を受けるか（**Q26**）··········44
　　(2) 平成22年分の所得税で雑損控除を受ける場合の期限（**Q27**）··········45
　5　雑損控除と災害減免法、どちらを選択するか································46
　　(1) 雑損控除と災害減免法は選択適用（**Q28**）·······················46
　　(2) 災害による損失額が、所得金額を上回る場合（**Q29**）··········46
　　(3) 災害による損失額が、所得金額を下回る場合（**Q30**）··········47
　6　住民税における「雑損控除」と「税額の減免」··························48
　　住民税、「雑損控除」と「税額の減免」は重複適用可能（**Q31**）··········48
Ⅳ　自宅の損失とローン・売却···49
　1　住宅ローン控除（**Q32**）···49
　2　自宅を国・県・市町村等に売却する場合（**Q33**）····················50
　3　大震災により滅失した自宅を売却する場合（**Q34**）·················51
Ⅴ　事業所得の損失··51
　1　棚卸資産の損失（**Q35**）···51

- 2 事業用の固定資産の損失（Q36）……………………………………52
  - 3 農業に関する損失（Q37）……………………………………………53
  - 4 畜産業に関する損失（Q38）…………………………………………53
  - 5 漁業に関する損失（Q39）……………………………………………54
  - 6 事業所得の赤字―損益通算（Q40）…………………………………55
  - 7 純損失の繰戻還付（青色申告者）（Q41）…………………………55
  - 8 純損失の繰越控除（青色申告者・白色申告者）……………………56
    - (1) 青色申告者（Q42）………………………………………………56
    - (2) 白色申告者（Q43）………………………………………………58
  - 9 被災区域に関する特定の事業用資産の買換え特例（Q44）………59
  - 10 被災代替資産等の特別償却（Q45）…………………………………60
- Ⅵ 不動産所得の損失……………………………………………………………61
  - 1 不動産の貸付が事業的規模の人………………………………………61
    - (1) 賃貸不動産に関する資産損失（Q46）…………………………61
    - (2) 純損失の金額（Q47）……………………………………………61
  - 2 不動産の貸付が事業的規模に至らない人（Q48）…………………62
- Ⅶ 災害義援金等…………………………………………………………………62
  - 1 災害義援金・保険金等を受け取った場合……………………………62
    - (1) 義援金・見舞金（Q49）…………………………………………62
    - (2) 保険金・損害保険金・損害賠償金（Q50）……………………63
  - 2 災害義援金を拠出した場合……………………………………………63
    - (1) 東日本大震災における義援金に関する特例措置（Q51）……63
    - (2) 災害義援金を拠出した人の所得税・住民税の取扱い概要（Q52）……65
  - 3 災害義援金と所得税……………………………………………………65
    - (1) 寄附金控除（Q53）………………………………………………65
    - (2) 寄附金税額控除（Q54）…………………………………………67
    - (3) 寄附金控除と寄附金税額控除、どちらが有利か（Q55）……68
  - 4 災害義援金と住民税……………………………………………………70
    - ふるさと寄附金（ふるさと納税）：税額控除の特例（Q56）……70

第 2 章　相続税・贈与税

Ⅰ　相続税··72
　1　特定土地等・特定株式等についての相続税の課税価格の
　　　計算特例（Q57）···72
　2　災害で甚大な被害を受けた場合の相続税の減免措置（Q58）········74
　3　小規模宅地等の相続税課税価格の計算特例と震災被害（Q59）·····75
　4　農地等の相続税の納税猶予と震災被害（Q60）···························76
　5　相続財産である金銭を義援金として拠出した場合の
　　　相続税非課税措置（Q61）··77
　コラム：相続するか？　放棄するか？　それとも？·····················77
Ⅱ　贈与税··79
　1　「住宅取得等資金の贈与税の特例」と震災の影響······················79
　　⑴　平成22年1月1日～12月31日に金銭贈与を受けたケース（Q62）·····79
　　⑵　平成23年1月1日～3月10日に金銭贈与を受けたケース（Q63）·····80

第 3 編　解説編

第 1 章　所得税・住民税

Ⅰ　東日本大震災の範囲··82
　1　東日本大震災の範囲（Q64）···82
Ⅱ　申告期限の延長および納税の猶予··84
　1　平成22年分の所得税の確定申告の期限の延長（Q65）················84
　2　平成22年分の所得税以外の期限の延長（Q66）··························89
　3　納税の猶予（Q67）···90
Ⅲ　住宅・家財等に損失を受けた場合の取扱い·································96
　1　所得税、住民税の軽減、免除制度の概要（Q68）······················96
　2　雑損控除の概要（Q69）··102
　3　雑損控除を平成22年分（特例）で受けるか、
　　　平成23年分（原則）で受けるか、どちらが有利か（Q70）···········109
　4　雑損控除における資産の時価とは（Q71）································113

5	雑損控除（店舗兼自宅）(Q72)	*119*
6	雑損控除（土地）(Q73)	*119*
7	雑損控除（車両）(Q74)	*120*
8	雑損控除（賃貸用アパート・マンション）(Q75)	*121*
9	両親と実家に同居しているケース (Q76)	*124*
10	被災地以外に居住しているケース (Q77)	*125*
11	自宅の除却費用 (Q78)	*126*
12	雑損控除における災害関連支出（事業用資産を除く）(Q79)	*126*
13	雑損控除における損害保険金の取扱い (Q80)	*130*
14	災害減免法による所得税の減免制度の概要 (Q81)	*131*
15	災害減免法と雑損控除の有利選択 (Q82)	*135*
16	住宅ローン控除 (Q83)	*139*
17	被災した居住用財産を譲渡した場合の特例 (Q84)	*141*

Ⅳ 個人事業者が損失を受けた場合の取扱い ･････ *145*

1	個人事業者が東日本大震災により被害を受けた場合の震災特例法の措置 (Q85)	*145*
2	被災事業用資産の損失の必要経費算入に関する特例 (Q86)	*146*
3	純損失の繰越控除の特例 (Q87)	*149*
4	純損失の繰戻還付の特例 (Q88)	*154*
5	事業用資産等の損失の金額の計算方法 (Q89)	*156*
6	青色申告者が東日本大震災による事業用資産の損失について適用できる特例 (Q90)	*159*
7	白色申告者が東日本大震災による事業用資産の損失について適用できる特例 (Q91)	*161*
8	災害損失特別勘定 (Q92)	*162*
9	農業を営んでいる場合 (Q93)	*164*
10	畜産業を営んでいる場合 (Q94)	*165*
11	漁業を営んでいる場合 (Q95)	*167*
12	不動産賃貸業を営んでいる場合 (Q96)	*168*

13　東日本大震災で直接的な被害を受けていない場合（Q97）········ *172*
　　14　被災代替資産等の特別償却（震法11）（Q98〜Q100）·········· *174*
　　15　特定の事業用資産の買換え等の場合の譲渡所得の課税の特例
　　　　（震法12）（Q101〜Q104）··· *179*
　Ⅴ　災害義援金等·· *187*
　　1　個人が見舞金・義援金を受け取る場合（Q105）················· *187*
　　2　個人が災害に伴い損害保険金や損害賠償金を受け取る場合
　　　　（Q106）·· *188*
　　3　個人が東日本大震災に伴い寄附を行った場合の所得税の
　　　　取扱いの概要（Q107）··· *189*
　　4　寄附金控除と寄附金税額控除の比較（Q108）····················· *197*
　　5　個人が東日本大震災に伴い寄附を行った場合の住民税の
　　　　取扱いの概要（Q109）··· *198*
　　6　災害見舞金に充てるために同業者団体等へ拠出する分担金等
　　　　（Q110）·· *202*
　　7　控除が受けられる金額の計算方法（Q111）························ *203*

第2章　相続税・贈与税
　　1　東日本大震災に伴う相続税の取扱いについて（概要）（Q112）··· *206*
　　2　大震災前相続発生、大震災以前申告期限到来の場合の取扱い
　　　　（Q113）·· *207*
　　3　大震災前相続発生、大震災以後申告期限到来の場合の取扱い
　　　　（Q114）·· *210*
　　4　大震災以後相続発生、大震災後申告期限到来の場合の取扱い
　　　　（Q115）·· *214*
　　5　特定土地等、特定株式等についての相続税の課税価格の
　　　　計算特例（Q116）·· *217*
　　6　甚大な被害を受けた場合の相続税の減免措置（Q117）········ *219*
　　7　大震災前相続発生、大震災後申告期限到来の場合の具体的
　　　　計算例（Q118）·· *225*

8　東日本大震災と「小規模宅地等についての相続税の課税価格の
　　計算の特例」との関係（Q119）………………………………………… 227
　9　東日本大震災に伴う贈与税の取扱いについて（Q120）………… 229
　10　住宅取得等資金の贈与を受けている場合の取扱い（Q121）…… 230
　11　相続財産を寄附する場合の取扱い（Q122）……………………… 232
　コラム：相続人が行方不明の場合、同時死亡の場合………………… 235

第2部　法人編

第1編　概要編

Ⅰ　震災損失の繰戻しによる法人税額の還付……………………………… 238
　震災損失の繰戻しによる法人税額の還付（Q1）……………………… 238
Ⅱ　資産が被災した場合の救済措置………………………………………… 240
　1　被災資産に係る修繕費等の支出の取扱い（Q2）………………… 240
　2　災害損失特別勘定の損金算入（Q3）……………………………… 242
　3　災害損失特別勘定を利用する際の留意点（Q4）………………… 244
　4　被災資産の種類別の救済措置……………………………………… 246
　　(1)　建物が被災した場合（Q5-1）……………………………… 246
　　(2)　土地が被災した場合（Q5-2）……………………………… 248
　　(3)　棚卸資産が被災した場合（Q5-3）………………………… 249
　　(4)　機械装置等が被災した場合（Q5-4）……………………… 251
　　(5)　自動車が被災した場合（Q5-5）…………………………… 251
　　(6)　船舶が被災した場合（Q5-6）……………………………… 253
　5　特定資産の買換えの特例（Q6）…………………………………… 256
　6　代替資産を取得した場合の特例（Q7）…………………………… 259
Ⅲ　被災者支援に係る税務上の取扱い……………………………………… 262
　1　寄附金および不特定多数の者に対する支援の取扱い（Q8）…… 262

		2	自社従業員等および取引先に対する支援の取扱い（Q9）………264
Ⅳ	申告期限の延長等……………………………………………………266
	1	申告・納付等の期限延長（Q10）……………………………266
	2	納税の猶予（Q11）……………………………………………267
Ⅴ	その他の救済措置……………………………………………………268
	1	消費税の届出書等提出期限の緩和（Q12）…………………268
	2	印紙税の取扱い（Q13）………………………………………270

第2編　解説編

Ⅰ　申告期限等の延長……………………………………………………274
　1　申告・納付等の期限延長（Q14）……………………………274
　2　納税の猶予等（Q15）…………………………………………278
　3　中間申告書の提出不要（Q16）………………………………281
Ⅱ　震災時の法人税に係る手当…………………………………………283
　1　災害損失の繰越控除（Q17）…………………………………283
　2　減価償却資産の耐用年数の短縮（Q18）……………………284
　3　資産の評価損（Q19）…………………………………………286
　4　資産の有姿除却（Q20）………………………………………288
　5　震災損失の繰戻しによる法人税額の還付（Q21）…………290
　6　中間申告における源泉税還付（Q22）………………………295
　7　被災代替資産等の特別償却（Q23）…………………………296
　8　買換えの特例制度の概要
　　　（被災区域内の土地等を取得する買換えのケース）（Q24）…………299
　9　買換えの特例制度の概要
　　　（被災区域内の土地等を手放す買換えのケース）（Q25）……………302
　10　買換えの特例制度を適用する際の留意点（Q26）……………303
　11　譲渡事業年度後の取得（Q27）…………………………………305
　12　譲渡事業年度前の取得（先行取得）（Q28）……………………306
　13　被災区域とは（Q29）……………………………………………307

    14　収用・買換えの特例における代替資産等の取得期間延長の特例
    　　（Q30）……………………………………………………… *308*
    15　災害損失特別勘定の概要・趣旨（Q31）…………………… *310*
    16　災害損失特別勘定の損金算入限度額（Q32）……………… *311*
    17　災害損失特別勘定（修繕費用等の見積り方法）（Q33）…… *312*
    18　災害損失特別勘定の繰入れ（Q34）………………………… *313*
    19　災害損失特別勘定の取崩し（Q35）………………………… *314*
    20　修繕費と資本的支出（Q36）………………………………… *315*
    21　修繕費と資本的支出（賃借資産等の補修費用）（Q37）…… *317*
    22　義援金等に関する法人税法上の取扱い（Q38）…………… *318*
    23　指定寄附金等の取扱い（災害見舞金品に充てるために同業団体等
    　　へ拠出する分担金等）（Q39）……………………………… *320*
    24　被災した役員・従業員への援助（Q40）…………………… *321*
    25　自社製品等の提供（Q41）…………………………………… *323*
    26　被災した取引先に対する援助（Q42）……………………… *324*
    27　被災企業が受け取った災害義援金・見舞金（Q43）……… *325*
Ⅲ　震災時のその他の税目に係る手当……………………………… *327*
    1　被災法人の消費税申告の留意点
    　　（簡易課税を適用している法人）（Q44）…………………… *327*
    2　被災法人の消費税申告の留意点
    　　（書類を消失した法人）（Q45）……………………………… *331*
    3　登録免許税の特例措置（Q46）……………………………… *333*
    4　印紙税の特例措置（Q47）…………………………………… *334*
    5　自動車諸税の特例措置（Q48）……………………………… *337*
    6　固定資産税（平成23年度分の課税免除）（Q49）…………… *341*
    7　固定資産税（被災住宅用地、代替住宅用地・代替家屋に
    　　対する特例）（Q50）………………………………………… *342*
    8　固定資産税（償却資産に対する特例）（Q51）……………… *345*
    9　不動産取得税の特例措置（Q52）…………………………… *347*

第3部　復興プラン・資金調達編

第1章　東日本大震災の復興プラン―復興に向けてすべきこと―

1　復興までのステップ··· *350*
　(1)　震災直後の破たん防止·· *350*
　(2)　業績悪化要因の見極め·· *351*
　(3)　復興プランの策定と具体的実行··································· *351*

2　短期的にまずすべきこと·· *352*
　(1)　突発破たんの防止·· *353*
　(2)　公的制度の活用··· *353*
　(3)　業績悪化の定量要因分析·· *353*
　(4)　復興プランの策定と定量化··· *353*
　(5)　エマージェンシープランの策定と実行··························· *354*
　(6)　復興プランに連動した資金計画の策定·························· *354*

第2章　東日本大震災の復興プランと資金調達に関するQ＆A

1　東日本大震災に係る金融支援制度（Q1）························ *356*

2　業績悪化の定量要因分析―震災の影響や回復可能性の検証（Q2）··· *361*

3　エマージェンシープランの作成（Q3）··························· *366*

4　自力再建のめどが立たない場合（Q4）··························· *368*

第3章　東日本大震災の労務に関するQ＆A

震災により生じると想定される労務に係る諸問題とそれらに対する特例措置··· *371*

1　従業員の解雇・休業にあたっての留意点（Q5）················ *372*

2　直接被害の場合（Q6）··· *372*

3　間接被害の場合（Q7）··· *375*

4　計画停電の場合（Q8）··· *376*

5　休業による雇用保険の基本手当の受給（Q9）··················· *377*

6　労災保険給付請求（Q10）·· *379*

7　社会保険料等の納期限の延長（Q11）···························· *380*

8　助成金の申請期限の延長（Q12）·································· *382*

本書の「第1部　個人編」、「第2部　法人編」は、平成23年8月20日時点の法律・施行令等、および国税庁・総務省等から公表されている情報等に基づき執筆いたしました。今後、東日本大震災に関する特例措置（震災特例法）第二弾が措置される予定ですが、その内容は含まれていません。
　実際の手続き等につきましては、事前に税務署に確認、または税理士に相談の上ご対応ください。
　また「第3部　復興プラン・資金調達編」は、平成23年8月20日時点の公的機関、民間金融機関等から公表されている情報等に基づき執筆いたしました。支援制度は、各機関の判断により適宜変更される可能性がありますので、ホームページ、パンフレット等で最新情報をご確認いただくか、直接お問い合わせください。

凡　例

本書において引用している法令、通達等の略語は次によるものです。

通　法……国税通則法
通　令……国税通則法施行令
徴　法……国税徴収法
所　法……所得税法
所　令……所得税法施行令
所　規……所得税法施行規則
所　通……所得税基本通達
法　法……法人税法
法　令……法人税法施行令
法　規……法人税法施行規則
法　通……法人税基本通達
相　法……相続税法
相　令……相続税法施行令
相　通……相続税法基本通達
消　法……消費税法
消　令……消費税法施行令
消　通……消費税法基本通達
措　法……租税特別措置法
措　令……租税特別措置法施行令
措　規……租税特別措置法施行規則
措　通……租税特別措置法通達
地　法……地方税法
地　令……地方税法施行令
震　法……東日本大震災の被災者等に係る国税関係法律の臨時特例に関する法律
震　令……東日本大震災の被災者等に係る国税関係法律の臨時特例に関する法律施行令
震　規……東日本大震災の被災者等に係る国税関係法律の臨時特例に関する法律施行規則
震　通……東日本大震災の被災者等に係る国税関係法律の臨時特例に関する法律関係通達（法人税編）
所費通……東日本大震災に関する諸費用の所得税の取扱いについて
法費通……東日本大震災に関する諸費用の法人税の取扱いについて（法令解釈通達）
災害減免法……災害被害者に対する租税の減免、徴収猶予等に関する法律
情　報……東日本大震災により損害を受けた場合の所得税の取扱い（情報）
質疑応答事例……東日本大震災に関する諸費用（災害損失特別勘定など）に関する法人税の取扱いに係る質疑応答事例
災害FAQ……災害に関する法人税、消費税及び源泉所得税の取扱いFAQ
義援金FAQ……義援金に関する税務上の取扱いFAQ

第 1 部　個人編

第1部　個人編

東日本大震災の税制特例措置

1　東日本大震災の税制特例（震災特例法）

Q1 東日本大震災に関して税制特例措置が設けられたそうですが、その内容について教えてください。

A　① 個人の所得税法等・法人の法人税法等や国税通則法にはそれぞれ災害に関する税制が措置されています。また、災害減免法に税金の免除制度等が決められています。

② 東日本大震災は未曽有の被害であるため、別途税制特例措置が設けられました。第一弾として平成23年4月27日に「震災特例法（東日本大震災の被災者等に係る国税関係法律の臨時特例に関する法律）」が国会にて成立し同日施行されました。第二弾も追って措置される予定とのことです。

③ 平成7年1月17日の阪神・淡路大震災の時に設けられた「震災特例措置」を参考にして同様の措置、拡充した措置、そして今回新たな措置を加えて「震災特例法」ができました。

④ 第一弾として設けられた主な措置は以下のとおりです。

- **雑損控除・災害減免法**……住宅・家財に被害を受けた場合の「雑損控除」・「災害減免法」は、震災が発生した平成23年分の所得税で受けるのが原則ですが、あたかも平成22年に震災があったとして平成22年分の所得税計算において適用を受けられる特例を設けました（既に納めた税金が戻ってきます）。

- **雑損失の繰越控除**……「雑損控除」の適用を受けた場合、その年の所得から引ききれない雑損控除額がある場合は翌年以降3年間繰り越せますが、それを5年間繰り越せることとしました（最長6年間、所得

金額から雑損控除額を差し引けるため所得税が軽くなります）。

- **資産損失の必要経費算入**……個人事業者の事業用資産等に関して東日本大震災により生じた損失額は、損害が発生した平成23年分の必要経費にすることが原則ですが、平成22年分の必要経費にできる特例が設けられました。なお、この特例の適用により平成22年分の所得が赤字（純損失）となった青色申告者は、その赤字を平成21年分の所得と相殺して所得税を計算し、平成21年分の所得税を還付請求できます（既に納めた税金が2年分戻ります）。
- **純損失の繰越控除**……事業所得等で赤字が生じており、その赤字の金額を他の所得と相殺してもなお相殺しきれない部分の金額（純損失）があるときは、その純損失の金額のうち一定額を翌年以後3年間繰り越して各年の所得から控除できますが、そのうち「被災純損失金額」等を5年間繰り越せるようにしました。
- **災害損失特別勘定への繰入額の必要経費算入**……個人事業者等が被害を受けた棚卸資産・事業用固定資産等について平成24年1月1日以降に支出すると見込まれる修繕等の費用の見積り額を平成23年分の事業所得等の必要経費に算入できるようになりました。通常より早く必要経費を計上でき平成23年分の所得税が減少します。
- **住宅ローン控除**……本来はその年の12月31日まで居住し続けないと住宅ローン控除の適用はありませんが、東日本大震災により自宅が被害を受け居住できない場合は、居住していなくても残りの住宅ローン控除の適用期間については従来通り控除を受けられるようになりました。
- **財形住宅・年金貯蓄の非課税**……目的外で引き出した場合は過去にさかのぼって利子に課税されますが、平成23年3月11日から平成24年3月10日までの間に大震災を理由として払い戻した場合（目的外払戻し）、利子に対する非課税措置は継続されます。
- **寄附税制**……個人が、平成23年・24年・25年に東日本大震災に関して寄附をした場合（震災関連寄附金）、所得税計算における寄附金控除を受けられる枠が拡大（総所得金額の40％を80％に）されました。ま

た、国税局長の確認を受けた認定NPOや中央共同募金会に対して、東日本大震災の被災者支援活動に必要な費用に充てるための寄附をした個人は、寄附金控除（所得控除）に代えて寄附金税額控除（税額控除）を受けられるようになりました。

2　東日本大震災の税制特例の適用範囲

Q2　東日本大震災の税制特例措置が適用される範囲を教えてください。地震・津波だけでなく福島第一原子力発電所の事故による被害も対象になりますか。

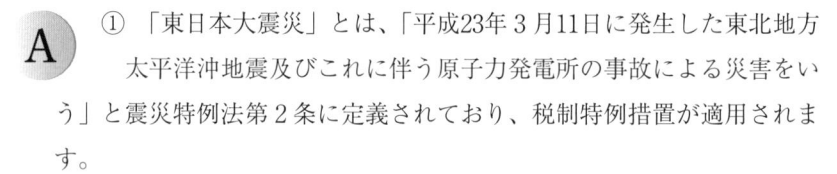

A　① 「東日本大震災」とは、「平成23年3月11日に発生した東北地方太平洋沖地震及びこれに伴う原子力発電所の事故による災害をいう」と震災特例法第2条に定義されており、税制特例措置が適用されます。

② それに加えて、東北地方太平洋沖地震の余震、3月12日に発生した長野県北部の地震、3月15日に発生した静岡県東部の地震による災害も震災特例法の対象となりますので、税制特例措置が適用されます。

③ 福島第一原子力発電所の事故による災害も対象ですので、例えば原子力災害対策特別措置法により行われた避難指示や食品の出荷制限により廃棄せざるを得なかった農産物等の損失も対象となります。なお、いわゆる風評被害については収入が減少すれば所得も減少するなどの面もあり、今後損失の実態や原子力損害賠償法の補償範囲の議論も踏まえてその取扱いを検討することになるそうです。

第1編　チェック編

第1部　個人編

第1章　所得税・住民税

I　給与所得者のチェックポイント

1　給与所得者のチェックポイント

　被災地に住んでいる給与所得者、および被災地に住んでいないが東日本大震災の被害を受けた給与所得者の皆さまは、ご自身がどの取扱いの対象となるかをチェックしていただき、該当する項目をお読みください。

❶　**平成22年分の所得税について確定申告するつもりであったが、その前に被災した人**　⇒平成23年3月15日の申告・納付期限が延長されます。Q3、Q4をお読みください。

❷　**住宅や家財に損害を受けた人**　⇒平成22年分または平成23年分の所得税において、「雑損控除」を受けて所得税を軽減する方法（最長6年間の軽減が可能）、または、「災害減免法」を受けて1年分の所得税の全部または一部を免除する方法のいずれかを選択します。Q9、Q10をお読みください。

❸　**平成23年分の所得税について「雑損控除」か「災害減免法」の適用を受ける人**　⇒平成23年分の所得税が減りますから、あらかじめ勤務先を通じて税務署に申請すれば、災害日以後一定期間給与等からの源泉徴収が猶予されます。また、見積り所得金額によっては既に源泉徴収された所得税が還付されます。ただし、これらを受けた場合は年末調整されないため、平成23年分の所得税については自分で確定申告して税金精算をしなければなりません。

❹　**住宅ローン控除の適用中だが、被災したため自宅に住むことができなくなった人**　⇒原則としてその年の12月31日まで引き続き居住していない場合には住宅ローン控除の適用はありません。しかし、東日本大震災により自宅が被災したため住むことができなくなった場合は、平成23年

分も、平成24年分以降も、残りの控除期間中は引き続き住宅ローン控除を受けることができます。Q32をお読みください。

❺ **大震災で被害を受けたため財形貯蓄を払い出した人** ⇒「勤労者財産形成住宅貯蓄」・「勤労者財産形成年金貯蓄」は本来の目的（住宅取得・年金）以外で払い出すとそれまで非課税であった利子に対して5年分さかのぼって課税される、これが原則です。しかし、東日本大震災の特例として、平成23年3月11日から平成24年3月10日までの間に大震災を理由として払い出しても、利子について所得税も住民税も課税されません。

❻ **給与から特別徴収される住民税** ⇒被災した給与所得者については平成22年度の個人住民税（平成23年3月～5月の給与から徴収）および平成23年度の個人住民税（平成23年6月以降の給与から徴収）は納期限を延長する（特別徴収しない）方向で総務省が各自治体に連絡しています。

2　平成22年の給与年収が2,000万円以下の給与所得者

　平成22年の給与年収が2,000万円以下の給与所得者のほとんどは、平成22年12月の年末調整により所得税の課税は完了していますので、その場合確定申告は不要です。ただし、大震災により住宅・家財に損害を受けた人は平成22年分の所得税で「雑損控除」または「災害減免法」の適用を受けることができます（平成23年分の所得税で適用を受けることもできますが、平成22年分で適用を受けた方が有利なケースが多いと思います。Q26参照）。今後、いつまでに何をやらなければならないかまとめました。「雑損控除」・「災害減免法」の仕組みについては、Q9以降をお読みください。

　既に医療費控除等の適用を受けるために震災前に平成22年分の所得税の確定申告を済ませている人は、次項「3　平成22年の給与年収が2,000万円超の給与所得者で、大震災前に申告納税を済ませた人」をお読みください。

⑴　**平成22年分の所得税において、住宅・家財の被害について「雑損控除」を受ける人**

①　平成22年分の所得税について「雑損控除」を受けるための確定申告が

必要ですが、平成22年分の所得税の確定申告期限は延長されています（住所地が「岩手県、宮城県、福島県」の人と「青森県、茨城県」の人と、それ以外の人では期限が異なりますのでご注意ください。Q3、Q4参照)。

② 雑損控除を受けた分だけ、平成22年の給与から源泉徴収された所得税の一部または全部が還付されます。

③ 「雑損控除」の額が、平成22年の所得金額から引ききれない場合は翌年以降5年間繰り越すことができます。平成23年以降損失を繰り越している期間についても確定申告が必要です。

(2) **平成22年分の所得税において、住宅・家財の損害について「災害減免法」を受ける人（平成22年の所得1,000万円以下の人が住宅または家財に50％以上の被害を受けた場合に限ります）**

① 平成22年分の所得税について「災害減免法」を受けるための確定申告が必要ですが、平成22年分の所得税の確定申告期限は延長されています。

② 平成22年の所得が500万円以下の人は、平成22年の給与から源泉徴収された所得税の全部が還付されます。

③ 平成22年の所得が500万円超750万円以下の人は、平成22年の給与から源泉徴収された所得税のうち半分が還付されます。

④ 平成22年の所得が750万円超1,000万円以下の人は、平成22年の給与から源泉徴収された所得税のうち1／4が還付されます。

(3) **平成23年分の所得税において、住宅・家財の損害について「雑損控除」または「災害減免法」を受ける人**

① 平成23年分の所得税の確定申告において「雑損控除」または「災害減免法」を受ける手続きをとります。

② 平成23年分の所得税は申告により軽減（または免除）されることになりますが、現在、毎月の給与等から源泉徴収されている所得税は「雑損控除」・「災害減免法」を考慮しない通常の税額です。そこで、以下3つ

のいずれかのケースに該当する人（「雑損控除か災害減免法の適用を受けられる人」という意味です）は、勤務先を通じて税務署に申請すれば平成23年分の源泉徴収税額の徴収猶予やケースによっては還付を受けることができる可能性があります。源泉徴収されない分、平成23年の毎月の給与手取りが多くなります。

 イ 住宅や家財に受けた損害額が、住宅や家財の50％以上である人
 ロ 平成23年の見積り所得金額が1,000万円以下である人
 ハ 住宅や家財に受けた損害額が、平成23年の所得の10分の1を超える人

3　平成22年の給与年収が2,000万円超の給与所得者で、大震災前に申告納税を済ませた人

　給与年収が2,000万円超の給与所得者は年末調整されないため所得税の確定申告が必要です。大震災前に平成22年分の確定申告が完了している人も、大震災により住宅・家財に損害を受けた場合は平成22年分の所得税で「雑損控除」の適用を受けることもできます（平成23年分の所得税で適用を受けることもできますが、平成22年分で適用を受けた方が有利なケースが多いと思います。Q26参照）。今後、いつまでに何をやらなければならないかまとめました。「雑損控除」については、Q11以降をお読みください。なお、災害減免法は所得金額1,000万円超の人は受けられません。

⑴　平成22年分の所得税において、住宅・家財の損害について「雑損控除」を受ける人

①　平成22年分の所得税について「雑損控除」を受けるためには「更正の請求」という手続きが必要です。その期限は、平成24年4月26日か「延長された平成22年分確定申告の申告期限」のいずれか遅い日までです（納税地「青森県、茨城県」の人は平成24年4月26日です）。

②　雑損控除を受けた分だけ、既に納めた平成22年分の所得税の一部または全部が還付されます。

③ 「雑損控除」の額が、平成22年の所得金額から引ききれない場合は平成23年以降5年間繰り越すことができます。なお、平成23年以降損失を繰り越している期間についても確定申告が必要です。

(2) 平成23年分の所得税において、住宅・家財の損害について「雑損控除」を受ける人

① 平成23年分の所得税の確定申告において「雑損控除」を受けます。翌年以降の繰越しも可能です。

② 平成23年分の所得税は申告により軽減されることになりますが、現在、毎月の給与等から源泉徴収されている所得税は「雑損控除」を考慮しない通常の税額です。そこで、雑損控除の適用を受けられる人については、勤務先を通じて税務署に申請すれば平成23年分の源泉徴収税額の徴収猶予やケースによっては還付を受けることができます。源泉徴収されない分、平成23年の毎月の給与手取りが多くなります。

4 平成22年の給与年収が2,000万円超の給与所得者で、申告納税が済んでいない人

給与年収が2,000万円超の給与所得者は年末調整されないため所得税の確定申告が必要です。平成22年分の所得税確定申告をまだ行っていない人は、申告納付期限は延長されています（住所地が「岩手県、宮城県、福島県」の人と「青森県、茨城県」の人と、それ以外の人では期限が異なりますのでご注意ください。Q3、Q4参照）。

大震災により住宅・家財に損害を受けた人は平成22年分の所得税で「雑損控除」を受けることができます（平成23年分の所得税で適用を受けることもできますが、平成22年分で適用を受けた方が有利なケースが多いと思います。Q26参照）。今後、いつまでに何をやらなければならないかをまとめました。「雑損控除」については、Q11以降をお読みください。

(1) **平成22年分の所得税において、住宅・家財の損害について「雑損控除」を受ける人**
   ① 平成22年分の所得税の確定申告において「雑損控除」を受けます。雑損控除を受けた分だけ平成22年分の所得税が軽減されます。
   ② 「雑損控除」の額が平成22年の所得金額から引ききれない場合は平成23年以降5年間繰り越すことができます。平成23年以降損失を繰り越している期間について「雑損失の繰越控除」の確定申告が必要です。

(2) **平成23年分の所得税において、住宅・家財の損害について「雑損控除」を受ける人**
   ① 平成23年分の所得税の確定申告において「雑損控除」を受けます。翌期以降の繰越しも可能です。
   ② 平成23年分の所得税は申告により軽減されることになりますが、現在、毎月の給与等から源泉徴収されている所得税は「雑損控除」を考慮しない通常の税額です。そこで、雑損控除の適用を受けられる人については、勤務先を通じて税務署に申請すれば平成23年分の源泉徴収税額の徴収猶予やケースによっては還付を受けることができます。源泉徴収されない分、平成23年の毎月の給与手取りが多くなります。

Ⅱ 事業所得者のチェックポイント

被災地に住んでいる、または、被災地に事業所を設けている事業所得者、および被災地に住んでいない、または、被災地に事業所を設けていないが東日本大震災の被害を受けた事業所得者の皆さまは、ご自身がどの取扱いの対象となるかをチェックしていただき、該当する項目をお読みください。

❶ **災害により棚卸資産に損害を受けた** ⇒棚卸資産震災損失額は平成22年または平成23年の事業所得の必要経費となります。

❷ **災害により事業用固定資産に損害を受けた** ⇒固定資産震災損失額は平成22年または平成23年の事業所得の必要経費となります。

❸ **災害により事業用の減価償却資産が滅失した、修繕した** ⇒滅失した損失はその年の、修繕費用は原則として支出した年の事業所得の必要経費となります。平成22年の確定申告書提出までに支出した金額は平成22年の事業所得の必要経費として計算できます。

❹ **事業所得が赤字となった** ⇒その年の他の所得と相殺（損益通算）できます。

❺ **損益通算しても相殺しきれない事業所得の赤字(純損失)が残った** ⇒

- 前年および今年について青色申告している人は、前年にその赤字が生じたものとして所得税を計算する「純損失の繰戻還付」の適用を受けることもできます。それでも残った純損失の金額は翌年以降に繰り越すことができます。なお、白色申告者は繰戻還付の適用はなく、翌年以降に繰り越す方法だけとなります。

- 青色申告者・白色申告者いずれも、棚卸資産や事業用固定資産等の損失（大震災に関連するやむを得ない支出を含みます）から成る赤字（「被災純損失金額」）については翌年以降5年間繰り越すことができる東日本大震災の特例が措置されました（原則は3年間）。

- 被災割合10％以上の青色申告者の平成23年分の赤字は上記「被災純損失金額」に限らず（売上減少等に伴う赤字）5年間の繰越しが可能です。

- 被災割合10％以上の白色申告者の平成23年分の赤字は上記「被災純損失金額」のほか「被災事業用資産の損失（「被災純損失金額」を除きます）」「変動所得の損失」については5年間の繰越しが可能です。

- 被災した事業用資産の損失の必要経費算入や純損失の繰越控除については個人住民税・個人事業税とも、所得税とほぼ同様の措置がとられています。

❻ **税務署から平成23年分の予定納税額の通知書が届いており、かつ、震災により事業用資産や住宅・家財に損害を受けた** ⇒6月30日の現況に基づき見積り計算した申告納税額が、予定納税の通知書に記載された「予定納税基準額」に満たないと予想される場合は、「予定納税額の減額申請書」を税務署に提出すれば、第1期（7月）・第2期（11月）の予定納税額が減額されます。第1期申請書の提出期限は原則7月15日ですが、

これも期限延長されています。

❼ **見舞金を受け取った** ⇒個人・法人から受け取った見舞金は、その相手との関係からみて社会通念上相当とみられるものは、贈与税・所得税非課税です。Q49をご参照ください。

Ⅲ 不動産所得がある人のチェックポイント

東日本大震災により賃貸不動産について被害を受けた人（不動産所得のある人）は、ご自身がどの取扱いの対象となるかをチェックしていただき、該当する項目をお読みください。

なお、不動産の貸付が事業的規模か否かによって取扱いが異なります。「事業的規模か否か」の判定は、一般的には、賃貸マンション・アパート等をおおむね10室以上、または、独立家屋をおおむね5棟以上貸し付けている場合は事業的規模の貸付と考えます。

❶ **不動産賃貸が事業的規模である人が、賃貸不動産について損失を受けた** ⇒その資産損失は「事業用固定資産の損失」と同様に扱います。青色申告者については、不動産所得の赤字を他の所得と相殺（損益通算）してもしきれない赤字が残った場合は、前年の所得税の還付を受ける「純損失の繰戻還付」か、翌年に損失を繰り越す「純損失の繰越控除」のいずれか（繰戻還付を受けてもなお損失が残る場合は繰越控除と両方）を受けられます。

❷ **不動産賃貸が事業的規模に至らない人が、賃貸不動産について損失を受けた** ⇒その資産損失は、「不動産所得の範囲内で必要経費に算入する」か、「雑損控除および雑損失の繰越控除」のいずれかを受けられます。

Ⅳ 資産に受けた損失、取扱い一覧

東日本大震災により資産に損失を受けた場合、その資産の所有者・資産の種類によって税金の取扱いが異なります。一覧表をご覧になって、適用を受

資産に受けた大震災による損失、取扱い一覧

資産の種類		具体例	所有者	雑損控除	その他取扱い
現金	事業用の現金	—	—	×	事業所得の必要経費
	上記以外	—	本人、または本人と生計を一にする配偶者・親族（総所得金額38万円以下）が所有するもの	○	—
不動産	居住用	住宅 住宅の敷地	本人、または本人と生計を一にする配偶者・親族（総所得金額38万円以下）が所有するもの	○	または、災害減免法
			上記以外	×	—
	趣味・娯楽用	別荘・茶室	本人	×	総合課税の譲渡所得から控除
	事業用	・自営店舗・敷地 ・貸家・敷地（貸付規模の例：5棟または10室以上）	本人、または本人と生計を一にする配偶者・親族	×	事業所得・不動産所得の必要経費
	業務用	貸家・その敷地（上記以外）	本人、または本人と生計を一にする配偶者・親族（総所得金額38万円以下）が所有するもの	○	または、不動産所得の必要経費（不動産所得等の範囲内で）
動産	生活に通常必要な動産	・家具・什器・衣服 ・1個・1組の価額が30万円以下の貴金属・美術品 ・通勤用の車	本人、または本人と生計を一にする配偶者・親族（総所得金額38万円以下）が所有するもの	○	または、災害減免法
	生活に通常必要でない資産	・専ら趣味娯楽用の車 ・競走馬	本人	×	総合課税の譲渡所得から控除
	事業用	事業用の車	本人、または本人と生計を一にする配偶者・親族	×	事業所得の必要経費
固定資産	事業用		本人、または本人と生計を一にする配偶者・親族	×	事業所得の必要経費

けられる措置をご確認ください。

　一定の住宅・家財の損失は「雑損控除」または他の取扱いのいずれかの適用があり、それ以外の資産の損失はそれぞれの取扱いがあります。

Ⅴ　災害に関連して支出した費用、取扱い一覧

　東日本大震災に関連して支出した金額については、その内容によって税金の取扱いが異なります。一覧表をご覧になって、適用を受けられる措置をご確認ください。

災害に関連して支出した費用、一覧

災害に関連した支出		具 体 例	取 扱 い
滅失・損壊した資産の取り壊し費用・除去費用	住宅や家財（雑損控除の対象）		雑損控除
	別荘		―
	賃貸不動産（事業的規模でない）		雑損控除または不動産所得の必要経費
	事業用資産		事業所得の必要経費
災害がやんだ日の翌日から1年以内に支出	土砂その他障害物の除去費用		雑損控除
	原状回復のための支出・修繕費（被災資産の損失相当額は除く）	・住宅：沈下した地盤修復のための土盛り費用 ・液状化した住宅敷地の補強工事費用	雑損控除
	資本的支出（価値アップ・耐久性アップ）		―
	損壊防止のための支出		雑損控除
住宅などに被害が生じ、その被害拡大を防止するための緊急措置の支出		・住宅倒壊の恐れがあるため緊急措置として行った家財の搬出費用	雑損控除
アパートの家賃・引越費用			

15

第1部　個人編

第2章　相続税・贈与税

I　相続税のチェックポイント

1　相続税申告期限後に被害を受けた場合
（相続発生：平成22年5月10日以前）

相続税申告期限後に東日本大震災の被害を受けた場合のチェックポイントです。

❶　災害により国税を一時に納付することが困難な場合　⇒税務署に「納税の猶予申請書」を提出し承認を受ければ、納税猶予を受けられます（Q8参照）。

❷　相続等により取得した財産が震災により一定規模以上の被害を受けた場合　⇒延納中の税額や、延納・物納許可前の税額について被害に応じた税額が免除されます。既に納めた相続税は免除されません（Q58参照）。

❸　「農地等の相続税納税猶予の特例」を受けている場合　⇒災害により一時的に農地として使用できなくなった場合でも引き続き農業の用に供しているものとして納税猶予の適用は続きます（Q60参照）。

❹　詳細はQ113をご参照ください。

2　相続税申告期限前に被害を受けた場合
（相続発生：平成22年5月11日～平成23年3月10日）

相続税申告期限前に東日本大震災の被害を受けた場合のチェックポイントです。

❶　平成22年5月11日から平成23年3月10日までの間に相続が発生した場合　⇒申告・納付期限が延長されます。被相続人の住所地が指定地域（青森県、岩手県、宮城県、福島県、茨城県）内の場合は自動延長され

ます。住所地は指定地域以外であるが震災の影響を受けて本来の期限までに申告できない場合は「災害等のやんだ日から2カ月以内」まで延長できます（Q3、Q4参照）。

❷ 相続財産の中に、財務大臣が指定する地域（青森県、岩手県、宮城県、福島県、茨城県、栃木県および千葉県の各県全域、埼玉県久喜市、埼玉県加須市（旧大利根町・旧北川辺町）、新潟県十日町市、新潟県中魚沼郡津南町、長野県下水内郡栄村）内の土地・借地権や、同地域内に多くの資産を有する未上場会社の株式・出資がある場合 ⇒上記❶の延長された期限（または、平成24年1月11日のいずれか遅い日）まで申告期限が延長されます。また、土地・借地権・未上場株式（出資）は、相続時の時価によらず、震災後を基準とした価額によって相続税を計算できる特例（特定土地等・特定株式等についての相続税の課税価格の計算特例）が設けられました（Q57参照）。

❸ 相続等により取得した財産が震災により一定規模以上の被害を受けた場合 ⇒家屋・家庭用財産・自動車等について被害を受けた部分は相続税の対象としないという減免措置があります（Q58参照）。

❹ 被相続人の事業用宅地等を相続したが、災害によりその事業用施設が被害を受け、相続税申告期限時点では休業中である場合 ⇒被相続人の事業用宅地等を相続した親族が事業再開に向けて準備を続けている場合は「小規模宅地等の相続税課税価格の計算特例」の適用を受け400m²部分について80％減額できます（他の要件を満たす場合）（Q59参照）。

❺ 相続した金銭を東日本大震災の義援金として国等に拠出した（日本赤十字社等を通じて国等に拠出したものも含みます）場合 ⇒その拠出した金銭は相続税の課税対象となりません（Q61参照）。

❻ 詳細はQ114、具体的計算例はQ118をご参照ください。

3　平成23年3月11日以降に相続が発生した場合

❶ 申告期限は？ ⇒相続発生から10カ月後が申告期限ですが、上記「2 ❶」と同様に申告期限が延長されます。

❷　相続財産の評価は？　⇒当然に震災後（相続発生時点）の状況に応じた評価額によります。例えば上記「2❷」における土地等については「震災後を基準とした価額」も参考になるでしょう。

❸　亡くなった人の居住用宅地等・事業用宅地等の特例は？　⇒相続した親族が相続発生後10カ月間居住継続・事業継続等している場合に宅地等の課税価格を80％減額する特例がありますが、被災して継続できない場合でも、居住や事業の再開を目指して活動している場合は「継続している」ものとみなして減額特例を受けられます。

❹　相続した金銭を東日本大震災の義援金として国等に拠出した（日本赤十字社等を通じて国等に拠出したものも含みます）場合　⇒その拠出した金銭は相続税の課税対象となりません（Q61参照）。

❺　詳細はQ115をご参照ください。

Ⅱ　贈与税のチェックポイント

1　贈与税申告期限前に被害を受けた場合

贈与税申告期限前に東日本大震災の被害を受けた場合のチェックポイントです。

❶　平成22年1月1日から平成23年3月10日までの間に贈与により資産を取得した場合　⇒申告・納付期限が延長されます。受贈者の住所地が指定地域（青森県、岩手県、宮城県、福島県、茨城県）内の場合は自動延長され、住所地はそれ以外の地域であるが震災の影響を受けて本来の期限までに申告できない場合は「災害等のやんだ日から2カ月以内」まで延長できます（Q3、Q4参照）。

❷　平成22年1月1日から平成23年3月10日までの間に贈与により取得した財産の中に、財務大臣が指定する地域内（青森県、岩手県、宮城県、福島県、茨城県、栃木県および千葉県の各県全域、埼玉県久喜市、埼玉県加須市（旧大利根町・旧北川辺町）、新潟県十日町市、新潟県中魚沼

郡津南町、長野県下水内郡栄村）内の土地・借地権や、同地域内に多くの資産を有する未上場会社の株式・出資がある場合　⇒上記❶の延長された期限（または、平成24年1月11日のいずれか遅い日）まで申告期限が延長されます。また、土地・借地権・未上場株式（出資）は、贈与時の時価によらず、震災後を基準とした価額によって贈与税を計算できる特例（特定土地等・特定株式等について贈与税の課税価格の計算特例）が設けられました（Q57参照）。

❸　贈与により取得した財産が震災により一定規模以上の被害を受けた場合　⇒家屋・家庭用財産・自動車等について被害を受けた部分は贈与税の対象としないという減免措置があります（Q58参照）。

2　贈与税申告期限後に被害を受けた場合

贈与税申告期限後に東日本大震災の被害を受けた場合のチェックポイントです。

❶　災害により国税を一時に納付することが困難な場合　⇒税務署に「納税の猶予申請書」を提出し承認を受ければ、納税猶予を受けられます（Q8参照）。

❷　贈与により取得した財産が震災により一定規模以上の被害を受けた場合　⇒延納中の税額や、延納許可前の税額について被害に応じた税額が免除されます。既に支払った贈与税は免除されません（Q58参照）。

❸　「農地等の贈与税納税猶予の特例」を受けている場合　⇒災害により一時的に農地として使用できなくなった場合でも引き続き農業の用に供しているものとして納税猶予の適用は続きます（Q60参照）。

3　「住宅取得等資金の贈与税の特例」によるマイホーム取得資金の贈与を受けた場合

直系尊属から現金贈与を受け、それをマイホームの新築等に充て居住した場合は、一定の贈与金額（平成22年贈与：1,500万円、平成23年贈与1,000万円）まで贈与税を非課税とする特例があります。そのマイホームが東日本大

震災の被害・影響を受けた場合のチェックポイントです。

❶ **平成22年に現金贈与を受けた場合**　⇒贈与税非課税の要件である「入居すること」が免除されたり、入居期限が1年延長される特例が措置されました（Q62参照）。

❷ **平成23年1月1日〜3月10日に現金贈与を受けた場合**　⇒贈与税非課税の要件である「入居すること」が免除されたり、取得期限や入居期限が延長される特例が措置されました（Q63参照）。

第2編 概要編

第1部　個人編

第1章　所得税・住民税

I　申告・納付等期限の延長

1　納税地が青森県、岩手県、宮城県、福島県、茨城県の場合―申告・納付等の期限自動延長

Q3　青森県、岩手県、宮城県、福島県、茨城県の税務署に申告しています。3月11日以後に申告・納付等しなければならないものについて、その期限が延長されるのでしょうか。

A　① 平成23年3月12日に国税庁から申告・納税等の期限を自動延長する地域として「青森県、岩手県、宮城県、福島県、茨城県」が地域指定されました。

② 平成23年3月11日以降に申告期限が到来する国税（すべての税目）については、何ら手続きをとることなく申告・納税等の期限が自動延長されます。

③ 青森県、茨城県については、「平成23年7月29日」を延長期限とすることが決まりました。ただし、7月29日までに申告等できない場合は、個別申請によりさらなる期限延長ができます。

④ 岩手県、宮城県、福島県については、甚大な被害を受けた一部地域を除き、「平成23年9月30日」を延長期限とすることが決まりました。ただし、それが難しい場合は個別申請による延長ができます。

⑤ 個人住民税・個人事業税についても同様の措置とするよう平成23年3月28日に総務省から各自治体に文書が出ています。

⑥ 詳細はQ65をご参照ください。

2　納税地が「指定地域」以外の場合─申告・納付等の期限延長

Q4 青森県、岩手県、宮城県、福島県、茨城県以外の税務署に申告していますが、被災したため申告期限に間に合いません。申告・納付等を延長することができるそうですが、手続きは必要ですか。

A
①　納税地が「指定地域（青森県、岩手県、宮城県、福島県、茨城県）」以外の場合、申告期限の自動延長措置はありません。
②　東日本大震災の影響により国税に関する申告・納付等ができない場合は、「災害等のやんだ日から2カ月以内」まで期限が延長されます。なお、「災害等のやんだ日」とは申告・納付等するのに差し支えないと認められる程度の状態になった日をいいます。
③　その手続きは、「災害による申告、納付等の期限延長申請書」を税務署に提出するのが原則（個別指定による期限延長手続き）ですが、申告等する時に申告書等の余白に「大震災により被害を受けたため、申告書の提出期限及び納付期限の延長を申請する。」旨を記載すればよいこととされました。つまり、事前に申請手続きをとらなくても期限延長は認められます。
④　直接被災していない人でも、行方不明者の捜索活動・傷病者の救助活動等により申告できない場合や、交通手段やライフラインの遮断により本人や税理士が申告できない場合も「個別指定による期限延長」の対象です。
⑤　被災地には居住していなかった人についても、被災地に扶養親族がいたとか店舗などの資産があり申告期限までに申告できない場合も「個別指定による期限延長」の対象です。
⑥　納税地が「指定地域」である人（Q3参照）が延長された期限までに申告納付できない場合は、上記「個別指定による期限延長申請」によりさらに期限を延長してもらうことができます。
⑦　詳細はQ65をご参照ください。

第1部　個人編

3　「指定地域」外に転出した場合の申告・納付等の期限

Q5　私は、「指定地域（青森県、岩手県、宮城県、福島県、茨城県）」に居住しており申告・納税等の期限は自動延長されていましたが、「指定地域（青森県、岩手県、宮城県、福島県、茨城県）」以外の県に引っ越しました。国税の申告・納付期限はいつまで延長されるのでしょうか。

A
① 「指定地域（青森県、岩手県、宮城県、福島県、茨城県）」から引っ越した場合、納税地は「指定地域」外となりますので、引っ越した時点で申告・納付期限の自動延長の適用はなくなります。
② ただし、「個別指定」による期限延長はできますので、「災害等のやんだ日から2カ月以内」まで期限が延長されます。本来は「災害による申告、納付等の期限延長申請書」を税務署に提出しなければなりませんが、申告等する時に申告書等の余白に「大震災により被害を受けたため、申告書の提出期限及び納付期限の延長を申請する。」旨を記載すればよいこととされました。
③ 一時的に「指定地域」外に避難している場合は、引き続き「指定地域」に住所があると考えられますので、申告・納付期限は自動延長による取扱いとなります。
④ 詳細はQ65をご参照ください。

4　申告期限等が延長されるもの

Q6　個人の税金で期限が延長されるのはどのようなものですか。

A
① 期限が延長されるのは以下のようなものです。
・所得税・消費税の確定申告・中間申告および納付期限

- 予定納税の納付期限・減額承認申請期限
- 相続税の申告および納付期限
- 贈与税の申告および納付期限
- 法定調書の提出期限
- 源泉所得税の納付期限
- 青色申告承認申請書の提出期限
- 更正の請求期限

② 詳細はQ66をご参照ください。

Ⅱ 国税に関する納税の猶予

1 納付期限が到来していない国税─「災害により相当の損失を受けた場合」の納税猶予

Q7 平成22年分の所得税や平成23年分の予定納税等について納税が猶予される制度の内容について教えてください。

A ① 災害により財産に「相当な損失」を受けた場合は、損失を受けた日以降1年以内に納期限が到来する国税について納税が猶予されます。

② 「相当な損失」とは、被害額（保険金等を控除した金額）が全資産額のおおむね20％以上である場合です。

③ ただし、「災害のやんだ日から2カ月以内」に「納税の猶予申請書」を税務署に提出し承認を受ける必要があります。その際、被災明細書または、り災証明書を添付する必要がありますが、その代わりの方法として申請者への聴き取り確認による方法もとられています。

④ 納税が猶予される期間は、以下の通り最長1年以内です。東日本大震災に関して申告・納付期限が延長されている場合は、その延長された納

期限から1年以内です。

- 被害額が全資産額の50％を超える場合……原則1年
- 被害額が全資産額の20～50％である場合……原則8カ月

ただし、青森県、岩手県、宮城県、福島県、茨城県に納税地がある人は、被害の状況にかかわらず延長後の納期限から1年間の猶予が認められます。

⑤ 災害により財産に「相当な損失」を受けたことによる納税猶予の場合は、担保も不要で、延滞税も全額免除されます。

⑥ なお、上記1年間の納税猶予を受けた人について、なお納付が困難な場合は、Q8で説明する「納付が困難になった場合の納税猶予（最長2年間）」を受けることができます。これにより、延長された納期限から最長3年間納税猶予を受けることができます。具体的手続き等はQ8をご覧ください。

⑦ 平成23年分の所得税の予定納税や消費税の中間申告分については、確定申告書の提出期限まで納税が猶予されます。

⑧ 詳細はQ67をご参照ください。

2　既に納期限が到来している国税─「納付困難な場合」の納税猶予

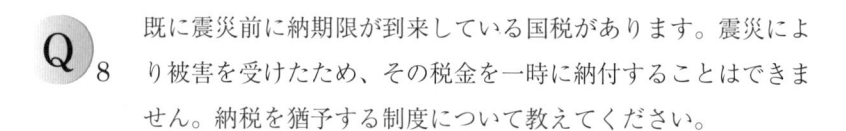

Q8 既に震災前に納期限が到来している国税があります。震災により被害を受けたため、その税金を一時に納付することはできません。納税を猶予する制度について教えてください。

A ① 災害により被害を受けた場合や、（災害には関係なく）事業廃止・売上減少等のやむを得ない理由により、既に納期限の到来した国税を一時に納付できない場合は、その納付困難と認められる金額について納税猶予を受ける制度があります。

② この適用を受ける場合には、「納税の猶予申請書」を税務署に提出し承認を受ける必要がありますが、申請の時期については制限がなく、要件を満たす限りいつでも申請可能です。

③　納税が猶予される期間は、1年以内で納税者の状況からみて可能と見込まれる時期までです。ただし、やむを得ない理由があると認められる場合は、再度税務署に申請すれば、さらに最長1年間納税が猶予されます（つまり、この制度により認められる納税猶予期間はどんなに長くても2年間です）。

④　納税猶予を受けるに際して、原則として「担保提供」が必要です。

⑤　納付が遅れた場合「延滞税」がかかりますが、災害等により納税が猶予される場合にはその全額が、事業の廃止等により納税が猶予される場合にはその半額が免除となります。

⑥　詳細はQ67をご参照ください。

Ⅲ　住宅・家財の損害と所得税・住民税の軽減・免除（雑損控除・災害減免法等）

1　住宅・家財の損害と所得税の軽減・免除

(1)　雑損控除と災害減免法

Q9　大震災により住宅や家財に損害を受けた場合の所得税が軽減・免除される制度について教えてください。

A　①　災害により住宅や家財に損害を受けた場合は、「雑損控除による所得税の軽減」と「災害減免法による所得税の減免」の2つの制度があります。所得税はいずれか一方だけの適用となり重複適用はできません。

②　雑損控除は「雑損控除額」を所得金額から差し引いた後に所得税を計算しますので、控除額に応じた所得税が軽減されます。雑損控除額がその年に控除しきれない場合は、翌年以降5年間繰り越して翌年以降の所得金額から控除することができます（原則は3年ですが、東日本大震災

雑損控除と災害減免法の比較

	雑損控除（所得税法）	災害減免法
適用対象者	―	その年の所得金額が1,000万円以下の人
対象となる資産	・生活に通常必要な資産（住宅・家財等） ・業務用資産	住宅・家財
資産の所有者	本人、または本人と生計を一にする配偶者・親族（総所得金額等38万円以下）が所有するもの	本人、または本人と生計を一にする配偶者・親族（総所得金額等38万円以下）が所有するもの
損害の大きさ	―	損害額が、住宅または家財の価額の50％以上であること
計算方法	〈所得控除〉 次のいずれか多い金額 ・（被災資産の損失額 ＋ 災害関連支出 － 保険金等）－ 所得金額 × 1/10 ・災害関連支出 － 5万円	〈所得税の減免〉 その年の所得金額が ・500万円以下⇒全額免除 ・500万円超750万円以下 　⇒1/2軽減 ・750万円超1,000万円以下 　⇒1/4軽減
適 用 年	平成22年分の所得税 または、平成23年分の所得税	平成22年分の所得税 または、平成23年分の所得税
翌年以降の適用	その年の所得金額から雑損控除の金額を引ききれない場合は、翌年以降5年間繰り越すことができる（最大6年間適用可能）	翌年以降の繰越しはできない
手 続 き	確定申告	確定申告

　　の特例措置として5年間繰り越せることとなりました）。

③　「災害減免法による所得税の減免」は、住宅・家財の損害が50％以上の場合に適用を受けられます。そして、所得金額に応じて所得税が全額免除または一部減額されます。これは、その年だけの適用であり、翌年以降の繰越しはありません。

④　適用を受けられる対象者、対象となる資産の範囲、軽減・減免される

Ⅲ　住宅・家財の損害と所得税・住民税の軽減・免除（雑損控除・災害減免法等）

雑損控除と災害減免法のイメージ図（給与所得者のケース）

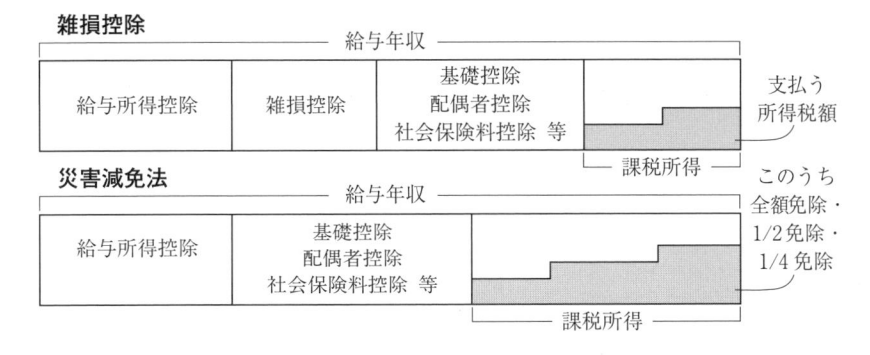

雑損控除

給与所得控除	雑損控除	基礎控除 配偶者控除 社会保険料控除　等	

――給与年収――／課税所得／支払う所得税額

災害減免法

給与所得控除	基礎控除 配偶者控除 社会保険料控除　等	

――給与年収――／課税所得／このうち全額免除・1/2免除・1/4免除

所得税額、適用を受けられる年数等が異なります。いずれの適用要件も満たしている人は、どちらが有利か判断が必要です。

⑤　雑損控除、災害減免法いずれも、震災が発生した平成23年分の所得税において適用を受けるのが原則ですが、東日本大震災の特例として「あたかも平成22年に震災が起きたものとして、平成22年分の所得税において適用を受けることができる」とされました。震災の影響を考えますと、平成22年の方が平成23年より所得金額が一般的には高いケースが多いでしょう。その場合、平成22年分の所得税において雑損控除または災害減免法の適用を受けた方が有利となるケースが大部分と考えます。

(2) 雑損控除と災害減免法、どちらが有利か、おおむねの目安

Q10　住宅と家財に大きな損害を受けました。雑損控除と災害減免法、どちらを受けるのが有利でしょうか。

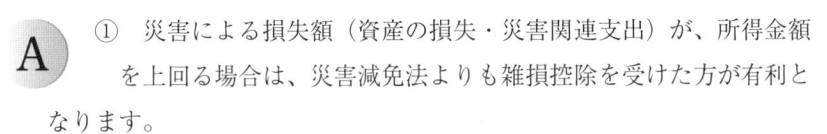

A　①　災害による損失額（資産の損失・災害関連支出）が、所得金額を上回る場合は、災害減免法よりも雑損控除を受けた方が有利となります。

②　災害による損失額が、所得金額を下回る場合は、その人の所得金額により結論が変わります。所得金額500万円以下なら災害減免法が有利、

所得金額500万円超1,000万円以下の場合はいずれが有利かの検討が必要（損失額が大きい場合は雑損控除が有利）、所得金額1,000万円超の場合は災害減免法の適用はありませんので雑損控除を受けます。

詳細は、Q28～Q30をご覧ください。

所得金額	所得金額 ≧ 損失額	所得金額 ＜ 損失額
1,000万円超	雑損控除のみ適用	
750万円超　1,000万円以下	個別判定必要	雑損控除有利
500万円超　750万円以下		
500万円以下	災害減免法有利	

③　具体例による詳細な説明はQ82をご参照ください。

2　雑損控除

(1) 雑損控除の概要

Q11　災害により住宅や家財に損害を受けた場合に所得税の計算上適用される「雑損控除」について教えてください。

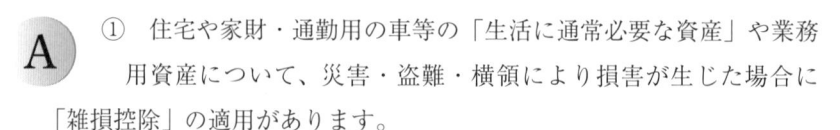

A　① 住宅や家財・通勤用の車等の「生活に通常必要な資産」や業務用資産について、災害・盗難・横領により損害が生じた場合に「雑損控除」の適用があります。

② その損害額（資産の損失・災害関連支出）をベースに計算した金額（雑損控除額）を所得金額から差し引きます。その結果、課税所得が小さくなり所得税が減少します（住民税も同様です）。

③ 雑損控除は、医療費控除・寄附金控除と同様に確定申告が必要です。

④ 雑損控除額がその年の所得金額から控除しきれない場合は、翌年以降5年間繰り越して翌年以降の所得金額から控除することができます（繰越期間は原則は3年ですが、東日本大震災は特例として5年間です）。

⑤ 雑損控除は、震災が発生した平成23年分の所得税において適用を受け

Ⅲ 住宅・家財の損害と所得税・住民税の軽減・免除（雑損控除・災害減免法等）

るのが原則ですが、東日本大震災の特例として、あたかも平成22年に震災が起きたものとして平成22年分の所得税において適用を受けることができることとされました。

⑥　雑損控除と災害減免法いずれの適用要件も満たす人は、いずれか有利な方を選択し適用を受けます。

⑦　詳細はQ69をご参照ください。

(2) 雑損控除の対象となる資産・災害関連支出

Q12 東日本大震災で色々な資産に損害を受け、それに関連する支出もしました。雑損控除の対象となるもの・ならないものを教えてください。

A
①　「生活に通常必要な資産」と「業務用資産」が「雑損控除」の対象です。

②　納税者本人が所有する資産はもちろん、生計を一にする配偶者・親族が所有する資産も対象です。

③　生計を一にする配偶者・親族については、総所得金額等が38万円以下の人に限られます。なお、平成22年分の所得税で雑損控除を受ける場合は、生計を一にする配偶者・親族の平成22年の総所得金額等が、平成23年分の所得税で受ける場合は生計を一にする配偶者・親族の平成23年の総所得金額等が、38万円以下でなくてはなりません。例えば、配偶者のパート収入が103万円以下の場合、配偶者の総所得金額等は38万円以下となります。

　　雑損控除の対象となる資産・対象とならない資産の例を表にしました（次ページ参照）。

④　災害関連支出の詳細はQ79をご参照ください。

雑損控除の対象となる資産・対象とならない資産

	雑損控除の対象	雑損控除の対象とならない
自　　宅	自宅（所有者は本人）	自宅（所有者は生計別親族）
	自宅（本人は東京で単身赴任。家族が被災地で生活） ⇒本人が雑損控除の適用を受けられます。	生計別の親族の自宅（所有者は本人）
	父の自宅（父は長男の仕送りにより生活しており生計を一にしている。所有者は父または長男） ⇒長男が雑損控除の適用を受けられます。	
賃貸用不動産	貸付規模が事業的規模でない場合（独立した貸家5棟または貸室10室以下）の、賃貸用不動産	貸付規模が事業的規模の場合（5棟または10室超）の、賃貸用不動産
その他の不動産	—	別荘・自営店舗
現　　金	現金	明らかに事業用の現金
貴金属・書画・骨董・美術工芸品	1個または1組の価額が30万円以下のもの	1個または1組の価額が30万円超のもの
車	通勤用の車	営業車・趣味のスポーツカー
その他資産	—	事業用資産（棚卸資産・固定資産等）
修　繕　費	住宅を原状回復するための費用（原状回復費用と資本的支出の区別が困難な場合は、支出額の30％相当額を原状回復費用とすることができます）	被災直前より、住宅の価値や耐久性をアップさせるための費用（資本的支出）
	倒れた墓石の原状回復のための費用	事業用資産の修繕費
その他支出	住宅の取り壊し・除去費用	ホテルに避難した場合のホテル代
	地盤沈下した基盤を被災前の状態に戻すための住宅の地盛り費用（宅地の損失額）	避難先のアパートの家賃
	地震により液状化現象が生じた住宅敷地に行う補強工事費用（宅地の損失額）	避難先への引っ越し費用

Ⅲ 住宅・家財の損害と所得税・住民税の軽減・免除（雑損控除・災害減免法等）

(3) 雑損控除における資産損失額の把握（簡便的な方法―「損失額の合理的な計算方法」）

Q13 雑損控除における「損失額」は、「資産の被災直前の時価」と「被災直後の時価」を基に計算すると聞きました。住宅や家財の時価の把握は難しそうです。簡便的な方法はありませんか。

A
① 雑損控除額は、資産の損失額・災害関連支出の額から求めます。
② 資産の損失額は、資産の被災直前の時価から直後の時価を差し引いて求めるのが原則ですが、それは容易ではありません。
③ そこで簡便的な方法として「損失額の合理的な計算方法」が国税庁から示されています。
④ 住宅の「損失額の合理的な計算方法」
（取得価額 － 減価償却費）× 被害割合 ＝「損失額」

- **取得価額**……取得価額が明らかでない場合は、地域別・構造別に公表された1㎡当たりの工事費用に総床面積を乗じて求めます。例えば、福島県の木造は149千円/㎡、岩手県の鉄骨鉄筋コンクリート造りは222千円/㎡、青森県の鉄筋コンクリート造りは263千円/㎡、宮城県の鉄骨造りは177千円/㎡、といった具合です。なお、該当する地域の工事費用が全国平均を下回る場合は、全国平均の工事費用を使うことができます（ここでいう工事費用が大きいほど最終的な損失額が大きくなり有利です）。なお、1階が鉄骨鉄筋コンクリート、2階と3階が木造家屋という住宅は、最も床面積の多い部分の構造により計算します。

　具体的には国税庁公表資料「別表1　地域別・構造別の工事費用表（1㎡当たり）」に記載されています（117ページ参照）。

- **減価償却費**……「取得価額 × 0.9 × 償却率 × 経過年数」により計算します。償却率は、住宅の構造に応じて決まっています。木造は0.031、木造モルタル造りは0.034、鉄筋コンクリート造りは0.015、といった具合です。具体的には国税庁公表資料「住宅の構造別耐用年数表」に記載さ

れています（116ページ参照）。

- **被害割合**……被害状況に応じて「被害割合表」にある割合を使います。損壊について「全壊・流出・埋没・倒壊等は住宅・家財とも100％」・「半壊は住宅・家財とも50％」・「一部破損はともに5％」です。浸水については、床上何mか、平屋か2階建以上か、海水や土砂を伴う浸水か否かによって、家財・住宅の被害割合が決まります。例えば「平屋について床上1.5m浸水の場合、家財100％・住宅80％（なお、海水や土砂を伴わない場合は、住宅65％となります）」・「2階建以上について床上1.5m浸水の場合は家財85％・住宅55％（なお、海水や土砂を伴わない場合は、家財70％・住宅40％となります）」です。床下浸水の場合の被害割合は「家財0％、住宅15％」です。なお、24時間以上の長期浸水の場合は、さらに「15％」を加えた数字が被害割合となります。「損壊」と「浸水」両方の被害を受けた場合は、それぞれの割合を加算します。

　住宅は半壊であるが裏山の崩落の危険があるので住めなくなったという場合は「全壊」と同様の実態です。一方、半壊状態で補修すれば住める家を自分の意思で補修せずに取り壊した場合は「半壊」となります。被害割合は具体的には国税庁公表資料「別表3　被害割合表」に記載されています（118ページ参照）。

　なお、雑損控除等を計算する際に用いるこの「被害割合」は、り災証明書に記載される被害の程度（証明内容）とは一致するものではありません。ご留意ください。

⑤　家財の「損失額の合理的な計算方法」

　家財について取得価額が明らかな場合は「（取得価額－減価償却費）× 被害割合」により求めますが、一般的にいって家財の取得価額をきちんと把握している人は少ないでしょう。

　そこで、家財については、「家族構成別家財評価額 × 被害割合」により計算することができます。

- **家族構成別家財評価額**……世帯主の年齢と家族構成（夫婦または独身）に応じた被災直前の家財時価が決められています。例えば、世帯主50歳

Ⅲ　住宅・家財の損害と所得税・住民税の軽減・免除（雑損控除・災害減免法等）

以上、夫婦世帯の場合、夫婦の家財は1,150万円です。あと生計を一にする親族1名につき130万円（18歳以上）、または80万円（18歳未満）を加算して求めます。世帯主50歳以上、独身の場合は300万円です。ただし、これにより求めた家財評価額が実態に合わない場合は、もちろん個別に損失額を求めることができます。

　具体的には国税庁公表資料「別表2　家族構成別家財評価額」に記載されています（118ページ参照）。

- **被害割合**……上記④「住宅」で説明したものです。

⑥　車の「損失額の合理的な計算方法」

　生活に通常必要な車（専ら通勤等の日常生活に使用している）は雑損控除の対象であり損失額は「（取得価額 － 減価償却費）× 被害割合」により求めます。車の場合は比較的「取得価額」を覚えているでしょうし、調べるのも容易と思われます。償却率は「普通自動車：0.111、軽自動車（総排気量660cc以下）：0.166」です。

⑦　詳細はQ71をご参照ください。

(4) 雑損控除の計算

Q14　雑損控除の対象となる「資産の損失」と「災害関連支出」はわかりました。雑損控除の計算方法を教えてください。

A　①　まず、雑損控除の計算に必要な4つの数字を確認しましょう。

　　イ　資産の損失……「被災直前・直後の時価」から求めます（「損失額の合理的な計算方法」（Q13参照）によることもできます）。

　　ロ　災害関連支出のうちの修繕費……雑損控除の対象となる資産のいわゆる修繕費（価値をアップするような資本的支出は除きます）

　　ハ　保険金・共済金・見舞金・損害賠償金……損害を補てんする目的で支払われるもの（損害保険・火災保険・資産損害補てん目的の見舞金）。一般的な見舞金は対象外です。

ニ　災害関連支出……雑損控除の対象となる金額（上記ロの修繕費を除きます）。つまり住宅・家財の取り壊し・除去費用、土砂等除去費用等

ホ　総所得金額等……給与所得・事業所等・不動産所得・雑所得等や退職所得（1/2後の金額）・不動産の譲渡所得（特別控除前）や、確定申告した配当所得・上場株式等の譲渡所得等の金額の合計（繰越損失控除後）

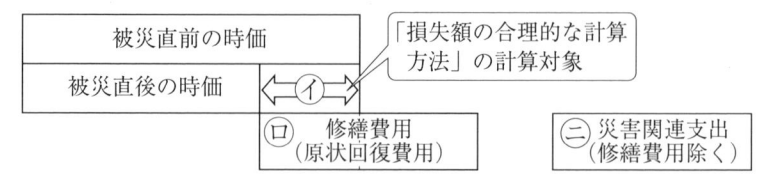

```
┌─────────────────────┐
│     被災直前の時価     │    ┌──────────────┐
├─────────────────────┤    │「損失額の合理的な計算 │
│     被災直後の時価     │←(イ)→│ 方法」の計算対象    │
└─────────────────────┘    └──────────────┘
        ┌──────────┐            ┌──────────┐
        │(ロ) 修繕費用 │            │(ニ) 災害関連支出│
        │(原状回復費用)│            │(修繕費用除く)│
        └──────────┘            └──────────┘
```

② 住宅・家財の修繕費がゼロの場合の雑損控除額の計算

住宅・家財の被害が大きいために修繕しなかった場合です。

A ＝ {資産の損失(イ) ＋ 災害関連支出(ニ) － 保険金等(ハ)} －（総所得金額等(ホ) × 1/10）

B ＝ 災害関連支出(ニ) － 5万円

AとBのいずれか大きい金額が「雑損控除」の金額です。資産の損失が多額になるのでAの方が大きくなるケースが一般的でしょう。

③ 住宅・家財の修繕費がある場合の雑損控除額の計算

住宅・家財に関して修繕した場合です。

C ＝〔資産の損失(イ) ＋（修繕費(ロ) － 資産の損失(イ)）＋ 災害関連支出(ニ) － 保険金等(ハ)〕－（総所得金額等(ホ) × 1/10）

D ＝（修繕費(ロ) － 資産の損失(イ)）＋ 災害関連支出(ニ) － 5万円

CとDのいずれか大きい金額が「雑損控除」の金額です。資産の損失が多額になるのでCの方が大きくなるケースが一般的でしょう。

④ 損失を上回る保険金等を受けた場合

当該資産の損失額を上回る保険金等を受けた場合、雑損控除の計算上差し引く保険金の金額はその損失の額を上限とします（上回るか否かは資産の別に把握します）。そして、損失額を上回る保険金部分は非課税です。

⑤ 詳細はQ69、Q79をご参照ください。

Ⅲ　住宅・家財の損害と所得税・住民税の軽減・免除（雑損控除・災害減免法等）

(5) 雑損控除により軽減される所得税額

Q15　雑損控除を受けると、どのくらい所得税が軽減されるのですか。

A　① 例えば、雑損控除の金額が同じ100万円であっても、その人の課税所得金額によって軽減される所得税は異なります。所得税は累進税率だからです。

② 雑損控除の金額が100万円・300万円・500万円・1,000万円の場合、その年（1年間）に軽減される所得税概算を課税所得別に表にしました。参考になさってください。

雑損控除を受けて1年間に軽減される所得税概算

（単位：万円）

課税所得＼「雑損控除」の額	100	300	500	1,000
100	5	5	5	5
200	5	10	10	10
300	10	20	20	20
400	17	32	37	37
500	20	47	57	57
1,000	33	79	119	176
2,000	40	113	179	344
3,000	40	120	200	400

＊課税所得＝各種所得金額－雑損控除以外の所得控除の合計
なお、その年において受けられる所得控除（基礎控除・社会保険料控除・配偶者控除・扶養控除等および雑損控除）の適用順位は、まず最初に「雑損控除」を控除し、その後、その他の所得控除を控除します。

③ 雑損控除の金額がその年の所得から引ききれない場合は、翌年以降5年間繰り越すことができます。Q16をご覧ください。

(6) 翌年以降5年間の繰越しが可能（雑損失の繰越控除）

Q16 平成22年・23年いずれの年で雑損控除の適用を受けても、雑損控除額が所得金額を上回るため引ききれません。翌年以降に繰り越すことができるのでしょうか。

A
① 雑損控除の額が大きく引ききれない控除額が残った場合は、翌年以降に繰り越して翌年以降の所得金額から差し引くことができます。これを「雑損失の繰越控除」といいます。
② 原則は3年間の繰越しですが、東日本大震災の特例として5年間繰り越せることになりました。平成22年分の所得税で雑損控除を受けた人は平成27年まで、平成23年分の所得税で受けた人は平成28年まで繰り越せます。つまり、雑損控除額は最大6年間の所得金額から控除できることになります。
③ ただし、繰り越すためには毎年確定申告が必要です。
④ 詳細はQ69をご参照ください。

(7) 必要書類（り災証明書）と、書類がない場合の対応

Q17 雑損控除を受けて確定申告する場合、何か必要な書類はありますか。その書類がないと雑損控除は受けられませんか。

A
① 市区町村が発行する「り災証明書」を添付することが原則です（コピーでも可）。
② その人の住所から地域全体の建物が全壊していることが明らかである場合はり災証明書がなくても大丈夫です。
③ また、証明書がない場合でも、税務署は被害の実情を納税者から十分に聞いて被害状況を判断する対応もするとのことですのでご安心ください。

Ⅲ　住宅・家財の損害と所得税・住民税の軽減・免除（雑損控除・災害減免法等）

(8) 雑損控除と住民税

Q18 雑損控除は住民税でも適用はありますか。

A
① 住民税においても所得税と同様に雑損控除の適用があります。
② 震災のあった年の所得に基づく住民税（平成24年度住民税）における適用が原則ですが、所得税と同様に、震災の前年の所得に基づく住民税（平成23年度住民税）での適用も可能です。
③ 雑損控除を受ける所得税の確定申告を行えば、自動的に住民税も適用されることになります。
④ 所得税と住民税と異なる年で適用を受けたい場合は、住民税について別途申告が必要です。
⑤ 所得税は雑損控除と災害減免法の重複適用はできませんが、個人住民税は重複適用ができます（各地方自治体によって取扱いが異なります）。
⑥ 詳細はQ68をご参照ください。

3　災害減免法

(1)　災害減免法の概要

Q19 災害により住宅・家財に甚大な被害を受けた場合の所得税が減免される制度について教えてください。

A
① 住宅または家財について50％以上の被害を受けた場合、その年の所得金額が1,000万円以下ならば災害減免法の適用があります。
② 所得金額によって、所得税が全額・1／2免除・1／4免除となります。
③ 災害により住宅・家財に損害を受けた場合は、雑損控除または災害減免法のいずれか有利な方を選択します。重複適用はできません。
④ 震災があった平成23年分の所得税について災害減免法の適用を受ける

のが原則ですが、東日本大震災の特例として震災があたかも平成22年にあったものとして平成22年分の所得税について災害減免法を適用することもできます。

⑤　詳細はQ81をご参照ください。

(2) 災害減免法の適用を受けられる人

Q20　災害により住宅・家財に被害を受けた場合、災害減免法は誰でも受けられるのですか。

A　① 災害減免法により一定要件を満たした人について所得税の全部または一部が免除されます。大きな要件が２つあります。

② ひとつめの要件は、「住宅の損害額が住宅価額の50％以上である」、または、「家財の損害額が家財価額の50％以上である」という人。ただし、この判定は本人だけでなく生計を一にする配偶者や親族（総所得金額等が38万円以下の扶養親族等）の住宅合計または家財合計で行います。

③ もうひとつの要件は、「その人（納税者）の、災害減免法を受ける年分の所得金額が1,000万円以下」であること。ここでいう「所得金額」は、給与所得・事業所得・不動産所得・雑所得等だけでなく退職所得・不動産の譲渡所得（特別控除後）や確定申告した配当所得・株式譲渡所得等も含まれます（繰越損失控除後の金額）。

④ なお、雑損控除には「被害割合」・「本人の所得金額」に関する要件はありません。

(3) 災害減免法の対象となる資産

Q21　災害により住宅・家財に甚大な被害を受けた場合に災害減免法を受けられるそうですが、住宅・家財の範囲を教えてください。

Ⅲ　住宅・家財の損害と所得税・住民税の軽減・免除（雑損控除・災害減免法等）

A　① 住宅とは、本人、そして本人と生計を一にする配偶者・親族が常時起居する住宅をいいますので2カ所以上存在するケースがあります。その場合はそれらすべての住宅合計で50％以上の損害か否かを判定します。なお、別荘は対象外です。
② 住宅は本人が所有するものだけでなく、生計を一にする配偶者・親族（総所得金額等が38万円以下の扶養親族等）が所有する住宅も対象です。
③ 家財とは、本人、そして本人と生計を一にする配偶者・親族の日常生活に通常必要な家具・什器・衣類・書籍・1個または1組の価額が30万円以下の貴金属等をいいます。

(4) 損害割合が50％以上であるか否かの判定

Q22　住宅や家財の損害額が住宅・家財の価額の50％以上である場合に災害減免法の適用があるそうですが、「50％以上」はどのように判定するのですか。

A　① 住宅と家財、別々に「50％以上」の判定を行い、いずれか「50％以上」に該当すれば災害減免法の適用があります。
② 「50％以上」の具体的な判定は、被災直前の時価と直後の時価によります。損害を補てんする目的で支払われた保険金等は損害額から控除します。個別に計算することが難しい場合は、雑損控除における「損失額の合理的な計算方法」によることができます（Q13参照）。
③ 詳細はQ81をご参照ください。

(5) 減免される所得税

Q23　災害減免法の適用を受けると、どのくらい所得税が減額・免除されるのですか。

A ① 納税者のその年の所得金額によって減額される所得税は異なります。

その年の所得金額	給与所得者のケース	所得税の軽減額
500万円以下	給与年収 688万円以下	全額免除
500万円超　750万円以下	給与年収 689〜966万円	1/2免除
750万円超　1,000万円以下	給与年収 967〜1,231万円	1/4免除
1,000万円超	給与年収 1,232万円以上	適用なし

② ここでいう「所得金額」は、Q20③で説明した金額です。

③ その年の所得金額が500万円以下の場合は、その年に支払うべき所得税が全額免除されます。給与所得者の場合、給与年収が688万円以下ですと500万円以下に該当し全額免除されます。

④ その年の所得金額が500万円超750万円以下の場合は、その年に支払うべき所得税が半額免除されます。ということは、所得金額が500万円以下の場合と500万円をちょっと上回った場合では所得金額の差はわずかであるのに「全額免除」と「半額免除」という大きな差になります。これは、所得金額500万円超の人は災害減免法よりも雑損控除を受けた方が有利なケースが多いことと、また、所得金額500万円以下の人が人数的にも多い事実もあって、割り切りのルールとしてできています。なお、この所得金額は阪神・淡路大震災の時に引き上げられ現在に至っています（それ以前は、所得金額300万円以下の時に全額免除であり、600万円を超えると災害減免法の適用はありませんでした）。

(6) 1年限りの取扱い

Q24 災害減免法は、損害の額がどんなに大きくても1年しか適用されないのですか。

Ⅲ 住宅・家財の損害と所得税・住民税の軽減・免除（雑損控除・災害減免法等）

A ① 災害減免法は１年限りの所得税の減免です。
② 住宅または家財の損害額が住宅・家財の価額の50％以上という「甚大な被害」の場合に災害減免法の適用があり、納税者のその年の所得金額によって所得税の免除割合「全額・１／２・１／４」が決まります。
③ つまり、実際の損害の金額に応じて所得税が軽減されるものではありません。
④ その年の所得金額が500万円以下ならばその年に支払う所得税はゼロになり、500万円超750万円以下ならば支払う所得税のうち半額が免除になる、それでおしまいです。翌年以降の所得税には影響しません。

(7) 災害減免法と住民税

Q25 住民税でも災害減免法のような制度はあるのですか。

A ① 災害減免法は国税が対象であり地方税（個人住民税等）に適用はありません。
② しかし、東日本大震災にあたり、総務省は各地方自治体に対して地方税の減免に関して各自治体で対応できる旨通知をしています。したがって、各地方自治体によって取扱いは異なります。
③ 個人住民税は、その土地の１月１日に居住している県・市区町村に対して納税し、対象となる所得は前年の所得です（退職所得を除きます）。したがって、平成22年の所得に対して平成23年度住民税が、平成23年の所得に対して平成24年度住民税がかかります。ですから、震災後に納付することとなる住民税は平成22年の所得に対してかかるものであり、その納税財源が潤沢にあるとは限らない状態です。そこで、住民税の減免措置について具体的には、「平成22年に比べて平成23年の所得がどの程度減少したか」と「平成22年の所得金額」に応じて減免額を決めるような仕組みを採用する自治体もあるようです。

④ 災害により納税義務者が亡くなったり障害者となった場合は全額免除したり、所得税と同様に住宅・家財の損害割合と本人の合計所得金額に応じて減免割合を決めたり、農作物に大きな被害を受けた場合に減免したり、それぞれの県や市町村によって個々に決めています。お住まいの県・市町村にご確認ください（ホームページ上で丁寧に説明している自治体もあります）。
⑤ 詳細はQ68をご参照ください。

4　平成22年分の所得税、平成23年分の所得税、どちらで適用を受けるか

(1) 平成22年分の所得税または平成23年分の所得税、いずれで適用を受けるか

Q26 東日本大震災の特例として、雑損控除や災害減免法を平成23年分の所得税ではなく平成22年分の所得税で適用を受けることができるそうですね。どちらが有利でしょうか。

A ① 雑損控除も災害減免法も震災が発生した平成23年分の所得税で適用を受ける、これが原則です。
② しかし、震災があたかも平成22年に起きたものとして平成22年分の所得税で適用を受けられる特例が設けられました。
③ 平成22年分の所得税で雑損控除や災害減免法の適用を受ければ、既に平成22年分の所得税を納めている人は、その税金が戻ってきます（早くメリットを受けられます）。
④ 震災に遭遇なさった平成23年は個人も勤務先も通常の活動はできないケースが多く、平成23年の所得は平成22年の所得に比べて小さくなると思われます。その場合は、所得金額・所得税額の大きな平成22年分の所得税において雑損控除・災害減免法の適用を受けた方が軽減される税金が一般的には大きくなり有利となります。それ以外のケースもありますので試算してください。

Ⅲ　住宅・家財の損害と所得税・住民税の軽減・免除（雑損控除・災害減免法等）

⑤　ただし、平成23年1月1日〜3月10日に既に多額の所得を得ている人や、平成23年3月11日以降に不動産や株式等を売却して多額の所得を得る人は、平成23年分の所得税で雑損控除・災害減免法を受けた方が有利なケースも考えられますので両者の比較が必要です。

⑥　なお、災害減免法ではなく雑損控除を選択する人については、雑損控除の金額がその年（平成22年または23年）の所得から引ききれない場合は、翌年以降5年間繰り越すことができますので、近い将来高い所得が予定される人は平成22〜28年の所得金額の推移を予想してどちらが有利か判断することになります。

⑦　詳細はQ70をご参照ください。

(2) 平成22年分の所得税で雑損控除を受ける場合の期限

Q27　平成22年分の所得税で雑損控除・災害減免法を受けようと思います。いつまでに申告すればいいですか。

A　①　平成22年分の所得税について確定申告していない人

平成22年分の所得税の申告・納付期限は延長されています。その延長された期限までに雑損控除を受けた確定申告をなさってください。雑損控除を考慮して税金計算しますので、支払う所得税はその分軽減されます。

②　既に平成22年分の確定申告を済ませている人

既に平成22年分の確定申告を済ませている人は、震災特例法の施行日（平成23年4月27日）から1年間、つまり平成24年4月26日までに税務署に「更正の請求」という手続きをとる必要があります。平成22年の所得金額から雑損控除額を差し引き所得税を計算し直す、または災害減免法による所得税免除を受けるわけです。なお、平成22年分の申告・納付の期限は延長されていますが、その期限が平成24年4月26日より遅くなる場合は、その延長された期限までに「更正の請求」を行えばよいこととされています。

5　雑損控除と災害減免法、どちらを選択するか

(1) 雑損控除と災害減免法は選択適用

Q28　住宅と家財に大きな損害を受けました。雑損控除と災害減免法、どちらを受けたらいいでしょうか。

A　① 災害により住宅・家財に損害を受けた場合は、所得税について雑損控除または災害減免法の適用があり、いずれか選択する必要があります。

② 納税者本人の所得金額が1,000万円超の場合は災害減免法の適用はありませんので「雑損控除」を受けることになります。

③ 住宅または家財の損害が、それらの価額の50％未満である場合に災害減免法の適用はありませんので「雑損控除」を受けることになります。

④ 雑損控除・災害減免法いずれも適用を受けられる人は、どちらが有利か判断が必要です。

⑤ その判断は、「災害による損失額が所得金額を上回るか、下回るか」、そして「損失の金額」等によって結論が異なります。Q29、Q30をご覧ください。

⑥ 詳細はQ82をご参照ください。

(2) 災害による損失額が、所得金額を上回る場合

Q29　私の場合、住宅と家財に受けた損失額が、適用を受ける年の所得金額を上回っています。雑損控除と災害減免法、どちらを受けた方が有利でしょうか。

A　① 災害による損失額（資産の損失・災害関連支出）が、所得金額を上回る場合は、災害減免法よりも雑損控除を受けた方が有利と

なります。

② 災害減免法の場合は1年限りしか適用がありません。所得金額500万円以下の人の場合、どんなに損失額が多くてもその年の所得税が全額免除されておしまいです。翌年以降の所得税には影響ありません。また、所得金額500万円超1,000万円以下の人は災害減免法を受けても軽減される所得税は1/2や1/4にとどまりますから、雑損控除額に対応する税額が軽減される雑損控除の方が有利です。

③ 雑損控除は、その年の所得金額から控除できない金額は翌年以降5年間繰り越すことができます。質問のケースは、「損失額 ＞ その年の所得金額」ですので、控除しきれない損失額は翌年以降に繰り越して翌年以降の所得金額から控除できる、つまり、最大6年間所得税が軽減されることになります。

(3) 災害による損失額が、所得金額を下回る場合

Q30 私の場合、住宅と家財に受けた損失額が、適用を受ける年の所得金額を下回っています。雑損控除と災害減免法、どちらを受けた方が有利でしょうか。

A ① 災害による損失額が、所得金額を下回る場合は、その人の所得金額により結論が変わります。

② 所得金額500万円以下なら災害減免法が有利です。災害減免法ならば、その年の所得税が全額免除されます。一方、損失額が所得金額を下回る場合は、雑損控除を受けても所得金額が残り、支払うべき所得税が生じます。したがって災害減免法が有利となります。

③ 所得金額500万円超1,000万円以下の場合はいずれが有利かの検討が必要ですが、一般的には、損失額が大きい場合は雑損控除が有利となります。このケースは、災害減免法を受けると所得税の1/2または1/4が免除され、雑損控除を受けると控除に対応する税額が軽くなります。雑

損控除を受けた場合に所得税がどのくらい軽くなるかはその人の扶養控除等の所得控除の金額や損失の額によって変わります。

6　住民税における「雑損控除」と「税額の減免」

住民税、「雑損控除」と「税額の減免」は重複適用可能

Q31 東日本大震災では、住民税において「税額の減免」措置も設けられるそうですね。「雑損控除」と「税額の減免」は所得税と同様に選択適用ですか。

A
① 雑損控除の取扱いは所得税と住民税は同様です。
② 災害減免法は所得税の減免措置です。東日本大震災に際しては、各地方自治体により住民税の減免措置がそれぞれ設けられます（自治体によって異なります）。
③ 個人住民税は所得税と異なり、「雑損控除」と「住民税の減免」は重複適用が可能とされています。例えば、次のようなことも可能です。
- 平成23年度の住民税（平成22年の所得）⇒税額減免
- 平成24年度の住民税（平成23年の所得）⇒雑損控除
- 平成25～29年度の住民税（平成24～28年の所得）⇒雑損控除の繰越し
④ お住まいの自治体によって取扱いは異なりますのでご確認ください。
⑤ 詳細はQ68をご参照ください。

Ⅳ　自宅の損失とローン・売却

1　住宅ローン控除

Q32 ローンを組んで自宅を購入し、住宅ローン控除の適用を受けていました。今回の大震災により自宅は倒壊し住むことができなくなりました。まだ住宅ローン控除の適用期間が残っていますが、残りの期間について適用を受けられますか。

A
① 適用を受けられます。
② ローンを組んで自宅を取得し一定要件を満たした場合は、一定期間にわたり毎年住宅ローン控除の適用を受け所得税が軽減される制度があります。その適用期間において、各年12月31日まで継続して住み続けていれば、その年の年末ローン残高に一定率を乗じた金額の住宅ローン控除を受けることができます。ただし、途中で転居した場合には、原則として転居した年以降住宅ローン控除の適用はありません。
③ 災害により自宅が一部損壊して修繕のために一時的に住めなくなった場合等は、引き続き住み続けたものとみなして、引き続き住宅ローン控除の適用を受けられます。
④ 災害によって居住することができなくなった場合は、その日まで居住していれば、災害にあった年について住宅ローン控除の適用を受けられます。つまり、平成23年3月11日まで居住していれば、平成23年分の所得税の計算上住宅ローン控除を受けられます。具体的には平成23年12月31日のローン残高に応じて控除額を計算します。
⑤ さらに、東日本大震災の特例として、大震災により居住できなくなった場合は、平成24年以降の残りの適用期間にわたり各年の住宅ローン残高に応じて住宅ローン控除を受けられることになりました。なお、住宅ローン控除の適用期間は入居年に応じて以下の通り決まっています。

住宅を居住の用に供した日	住宅ローン控除の控除期間
平成11年1月1日～平成13年6月30日	15年
平成13年7月1日～平成18年12月31日	10年
平成19年1月1日～平成20年12月31日	選択により、10年または15年
平成21年1月1日～平成25年12月31日	10年

⑥　詳細はQ83をご参照ください。

2　自宅を国・県・市町村等に売却する場合

Q33　自宅を国等に売却することになりました。何か特別の取扱いはありますか。

A　① 自宅を売却した場合の譲渡所得（売却利益・売却損）に関して、震災ゆえの特別な取扱いはありません。

② 自宅売却については、売却利益が生じた場合は「3,000万円特別控除・軽減税率・買換え特例」、売却損失が生じた場合は「損益通算・繰越控除」といった制度があります（それぞれ一定要件があります）。

③ 今回の震災対応として、国や県・市町村等が不動産を買い取るといったケースも考えられます。国等に対して不動産を売却した場合は、売却利益にかかる税率が軽減されたり、収用に伴う補償金等を取得して代替資産の取得をするに際して「5,000万円特別控除」や「譲渡所得の課税の繰延べ」といった措置が設けられています。

④　詳細はQ84をご参照ください。

3 大震災により滅失した自宅を売却する場合

Q34 大震災により自宅が滅失しました。落ち着いてから自宅敷地を売却しようと考えています。自宅売却利益3,000万円について所得税が非課税となる取扱い（3,000万円特別控除）は自宅家屋と敷地を一緒に売却した場合に使える制度と聞きました。私は家屋が滅失しているので使えないのでしょうか。

A
① 震災時まで自宅として生活していた家屋が震災で滅失した場合において、その滅失した日から3年を経過する日の属する年の12月31日（つまり平成26年12月31日）までにその家屋の敷地を売却したときは、「居住用財産の3,000万円特別控除」の対象となります。
② 震災時においては居住していなかったが、それ以前は住んでいた自宅が震災で滅失した場合において、その居住しなくなった日から3年を経過する日の属する年の12月31日までにその家屋の敷地を売却したときは、「居住用財産の3,000万円特別控除」の対象となります。
③ 「居住用財産の3,000万円特別控除」は一定要件（親族に売却しないこと等）を満たした場合に、売却利益3,000万円について課税しない制度です。

V 事業所得の損失

1 棚卸資産の損失

Q35 私は個人事業者です。災害により棚卸資産に損害を受けました。どのように取り扱いますか。

A ① 棚卸資産の損失（「棚卸資産震災損失額」：年末時価を基に計算。実際に支出した災害関連支出を含みます）は事業所得の必要経費に算入します。
② 棚卸資産の損失について補てん目的で受けた保険金・損害賠償金等は、事業所得の総収入金額に算入します。
③ 「棚卸資産震災損失額」は震災の起きた平成23年の事業所得の必要経費とするのが原則ですが、東日本大震災の特例として、あたかも平成22年に震災が起きたとして平成22年の事業所得の必要経費とすることもできます。その際、保険金等は平成22年の事業所得の総収入金額に算入します。
④ 棚卸資産の損失は「雑損控除」の対象にはなりません。
⑤ 詳細はＱ86をご参照ください。

2　事業用の固定資産の損失

Q36 私は個人事業者です。災害により事業用の固定資産に損害を受けました。どのように取り扱いますか。

A ① 事業用固定資産の損失（「固定資産震災損失額」：損失発生直後の時価を基に計算。実際に支出した災害関連支出を含みます。補てん目的で受けた保険金・損害賠償金等は控除します）は事業所得の必要経費に算入します。
② 「固定資産震災損失額」は震災の起きた平成23年の事業所得の必要経費とするのが原則ですが、東日本大震災の特例として、あたかも平成22年に震災が起きたとして平成22年の事業所得の必要経費とすることもできます。
③ 事業用固定資産の損失は「雑損控除」の対象にはなりません。
④ 詳細はＱ86、Ｑ89、Ｑ92をご参照ください。

3 農業に関する損失

Q37 私は農業を営んでいます。震災に関連して生じた損失の取扱いを教えてください。

A ① 収穫前・収穫後にかかわらず、作物が流出した場合の損失金額は平成22年または平成23年の事業所得の必要経費に算入します。共済金を受けた場合は、平成22年または平成23年の事業所得の総収入金額に算入します（平成22年の事業所得に算入する場合は必要経費に算入した作物の損失額までの金額を限度とします）。
② 農業用機械やビニールハウス等の減価償却資産が滅失した場合は、未償却残額を損失の金額として平成22年または平成23年の事業所得の必要経費に算入します。
③ 損壊した農業用機械やビニールハウス等を修繕した場合、「原状回復費用」は原則として修繕した年の事業所得の必要経費に算入します。なお、平成22年分の所得税の確定申告書提出日の前日までに支出した場合は、平成22年の事業所得の必要経費に算入することもできます。
④ 田畑が津波で浸水した場合、滞留した海水や泥を除去する費用や地質改良のための費用（原状回復費用）は上記③と同様に取り扱います。
⑤ 原発事故の影響による避難指示や食品の出荷停止等により農産物等を破棄した場合は、棚卸資産の損失と同様に考えて取り扱います。
⑥ 詳細はQ93をご参照ください。

4 畜産業に関する損失

Q38 私は畜産業を営んでいます。震災に関連して生じた損失の取扱いを教えてください。

第1部　個人編

A
① 棚卸資産である家畜が死亡した場合、その損失金額は平成22年または平成23年の事業所得の必要経費に算入します。共済金を受けた場合は、平成22年または平成23年の事業所得の総収入金額に算入します（平成22年の事業所得に算入する場合は必要経費に算入した家畜の損失額までの金額を限度とします）。

② 減価償却資産である家畜が死亡した場合、その損失金額は平成22年または平成23年の事業所得の必要経費に算入します。共済金を受けた場合は損失額から控除します。

③ 畜産用車両・畜舎等の減価償却資産が滅失した場合は、未償却残額を損失の金額として平成22年または平成23年の事業所得の必要経費に算入します。

④ 損壊した畜産用車両・畜舎等を修繕した場合、「原状回復費用」は原則として修繕した年の事業所得の必要経費に算入します。なお、平成22年分の所得税の確定申告書提出日の前日までに支出した場合は、平成22年の事業所得の必要経費に算入することもできます。

⑤ 牧場等の土地が津波で浸水した場合、滞留した海水や泥を除去する費用や地質改良のための費用（原状回復費用）は上記④と同様に取り扱います。

⑥ 詳細はQ94をご参照ください。

5　漁業に関する損失

Q39 私は漁業を営んでいます。震災に関連して生じた損失の取扱いを教えてください。

A
① 漁船・機械等の減価償却資産が滅失した場合は、未償却残額を損失の金額として平成22年または平成23年の事業所得の必要経費に算入します。

② 損壊した漁船・機械等を修繕した場合、「原状回復費用」は原則として修繕した年の事業所得の必要経費に算入します。なお、平成22年分の

V 事業所得の損失

所得税の確定申告書提出日の前日までに支出した場合は、平成22年の事業所得の必要経費に算入することもできます。
③　詳細はQ95をご参照ください。

6　事業所得の赤字─損益通算

Q40　事業所得が赤字になりました。この赤字はどうなりますか。

A　①　事業所得が赤字になった場合は、その年の他の所得の黒字と相殺されます（「損益通算」といいます）。
②　その年の他の所得と相殺しても相殺しきれない事業所得の赤字が残った場合は、その残った赤字は、青色申告者は前年の所得税の繰戻還付を受けるか（純損失の繰戻還付）、翌年以降に繰り越すか（純損失の繰越控除）、いずれか（純損失の繰戻還付を受けても純損失が残る場合は繰越控除と両方）を選択できます。これに対して、白色申告者は赤字を翌年以降に繰り越すことができますが、繰戻還付の適用はありません。

7　純損失の繰戻還付（青色申告者）

Q41　私は毎年、青色申告をしています。事業所得が赤字となり、その年の他の所得と相殺しても赤字が残りました。どうなりますか。

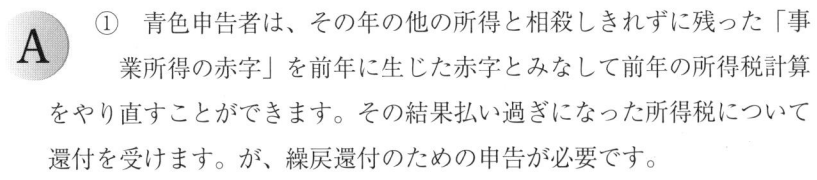

A　①　青色申告者は、その年の他の所得と相殺しきれずに残った「事業所得の赤字」を前年に生じた赤字とみなして前年の所得税計算をやり直すことができます。その結果払い過ぎになった所得税について還付を受けます。が、繰戻還付のための申告が必要です。
②　今年はもちろん前年についても青色申告していることが繰戻還付の条件です。

③　平成23年の事業所得が赤字になった場合は平成22年分の所得税について還付を受けます。
④　東日本大震災の特例措置ですが、「資産損失」を平成22年の事業所得の必要経費に算入した結果事業所得が赤字となり、平成22年の他の所得と相殺しても事業所得の赤字が残った場合は、前年（平成21年）分の所得税の還付を受けられます。つまり、平成21年・22年の2年分の所得税が戻ります。
⑤　詳細はQ88をご参照ください。

8　純損失の繰越控除（青色申告者・白色申告者）

(1)　青色申告者

Q42　私は毎年、青色申告をしています。事業所得が赤字となり、その年の他の所得と相殺しても赤字が残りました。来年以降に赤字を繰り越すことができますか。

A　①　青色申告者はその年に損益通算しきれない損失（純損失）を翌年以降繰り越して、翌年以降の事業所得等と相殺できます。その分、翌年以降の所得税が軽減されます。また、純損失の繰戻還付を受けてもなお残った赤字（純損失）も同様に繰り越せます。これを「純損失の繰越控除」といいます。
②　青色申告者の純損失は3年間繰り越せます。これが原則です。
③　東日本大震災の特例措置として、「棚卸資産・事業用固定資産等について大震災により生じた損失（大震災に関連するやむを得ない支出も含みます）」から成る赤字を「被災純損失金額」と定義し、5年間繰り越せることとしました。平成23年に生じた棚卸資産や事業用固定資産の損失はもちろんですが、平成24年以降に大震災に関連してやむを得ない支出が生じ事業所得が赤字となり、その年の他の所得と相殺しきれない場合は、その支出から成る赤字（被災純損失金額）は平成25年以降5年間繰り越せることになります。

V 事業所得の損失

純損失の繰越期間

イ 青色申告者の場合

(注1) 被災割合	純損失の内容	(注2) 平成22年	平成23年	平成24年 以降(注4)
10％以上	被災純損失金額	5年繰越し	5年繰越し	5年繰越し
	上記以外の純損失の金額	3年繰越し	5年繰越し	3年繰越し
10％未満	被災純損失金額	5年繰越し	5年繰越し	5年繰越し
	上記以外の純損失の金額	3年繰越し	3年繰越し	3年繰越し

ロ 白色申告者の場合

(注1) 被災割合	純損失の内容	(注2) 平成22年	平成23年	平成24年 以降(注4)
10％以上	被災純損失金額	5年繰越し	5年繰越し	5年繰越し
	被災事業用資産の損失の金額 （被災純損失金額を除く）(注3)	3年繰越し	5年繰越し	3年繰越し
	変動所得の金額の計算上生じた損失の金額	3年繰越し	5年繰越し	3年繰越し
	上記以外の純損失の金額	繰越不可	繰越不可	繰越不可
10％未満	被災純損失金額	5年繰越し	5年繰越し	5年繰越し
	被災事業用資産の損失の金額 （被災純損失金額を除く）(注3)	3年繰越し	3年繰越し	3年繰越し
	変動所得の金額の計算上生じた損失の金額	3年繰越し	3年繰越し	3年繰越し
	上記以外の純損失の金額	繰越不可	繰越不可	繰越不可

（注1） 被災割合とは、その個人が所有する事業用資産等（土地を除く）のうちに、「棚卸資産・事業用固定資産の損失」が占める割合をいいます。
（注2） 平成23年に生じた震災に関する損失を平成22年に生じたものとして計算し申告した平成22年分の所得税
（注3） 「被災事業用資産の損失の金額（被災純損失金額以外のもの）」とは、大震災以外の災害による損失をいいます。
（注4） 平成24年以降大震災に関連して支出した場合に生じた損失による純損失

④　もうひとつ東日本大震災の特例措置があります。青色申告者で、被災割合が10％以上である人については、平成23年の赤字（純損失）は③の「被災純損失金額」に限らずすべて5年間繰り越せることとしました。例えば、震災により平成23年の売上が激減して赤字になった、その赤字から成る純損失の金額は平成24年以降5年間繰り越すことができます。

⑤　詳細はQ87、Q90をご参照ください。

(2) 白色申告者

Q43 私は白色申告をしています。事業所得が赤字となり、その年の他の所得と相殺しても赤字が残ってしまいました。白色申告でも来年以降に赤字を繰り越せるケースがありますか。

A ①　白色申告者はその年に損益通算しきれない損失（純損失）がある場合、「変動所得の損失」と「被災事業用資産の損失」については、翌年以降繰り越して翌年以降の事業所得等と相殺できます。その分、翌年以降3年間の所得税が軽減されます。「純損失の繰越控除」といいます。なお、「変動所得の損失」とは、はまち・まだい・ひらめ・かき・うなぎ・ほたて貝・真珠（真珠貝を含む）の養殖、のり採取などから生じる所得に関する損失をいい、「被災事業用資産の損失」とは、棚卸資産・事業用固定資産に生じた災害による損失をいいます。

②　東日本大震災の特例措置として、「棚卸資産・事業用固定資産等について大震災により生じた損失（大震災に関連するやむを得ない支出も含みます）」から成る赤字を「被災純損失金額」と定義し、5年間繰り越せることとしました。平成23年に生じた棚卸資産や事業用固定資産の損失はもちろんですが、平成24年以降に大震災に関連してやむを得ない支出が生じ事業所得が赤字となり、その年の他の所得と相殺しきれない場合は、その支出から成る赤字（被災純損失金額）は平成25年以降5年間繰り越せることになります。これは青色申告者と同様の取扱いです。

Ⅴ　事業所得の損失

③　もうひとつ東日本大震災の特例措置があります。白色申告者で、被災割合が10％以上である人については、平成23年の赤字（純損失）のうち「変動所得の損失」と「被災事業用資産の損失（被災純損失金額以外のもの）」についても５年間繰り越せることとしました。

④　詳細はQ87、Q91をご参照ください。

9　被災区域に関する特定の事業用資産の買換え特例

Q44　私は個人事業者です。大震災により事業用店舗が大きく損壊し、通常の修繕では原状回復が難しいため、新たな土地と店舗を購入するつもりです。特別の措置はありますか。

A　①　平成23年３月11日から平成28年３月31日までの間に、一定の事業用資産を売却し一定の事業用資産に買い換えた場合、売却利益（買い換えた部分について全額100％）の課税を繰り延べる課税特例が東日本大震災の特例として措置されました。通常の買換え特例は課税繰延割合が80％であるのに対して、この特例は100％である点が優遇されています（ただし、課税免除でなく課税の繰延べです）。

②　なお、買換え資産は、譲渡年の前年・譲渡年・譲渡年の翌年に取得し１年以内に事業の用に供することが必要です。

③　この買換え特例には２つのケースがあります。

ケース		譲渡資産	買換え資産
1	被災区域内の資産を売却した場合	平成23年３月11日前に取得した「被災区域内の土地等（その土地の上の建物等）」	国内にある土地等・減価償却資産
2	被災区域内の資産に買い換えた場合	被災区域外（国内）の土地等・建物・構築物	被災区域である土地・その土地の区域内にある減価償却資産

「被災区域」：大震災により滅失等した建物等の敷地等の区域

④　詳細はQ101～Q104をご参照ください。

10　被災代替資産等の特別償却

Q45　私は個人事業者です。震災で工場が倒壊しました。今般事業再開に向けて新たに工場を新築し、機械設備も新しくします。税制上の特例はありますか。

A

① 東日本大震災の特例として「被災代替資産の特別償却制度」が設けられました。

② 青色申告・白色申告にかかわらず適用されます。

③ まず、平成23年3月11日から平成28年3月31日までの間に、大震災により滅失・損壊した建物・構築物・機械装置・一定の船舶・航空機・車両運搬具の代替資産を取得すること。その代替資産は従前のものと同一用途であることなどの要件があります。

④ 代替資産としてではなく、「被災区域」内に新品の建物、構築物・機械装置を取得した場合にも適用を受けることができ、その際は同一用途といった要件はなく、事業の用に供すればよいこととなります。

⑤ 代替資産等を事業の用に供した場合、通常の減価償却に加えて特別償却ができます。その償却率は資産の種類ごとに定められ、また中小企業者等（従業員1,000人以下）の償却率は大きくなります。例えば、中小企業者等の場合、建物は「平成23年3月11日～平成26年3月31日の取得等は18％」、「平成26年4月1日～平成28年3月31日の取得等は12％」といった具合です。

⑥ 詳細はQ98～Q100をご参照ください。

VI 不動産所得の損失

1 不動産の貸付が事業的規模の人

(1) 賃貸不動産に関する資産損失

Q46 私はアパートを20室賃貸していますが、震災で損害を受けました。どのような取扱いになりますか。

A ① アパート20室を賃貸している場合、不動産賃貸は事業的規模と考えられます。その場合の「事業用固定資産の損失」は事業所得者と同様に扱います。詳細は「事業所得者：Q40」をご参照ください。
② つまり、資産損失を平成22年または平成23年の不動産所得の必要経費に算入し、赤字となった場合はその年の他の所得と損益通算します（ただし、赤字のうち土地借入金利子部分は損益通算できません）。

(2) 純損失の金額

Q47 私はアパートを20室賃貸していますが、震災で賃貸不動産に損害を受け、その結果損益通算後においても不動産所得の赤字が残りました。どのような取扱いになりますか。

A ① 青色申告者については、前年の所得税について「純損失の繰戻還付」を受けられます。
② 「純損失の繰戻還付」を受けなかった場合、または、「純損失の繰戻還付」を受けてもなお赤字が残る場合は、その赤字の金額を翌年以降に繰り越す「純損失の繰越控除」を受けることができます。
③ 繰り越すことができる年数は、被災した事業用資産等の割合、青色申告を行っているか否かなどにより異なりますので、詳細は「事業所得者：Q41～Q43」をご参照ください。

第1部　個人編

④　詳細はＱ96をご参照ください。

2　不動産の貸付が事業的規模に至らない人

Q48　私はワンルームマンションを２室賃貸していますが、震災で損害を受けました。どのような取扱いになりますか。

A
①　賃貸マンション２室の場合は、事業的規模に至らない不動産の賃貸と考えられます。
②　震災により賃貸用不動産が受けた損失（災害関連支出を含み、保険金等は控除します）は、平成22年または平成23年の不動産所得の必要経費に算入します。ただし、必要経費に算入できる金額は、算入前の不動産所得の金額を限度とします。つまり、災害による損失により不動産所得が赤字となっても、その赤字は税金計算上切り捨てられます（損益通算も前年の繰戻しも翌年への繰越しもありません）。
③　不動産所得の必要経費に算入する代わりに、賃貸不動産の損失を「雑損控除」の対象とすることができます。住宅・家財の損失と一緒に取り扱います。雑損控除の場合、その年に控除しきれない損失（雑損失）は翌年以降５年間繰り越すことができます。
④　詳細はＱ75、Ｑ96をご参照ください。

Ⅶ　災害義援金等

1　災害義援金・保険金等を受け取った場合

(1)　義援金・見舞金

Q49　災害義援金・見舞金を受け取りました。税金はかかりますか。

Ⅶ　災害義援金等

A　① 大震災に伴い受け取った義援金は所得税・贈与税とも非課税です。
　② 大震災に伴い友人・知人から受け取った見舞金等もその人との関係等からみて社会通念上相当とみられるものは非課税です。
　③ 個人事業者が事業関係者から受けた見舞金等は、個人として受けたものは非課税です。
　④ 義援金・見舞金は、資産の損失を補てんすることが目的ではないので雑損控除等の計算上差し引く必要はありません。
　⑤ 詳細はQ105をご参照ください。

(2) 保険金・損害保険金・損害賠償金

Q50　保険金・損害保険金・損害賠償金を受け取りました。税金はかかりますか。

A　① 病気・怪我等心身に受けた損害について受け取る保険金・損害賠償金は原則として非課税です。
　② 資産に受けた損害について受け取る損害保険金・損害賠償金、資産の損害の補てん目的に受けた互助組織等からの災害見舞金等（損失金額の補てん目的のものは名称にかかわらず）は、雑損控除・災害減免法の適用を受ける場合、資産損失額から受取り保険金額を控除します。資産損失額を上回る保険金額は非課税です。
　③ 詳細はQ106をご参照ください。

2　災害義援金を拠出した場合

(1) 東日本大震災における義援金に関する特例措置

Q51　東日本大震災に関して個人が拠出した義援金について、新たに設けられた所得税・住民税の特例について教えてください。

A ①　平成23年・24年・25年の大震災に関連する寄附（震災関連寄附金）については、所得税計算上「寄附金控除」の控除対象枠が総所得金額等の80％に拡充されました。通常の寄附金控除の控除対象枠は総所得金額等の40％ですので2倍となったわけです。

②　震災関連寄附金のうち、被災者の救援・生活再建支援等の活動資金となる寄附金として指定された「特定震災指定寄附金」は、所得税計算上「寄附金控除」に代えて「寄附金の税額控除」を受けることができます。

③　公益財団法人・公益社団法人等が自ら行う被災者支援活動のための費用に充てるために募集した寄附金について、一定要件を満たすとして行政庁の確認を受けたものは、所得税計算上「寄附金控除」の対象であり、控除対象枠は平成23年・24年・25年について総所得金額等の80％となります。

④　東日本大震災により滅失・損壊した公益的な施設（学校・幼稚園・保育所・社殿・仏閣等）を原状回復するために公益法人が募集する寄附金で主務官庁の確認を受けたもの（震災復旧寄附金）は、所得税計算上の「寄附金控除」の対象とし、控除対象枠は総所得金額等の80％（平成23年・24年・25年）です。

⑤　個人住民税については、被災地の救援活動に充てられるものとして地方公共団体が指定した寄附金は、住民税の税額控除（都道府県の指定は4％・市区町村の指定は6％）の対象となります。

⑥　平成23年度税制改正により、一定の公益法人等や認定NPO法人について所得税上「税額控除」の選択適用を認めることや、条例指定を受けたNPO法人について住民税の寄附金税額控除が認められることになりました。

⑦　東日本大震災に際して、相続により取得した金銭を相続税の申告期限までに日本赤十字社等の義援金口座に対して拠出した場合、その金銭は相続税の課税対象にはなりません。「日本赤十字社等の義援金口座」等への寄附は「国等に対する寄附」とみなされているため、「国等に相続財産を贈与した場合に相続税が非課税となる」規定が準用されるためです。

(2) 災害義援金を拠出した人の所得税・住民税の取扱い概要

Q52 東日本大震災に関して個人が拠出した義援金について、所得税・住民税・相続税の取扱いはどうなりますか。全体像を教えてください。

A 災害義援金の寄附先によって、
① 所得税:「寄附金控除」だけ適用を受けられるもの(「震災関連寄附金として控除対象枠が「総所得金額等×80%」に拡大されているものと、通常の「特定寄附金」として控除対象枠が「総所得金額等×40%」の2種類)、そして、「寄附金控除」と「寄附金税額控除」いずれかの選択適用ができるもの、いずれも対象とならないものがあります。
② 住民税:「税額控除」の対象となるものと、「ふるさと寄附金(ふるさと納税)として税額控除(特例)の対象となり控除額が大きくなるもの」、いずれも対象とならないものがあります。
③ 相続税:相続により取得した資金を「国等に寄附」した場合は相続税が非課税となりますが、直接国等への寄附でなくても、国等に拠出されることが明らかなものはこの規定が準用されて相続税非課税となります。
寄附金の拠出先ごとに次ページの表でご確認ください。

3 災害義援金と所得税

(1) 寄附金控除

Q53 東日本大震災に際して、被災地の市区町村に寄附をしました。所得税の「寄附金控除」が受けられると聞きました。仕組みを教えてください。

A ① 平成23年3月11日から平成25年12月31日までの期間(指定期間)に国や「被災地域」に義援金を拠出した場合、拠出した各年

第1部　個人編

平成23年・24年・25年における寄附金の取扱い

寄　附　先		所　得　税		住　民　税		相続税
		寄附金控除（所得控除）	寄附金税額控除（寄附金控除に代えて）	税額控除	ふるさと寄附金（税額控除特例）	
国		震災関連寄附金（総所得×80％まで）	×	×	（注2）×	非課税
地方公共団体	（注1）被災地域	震災関連寄附金	×	―	○	非課税
	被災地域以外	特定寄附金（総所得×40％まで）	×	―	○	非課税
日本赤十字	義援金	震災関連寄附金	×	―	○	非課税
中央共同募金会	義援金	震災関連寄附金	一定要件を満たす場合は○	―	○	非課税
	支援金	震災関連寄附金	特定震災指定寄附金	条例指定受ければ○	×	非課税
認定NPO法人	国税局長確認	震災関連寄附金	特定震災指定寄附金	条例指定受ければ○	×	非課税
	上記以外	特定寄附金	○	同上	×	非課税
NPO法人		―	×	×	同上	×	×

 |
公益財団法人・公益社団法人等	文化財・学校等修復（主務官庁確認）	震災関連寄附金	一定要件を満たす場合は○	同上	×	（注3）非課税
	被災者支援（行政庁確認）	震災関連寄附金	同上	同上	×	（注3）非課税
	上記以外	特定寄附金	同上	同上	×	（注3）非課税

（注1）「被災地域」……青森県、岩手県、宮城県、福島県、茨城県、栃木県、千葉県の全域、埼玉県加須市（旧大利根町、旧北川辺町）、埼玉県久喜市、新潟県十日町市、新潟県中魚沼郡津南町、長野県下水内郡栄村

（注2）　日本政府が受け付けた東日本大震災に係る義援金等については、最終的に地方公共団体を通じて被災者に配分されることから、地方公共団体に対する寄附金として「ふるさと寄附金」に該当します。

（注3）　一部対象外あり。

（平成23年・24年・25年）の所得税において「寄附金控除」の適用があり、控除対象枠も拡充されています。

② その年の寄附がすべて「震災関連寄附金」である場合は、寄附金額のうち「総所得金額等×80％」までが寄附金控除の対象となり、そのうち2,000円を超える金額が「寄附金控除額」となります。寄附金控除額だけ、その年の課税対象額が減りますので、その分所得税が少なくなります。例えば、「震災関連寄附金」を100万円拠出したケースで、おおむね軽減される所得税の額は以下の通りです。

その年の総所得金額等	軽減される所得税
2,500万円	40万円
1,500万円	33万円
1,000万円	20～23万円
600万円	10～20万円

③ その年の寄附が「震災関連寄附金」と「それ以外の寄附金（例：母校への寄附）」であった場合は、両方合わせて「総所得金額等×80％」までが寄附金控除の対象となり（「震災関連寄附金以外の寄附金」は総所得金額等×40％が上限）、そのうち2,000円を超える金額が「寄附金控除額」となります。

④ 寄附金控除を受けるためには、確定申告書に「震災関連寄附金」であることが確認できる書類を添付するか提示します。

⑤ 詳細はQ107をご参照ください。

(2) 寄附金税額控除

Q54 東日本大震災に際して、共同募金会連合会（災害ボランティア・NPO活動サポート募金）に寄附をしました。所得税では「寄附金控除」に代えて「寄附金税額控除」の適用を受けられるそうですが、その内容について教えてください。

第1部　個人編

A　① 平成23年3月11日から平成25年12月31日までの期間（指定期間）に「特定震災指定寄附金」を拠出した場合、拠出した各年の所得税において「寄附金控除」に代えて「寄附金税額控除」を受けることができます。

② 「特定震災指定寄附金」とは、震災関連寄附金のうち、被災者の救済・生活再建の支援活動に必要な資金に充てられる寄附金で認定NPO・共同募金会連合会に拠出されたものをいいます。

③ その年の寄附がすべて「特定震災指定寄附金」である場合は、寄附金額のうち「総所得金額等×80％」までが寄附金税額控除の対象となります。その年の寄附がすべて「特定震災指定寄附金」と「震災関連寄附金」である場合は、寄附金合計額のうち「総所得金額等×80％」までが寄附金控除・寄附金税額控除の対象となります。

④ 「寄附金税額控除」は、「(その年に拠出した特定震災指定寄附金の額－2,000円)×40％相当額」分だけ所得税が軽減されます。ただし、軽減される所得税はその年に納付すべき所得税額の25％を上限とします。

⑤ なお、その年に2,000円以上の「特定震災指定寄附金」以外の寄附金控除の対象となる寄附をした場合は、「その年に拠出した特定震災指定寄附金の額×40％相当額」分だけ所得税が軽減されます（納付すべき所得税額の25％を上限とします）。

⑥ 詳細はQ107をご参照ください。

(3) 寄附金控除と寄附金税額控除、どちらが有利か

Q55　東日本大震災に際して、認定NPO法人に寄附をしたところ、所得税の「寄附金控除」と「寄附金税額控除」のいずれかを選択して申告できるといわれました。どちらを選択すればいいでしょうか。

A　① 課税所得金額が1,800万円以下の人は「寄附金税額控除」の方が有利です。寄附金税額控除ならば「寄附金額×40％」の所得

Ⅶ　災害義援金等

税が軽減されます。これに対して、「寄附金控除」はその人が適用される累進税率までしか軽減されず、課税所得金額が1,800万円以下の人は適用税率が40％未満ですので軽減される所得税は「寄附金税額控除」に比べて少なくなります。下記表「イ　10万円の寄附を行う場合に軽減される所得税」でご確認ください。

②　ただし、寄附金が高額な場合「寄附金控除」の方が有利になります。といいますのは、寄附金税額控除の場合、「納付すべき所得税額×25％」が軽減される所得税の上限となるからです。納付すべき所得税が少ない人はこの上限金額が小さくなるため「寄附金税額控除」は不利となります。下記表「ロ　100万円の寄附を行う場合に軽減される所得税」でご確認ください。

イ　10万円の寄附を行う場合に軽減される所得税

寄附金控除前の課税総所得金額	寄附金控除を選択した場合に軽減される所得税	寄附金税額控除を選択した場合に軽減される所得税
2,000万円	4万円	4万円
1,000万円	3万円	4万円
500万円	2万円	4万円
300万円	1万円	4万円

ロ　100万円の寄附を行う場合に軽減される所得税

寄附金控除前の課税総所得金額	寄附金控除を選択した場合に軽減される所得税	寄附金税額控除を選択した場合に軽減される所得税
2,000万円	40万円	40万円
1,000万円	33万円	40万円
500万円	20万円	14万円
300万円	10万円	5万円

③　具体例による説明はQ108をご参照ください。

4　災害義援金と住民税

ふるさと寄附金（ふるさと納税）：税額控除の特例

Q56　東日本大震災に際して、中央共同募金会（義援金）に寄附しました。住民税はどうなりますか。

A　① 都道府県および市区町村が指定する先に寄附をした場合は、「（寄附金－2,000円）×10％（都道府県指定の寄附は4％、市区町村指定の寄附は6％）」だけ翌年の住民税が軽減されます。寄附金は総所得金額等の30％が上限です。これが原則です。

② そして、平成20年1月からスタートしたのが「ふるさと寄附金（ふるさと納税）」という寄附に関する税額控除の特例制度です。東日本大震災に関する寄附については、「ふるさと寄附金（ふるさと納税）」の対象となるものがあります。ご質問のケースも対象です。

③ 例えば、○○県および△△市に対して寄附すると、所得税では寄附金控除、住民税では「ふるさと寄附金（税額控除の特例）」の対象となり、その結果、寄附金のうち2,000円を超える金額相当額だけ所得税・住民税が軽くなる、といった仕組みです。つまり、2,000円は自己負担、残額は寄附したが同額だけ税金が軽くなったので、「あたかもふるさとに納税したようだ」というわけで「ふるさと納税」という表現もされます。

〈例〉　夫婦と子ども2人のサラリーマン家庭・年収700万円の人が
　　　　41,000円寄附をすると、
　　　　所得税が寄附金控除によって3,900円軽減され、
　　　　住民税がふるさと寄附金（税額控除の特例）によって32,600円軽減。
　　　　軽減税額＝3,900円＋32,600円＝36,500円
　　　　41,000円－36,500円＝自己負担4,500円

つまり、4,500円を自己負担し、残りの36,500円は税金を納める代わりに希望する先に寄附をした、ということです。

④　ふるさと寄附金の対象となる（税金が軽減される）上限金額がありますので、一定金額を超える寄附をすると自己負担額は増えていきます。給与所得者の給与年収別、寄附金額別に、所得税「寄附金控除」・住民税「ふるさと寄附金（税額控除の特例）」を受けた場合の自己負担額（寄附金額 − 税額軽減額）のおおむねの目安を表にしました。

イ　単身の給与所得者の場合

寄附金の額	年収500万円の人の自己負担額の目安	年収700万円の人の自己負担額の目安
1万円	2,000円	2,000円
3万円	2,000円	2,000円
5万円	14,800円	2,000円
10万円	54,800円	30,800円

ロ　夫婦のみの給与所得者の場合

寄附金の額	年収500万円の人の自己負担額の目安	年収700万円の人の自己負担額の目安
1万円	2,000円	2,000円
3万円	2,100円	2,000円
5万円	18,100円	2,000円
10万円	58,100円	34,100円

総務省HP「都道府県・市区町村に寄附した場合の税額の軽減額（モデルケース）」を基に作成

⑤　詳細はQ109をご参照ください。

第1部　個人編

第2章　相続税・贈与税

I　相続税

1　特定土地等・特定株式等についての相続税の課税価格の計算特例

Q57　父が平成22年12月に亡くなりました。父は宮城県に土地を所有し居住していました。また、経営している会社も宮城県にありました。父所有および会社所有の土地は東日本大震災により被害を受けました。相続発生時点では土地の価値も相当高額でしたが、震災後は全く違う状況になりました。これから相続税の申告をしますが、相続税計算上被害を受けた土地はどのように評価するのでしょうか。

A　① 　相続税は、相続発生時点における時価（相続税評価額）により計算します。ただし、平成23年3月10日以前に相続・遺贈により取得し、平成23年3月11日において所有していた「一定地域内にある土地等（特定土地等）や、一定の未上場株式等（特定株式等）」については、震災前の相続発生であっても平成23年3月11日以後に申告期限が到来するケースは、相続時の時価によらず「震災後を基準とした価額」により評価できる特例が設けられました。

② 　対象となる地域（指定地域）

　青森県、岩手県、宮城県、福島県、茨城県、栃木県および千葉県の各県全域、埼玉県久喜市、埼玉県加須市（旧大利根町・旧北川辺町）、新潟県十日町市、新潟県中魚沼郡津南町、長野県下水内郡栄村

③ 　「震災後を基準とした価額」によることができる資産の範囲

・特定土地等：上記②「指定地域」内の土地・借地権

- 特定株式等：未上場会社が上記②「指定地域」内に保有する動産（金銭・有価証券を除く）・不動産・借地権・立木の割合が保有資産の3割以上である会社の株式・出資持分。「3割以上」の判定はその株式等取得時の相続税評価額により行います。

④　震災後を基準とした価額

例年通り平成23年7月1日に「平成23年分路線価・評価倍率」が国税庁から公表されました。これは平成23年に相続・贈与により取得した土地等に係る相続税・贈与税を計算する際に使うもので、平成23年1月1日時点の価額です。つまり、被災地域にあっては、「平成23年分路線価・評価倍率」は大震災前の価額です。

具体的には「特定土地等」の「震災後を基準とした価額」は、この「平成23年分路線価・評価倍率」に「調整率」を乗じて計算することになります。「調整率」は地域ごとに定められますが、10月ないし11月に国税庁ホームページで公表される予定だそうです。

なお、阪神・淡路大震災の時も「調整率」が設けられました。例えば、神戸市長田区の調整率は「0.75～0.90」でした。

「特定株式等」の「震災後を基準とした価額」の具体的計算方法は現在国税庁において検討中です。

⑤　相続税申告期限

相続財産の中に「特定土地等」・「特定株式等」がある場合は、相続人全員の申告期限が平成24年1月11日まで延長されます。ただし、地域指定により自動延長されている期限、または個別対応で延長されている期限がある場合は、それらのうち最も遅い日までに申告すればよいこととされました。

⑥　贈与税

平成22年1月1日から平成23年3月10日までの間に贈与により取得し、平成23年3月11日において所有していた「特定土地等」・「特定株式等」については、贈与時の時価によらず「震災後を基準とした価額」によることができるとされています。内容は相続税と同様です。

⑦　詳細はQ116をご参照ください。

第1部　個人編

2　災害で甚大な被害を受けた場合の相続税の減免措置

Q58 父が平成22年12月に亡くなりました。私が父から相続した土地・家屋・家庭用動産・車が今回の震災で大きな被害を受けました。これから相続税の申告をするわけですが、何か救済措置はありませんか。

A　① 相続税の申告期限前に大震災の被害を受けたケースです。
② まず、土地についてはQ57指定地域内の「特定土地等」に該当すれば「震災後を基準とした価額」によることができます（震災特例法）。
③ 次に「家屋・家庭用動産・車」ですが、災害により相続した財産に甚大な被害を受けた場合（一定要件あり）は、その被害相当額は相続税の対象からはずし、その分相続税を減免する措置があります（災害減免法）。
　「甚大な被害」とは、相続人ごとに、自分が相続した財産における被害割合によって判定します。次のいずれかを満たした場合は「甚大な被害」に該当します。
　イ　（相続した財産について被害を受けた部分の価額 － 補てん目的の保険金等）÷ 相続した財産の価額（引き継いだ債務は控除します）≧ 1/10
　ロ　（相続した「動産等」について被害を受けた部分の価額 － 補てん目的の保険金等）÷ 相続した「動産等」の価額（引き継いだ債務は控除します）≧ 1/10
　なお、「動産等」とは、「有価証券・金銭以外の動産」、「土地等以外の不動産（つまり、家屋）」、立木です。また、判定計算には細かい規定がありますので、専門家にご確認ください。
・被害を受けた「家屋・家庭用動産・車」については、「相続財産の価額（本措置を受けない場合の価額）」から「被害を受けた部分の価額」を控除した金額を相続税課税価格に算入します。相続税の対象外となる「被

害を受けた部分の価額」は、所得税「雑損控除」の資産損失を計算する際の「損失額の合理的な計算方法」を使って簡便的に計算する方法によります（Q13参照）。

- この減免措置を受けたことにより税金がゼロとなる場合でも、相続税申告は必要です。

④　なお、相続税申告後に、相続した「家屋・家庭用動産・車」が震災で甚大な被害を受けた場合は、被害にあった日以後に納期限が到来する相続税についても上記と同様の減免措置が設けられています。ただし、申告期限を過ぎているケースですので、適用が受けられるのは、延納中の相続税とか、延納・物納を申請中の税額だけとなります。既に原則通り現金一括納付しているケースについては、この減免措置は対象外となっています。

⑤　贈与税についても、申告期限前に贈与により取得した財産が災害により甚大な被害を受けた場合や、申告期限後に甚大な被害を受けた場合も、相続税と同様の措置が設けられています。

⑥　詳細はQ117をご参照ください。

3　小規模宅地等の相続税課税価格の計算特例と震災被害

Q59　父は生前飲食店を営んでいました。事業承継者である私がその店舗および敷地を相続しましたが、大震災により店舗が被害を受け現在は休業しています。私が相続税申告期限まで父の事業を継続すれば、店舗の敷地は相続税計算上大幅な減額特例が受けられると聞きました。休業しているので特例は受けられませんか。

A　①　事業の継続や居住の継続を守るために、相続税では事業用宅地等・居住用宅地等・不動産貸付用宅地等・同族会社事業用宅地等について一定面積につき減額する特例（小規模宅地等の相続税課税価格の計算特例）を設けています。

② ご質問の「被相続人の事業用宅地等」については、被相続人の事業を引き継ぐ親族が相続し、相続税申告期限まで（10カ月間）その事業を継続する等の要件を満たせば400m²までの部分について課税価格を80％減額できる制度です。

③ 震災により事業を休業せざるを得ず、上記②の要件を満たしていない場合でも、相続した親族が事業再開に向けて準備を続けていれば、相続税申告期限において事業を継続しているとみなすこととされています。つまり、事業用宅地等について課税価格を80％減額を受けることができます（他の要件を満たした場合）。

4 農地等の相続税の納税猶予と震災被害

Q60 5年前に農業を営んでいた父が亡くなった時に、後継者である私が農地を相続し「農地等の相続税納税猶予の特例」を受けました。今回の震災で津波の被害を受け現在は農地として利用できていません。農業を継続していないと猶予されている相続税を払わなければいけないルールですが、今回のようなケースについて例外措置はないのでしょうか。

A ① 農業を継続することを約束して農地等にかかる相続税の納税を猶予する制度が「農地等の相続税納税猶予の特例」です。

② 農業を継続しないことになった場合は、その時点で猶予されている相続税を払わなければなりません。

③ しかし、震災で津波の被害を受けた場合、被災地の道路建設の資材置き場や仮設住宅用の敷地として県や市に一時的に貸し付けた場合は、その農地は引き続き農業に供されているとみなす、つまり、納税猶予は継続できることとされています。

④ なお、「農地等の贈与税納税猶予の特例」の場合も同様です。

5 相続財産である金銭を義援金として拠出した場合の相続税非課税措置

Q61 相続により取得した金銭を日本赤十字社「東日本大震災義援金」として拠出しました。何か特別の取扱いはありますか。

A
① 資産を相続した人が、その相続した金銭を相続税申告期限までに国等に対して贈与した場合は、その金銭は相続税の対象外とする非課税規定があります。

② 東日本大震災において、日本赤十字社・中央共同募金会連合会等が募集する寄附金で最終的に地方公共団体（災害義援金配分委員会等）に拠出されるものは「国等に対する寄附金」に該当します。したがって、この義援金相当額の金銭は相続税計算上対象外となります。

③ 相続税申告において、その旨を記載し、国等への寄附金であることがわかる書類を添付する必要があります。

④ 詳細はQ122をご参照ください。

---

column 相続するか？ 放棄するか？ それとも？
―「熟慮期間」が延長されていますので、慎重な判断を―

税金ではなく「民法」の話です。

通常は相続が発生すると民法で決められた「相続人」が亡くなった方の財産と債務をすべて引き継ぎます（話合いにより遺産分割を決めます）。

亡くなった方が遺した財産より債務の方が大きい場合はどうでしょうか。そのような場合は「相続放棄」をすれば財産も債務も引き継がないことができます。また、亡くなった方が遺した財産と債務どちらが大きいかわからないというケースは、「限定承認」といって「プラスの財産の範囲内でマイナスの財産（債務）を引き継ぐ」という方法があります。「相続放棄」は相続人ごとに選択できるのに対して、「限定承認」は相続人全員一致でないと選択

できませんが、いずれも相続発生を知った時から3カ月以内に家庭裁判所に申し立てる必要があります。この3カ月間を「熟慮期間」といいます（手続きをとれば熟慮期間の延長は可能です）。一方、この3カ月間内に申し立てない場合は「自動承認」といって相続人は財産も債務もすべて引き継ぐことになります。

● 「熟慮期間」を平成23年11月30日まで自動延長

　今回の大震災は甚大であり、放棄・限定承認等に関していまだその判断・手続きが困難であるケースも多く、また、このようなことをご存知ない方も多いことから、「東日本大震災の被災者（注）」で平成22年12月11日以降に相続発生を知ったものに関して「熟慮期間」が平成23年11月30日まで自動延長されました（延長の手続きは不要です）。

　（注）　東日本大震災に際して災害救助法が適用された市町村の区域（東京都の区域を除きます）に災害発生時において住所があった人。

● 「限定承認」は注意を

　「財産と債務どちらが大きいか不明なので"限定承認"を申し立てよう。財産の方が大きかったらそのまま引き継げばいいし、債務の方が大きかったら財産の範囲内で債務を引き継げるのだから」と安易に限定承認を申し立ててはいけません。といいますのは、限定承認は「被相続人の財産をすべて処分して債務を精算する」を意味しますので、相続財産の中に先祖伝来の土地等の含み資産がある場合は、「亡くなった方が資産を売却して債務を返済した」と考え、亡くなった方の所得税申告（亡くなった年の1月1日から相続発生までの期間の所得に対する所得税申告。「準確定申告」といいます）において「売却利益に係る所得税」を相続人が納めなければなりません。実際には土地を売っていませんので売却代金を手にしていないにもかかわらず、土地の（みなし）売却利益に対する譲渡所得税がかかり、その納税が生じます。ですから、安易に限定承認を申し立ててはなりません。

　熟慮期間が平成23年11月30日まで自動延長されていますので、落ち着かれたら、しっかり考えていただき、詳しい専門家にご相談の上ご判断ください。

Ⅱ 贈与税

1 「住宅取得等資金の贈与税の特例」と震災の影響

(1) 平成22年1月1日～12月31日に金銭贈与を受けたケース

Q62 私は父から平成22年に1,500万円の金銭贈与を受け自宅を取得しました。入居しようと思っていた矢先に東日本大震災が発生し自宅は滅失しました。入居しないと「1,500万円贈与について贈与税非課税」の適用が受けられないと聞いています。どうなるのでしょうか。

A
① 平成22年に直系尊属から金銭贈与を受け、贈与年の翌年3月15日までに一定の自宅を取得等し、贈与年の翌年12月31日までに居住すれば、贈与金額1,500万円までについては贈与税非課税とする特例があります。
② ご質問のケースは、新築等し入居しようとしていたが、東日本大震災により滅失（または、通常の修繕では原状回復が困難な損壊）し入居できなかった場合です。この場合は入居していなくとも贈与税非課税を認める措置が設けられました。
③ なお、贈与資金により新築等し、平成23年3月15日後遅滞なく入居することが確実であった人が、滅失（または通常の修繕では原状回復が困難な損壊）は免れたが東日本大震災によるやむを得ない事情で平成23年12月末までに入居できない場合は、その入居期限を1年間延長し「平成24年12月31日までに入居」すれば非課税を認めることになっています。
④ いずれのケースも、特例を受けるためには贈与税申告が必要です。
⑤ 詳細はQ121をご参照ください。

(2) 平成23年1月1日～3月10日に金銭贈与を受けたケース

Q63 私は父から平成23年1月1日～3月10日に1,000万円の金銭贈与を受け自宅を取得しました。入居しようと思っていた矢先に東日本大震災が発生し自宅は滅失しました。入居しないと「1,000万円贈与について贈与税非課税」の適用が受けられないと聞いています。どうなるのでしょうか。

A
① 平成23年1月1日～3月10日の間に直系尊属から金銭贈与を受けたケースです。
② 本来は、贈与年の翌年つまり平成24年3月15日までに一定の自宅を新築等し、平成24年12月31日までに居住すれば、贈与金額1,000万円までについては贈与税非課税とする特例です。
③ ご質問のケースは、贈与資金で自宅を取得し入居しようとしていたが東日本大震災によりマイホームが滅失（または、通常の修繕では原状回復が困難な損壊）して入居できない場合です。この場合は入居していなくとも贈与税非課税を認める措置が設けられました。
④ なお、平成23年3月10日までに金銭贈与を受け平成23年3月11日以降に新築等する人については、東日本大震災によるやむを得ない事情で平成24年3月15日までに新築等することが難しい場合は、その新築等の取得期限を1年間延長し平成25年3月15日までとし、入居期限は平成25年12月末までとする措置が設けられました。
⑤ いずれのケースも、特例を受けるためには贈与税申告が必要です。
⑥ 詳細はQ121をご参照ください。

第3編　解説編

第1章　所得税・住民税

I　東日本大震災の範囲

1　東日本大震災の範囲

Q64 平成23年3月11日以降、非常に長い期間にわたって余震が続き、福島第一原子力発電所の事故による災害も生じました。震災特例法の対象となる東日本大震災とは、3月11日に発生した東北地方の地震を指しているのでしょうか。それとも、余震や福島第一原子力発電所の事故も含まれるのでしょうか。

◆ポイント
　◇「東日本大震災」とは、平成23年3月11日に発生した東北地方太平洋沖地震およびこれに伴う福島第一原子力発電所の事故による災害をいいます。
　◇東北地方太平洋沖地震の余震、3月12日に発生した長野県北部の地震、3月15日に発生した静岡県東部の地震による災害も、震災特例法の対象に含まれます。

A　平成23年3月11日に発生した東北地方太平洋沖地震では、本震や余震による建築物の倒壊・地すべり・液状化等の直接的な被害のほか、津波や火災、福島第一原子力発電所の事故に伴う災害などが発生しました。また、3月12日には長野県北部で、3月15日には静岡県東部で、いずれも震度6強を記録する大きな地震が発生しました（気象庁の発表によれば、長野県と静岡県の地震は東北地方太平洋沖地震の余震ではない、とされています）。

Ⅰ 東日本大震災の範囲

「東日本大震災の被災者等に係る国税関係法律の臨時特例に関する法律」(以下「震災特例法」といいます)は、東日本大震災による被災者等の負担軽減を図るために設けられました。東日本大震災については、震災特例法の第2条に「平成23年3月11日に発生した東北地方太平洋沖地震及びこれに伴う原子力発電所の事故による災害をいう」と定義されていますが、長野県や静岡県の地震による被害が対象となるのかどうか、震災特例法の条文からは不明でした。

平成23年4月27日に「東日本大震災により損害を受けた場合の所得税の取扱い(情報)」が公表され、①東北地方太平洋沖地震の余震による災害、②3月12日に発生した長野県北部の地震による災害、③3月15日に発生した静岡県東部の地震による災害のすべてが震災特例法の対象とされる旨が明記されました。

なお、福島第一原子力発電所の事故による災害も対象ですので、例えば原子力災害対策特別措置法により行われた避難指示や食品の出荷制限により廃棄せざるを得なかった農産物等の損失も対象となります。

福島第一原子力発電所の事故の影響により、出荷制限の対象外の農畜産物についても風評被害による買い控えが広まりました。このような風評被害については、収入の減少に伴って所得も減少するという面があるため、損害の実体や原子力損害賠償法の補償範囲等も踏まえて、税制特例の対象の可否等を検討することになるそうです。

Ⅱ 申告期限の延長および納税の猶予

1 平成22年分の所得税の確定申告の期限の延長

Q65 東日本大震災により被災した場合、平成22年分の所得税の確定申告の期限が延長されるそうですが、地域によって違いがありますか。

◆ポイント

◇期限の延長には「地域指定の自動延長」と「個別指定による延長」があり、どちらが適用になるのかは納税地の場所によって決まります。国内に住所地（生活の本拠）がある場合、納税地の変更に関する届出書を提出しない限り、住所地が納税地になります。

◇青森県、岩手県、宮城県、福島県、茨城県に納税地がある人は、地域指定の自動延長の対象となり、何ら手続きをとることなく、申告・納税等の期限が延長されます。

◇青森県、茨城県については、延長後の期限が「平成23年7月29日」と決まりました。ただし、7月29日までに申告等ができなかった場合には、さらに「個別指定による延長」を受けることができます。

◇岩手県、宮城県、福島県については、甚大な被害を受けた一部地域を除き、延長後の期限が「平成23年9月30日」と決まりました。ただし、9月30日までに申告等ができない場合には、さらに「個別指定による延長」を受けることができます。

◇岩手県、宮城県、福島県のうち、甚大な被害を受けた地域については、いつまで自動延長するか現時点（平成23年8月）では決まっていません。具体的な期限が決まりましたら、国税庁から公表されます。

◇青森県、岩手県、宮城県、福島県、茨城県以外に納税地がある人が納期限の延長を希望する場合、納税者の申請により期限を延長してもら

うことができます(「個別指定による延長」)。この場合の延長後の期限は、災害等のやんだ日から2カ月後です。

A (1) 概要

東日本大震災による被災のため平成23年3月15日までに確定申告できないと認められる場合、平成22年分の所得税の確定申告と納付の期限が延長されます。

期限の延長には、「地域指定の自動延長」と「個別指定による延長」があります。「地域指定の自動延長」と「個別指定による延長」では必要な手続きや延長後の期限が異なりますが、どちらが適用になるのかは納税地の場所によって決まります。

国内に住所地(生活の本拠地)がある場合、原則として住所地が納税地になります。住所のほかに居所(居住する場所)や事業所がある場合には、所得税の納税地の変更に関する届出書を提出することにより、居所地や事業所の所在地を納税地にすることができます。なお、亡くなった人の所得税の確定申告書は、亡くなった人の死亡時の納税地を所轄する税務署に提出することとされています。

(2) 地域指定の自動延長

平成23年3月15日時点で青森県、岩手県、宮城県、福島県、茨城県に納税地がある人については、平成22年分の所得税の確定申告と納付の期限は既に延長されています。下記(3)の「個別指定による延長」とは違い、申請等の手続きは不要です。

青森県、茨城県に納税地がある人については、延長後の期限が「平成23年7月29日」に決まりました(平成23年6月3日国税庁公表)。ただし、平成23年7月29日までに申告等ができなかった場合には、下記(3)の個別指定により期限をさらに延長することができます。

岩手県、宮城県、福島県のうち次表の地域に納税地がある人については、延長後の期限が「平成23年9月30日」に決まりました(平成23年8月5日国

税庁公表)。ただし、平成23年9月30日までに申告等ができない場合には、下記(3)の個別指定により期限をさらに延長することができます。

	地　域
岩手県	盛岡市、花巻市、北上市、久慈市、遠野市、一関市、二戸市、八幡平市、奥州市、雫石町、葛巻町、岩手町、滝沢村、紫波町、矢巾町、西和賀町、金ヶ崎町、平泉町、藤沢町、岩泉町、田野畑村、普代村、軽米町、野田村、九戸村、洋野町、一戸町
宮城県	仙台市、塩釜市、白石市、名取市、角田市、岩沼市、登米市、栗原市、大崎市、蔵王町、七ヶ宿町、大河原町、村田町、柴田町、川崎町、丸森町、亘理町、山元町、松島町、七ヶ浜町、利府町、大和町、大郷町、富谷町、大衡村、色麻町、加美町、涌谷町、美里町
福島県	福島市、会津若松市、郡山市、いわき市、白河市、須賀川市、喜多方市、相馬市、二本松市、伊達市、本宮市、桑折町、国見町、大玉村、鏡石町、天栄村、下郷町、桧枝岐村、只見町、南会津町、北塩原村、西会津町、磐梯町、猪苗代町、会津坂下町、湯川村、柳津町、三島町、金山町、昭和村、会津美里町、西郷村、泉崎村、中島村、矢吹町、棚倉町、矢祭町、塙町、鮫川村、石川町、玉川村、平田村、浅川町、古殿町、三春町、小野町、新地町

　岩手県、宮城県、福島県のうち甚大な被害を受けた次表の地域に納税地がある人については、いつまで自動延長されるのか現時点（平成23年8月）では決まっていません。具体的な期限が決まりましたら、国税庁から公表されます。

	地　域
岩手県	宮古市、大船渡市、陸前高田市、釜石市、住田町、大槌町、山田町
宮城県	石巻市、気仙沼市、多賀城市、東松島市、女川町、南三陸町
福島県	田村市、南相馬市、川俣町、広野町、楢葉町、富岡町、川内村、大熊町、双葉町、浪江町、葛尾村、飯舘村

(3)　**個別指定による延長**

　(2)の指定地域（青森県、岩手県、宮城県、福島県、茨城県）以外に納税地がある人が、東日本大震災を原因とする下記のような事情のため、平成23年3月15日までに申告や納付ができなかった場合、納税地の所轄税務署長に申

請等をすることにより、災害等のやんだ日から2カ月後まで申告期限や納期限を延長してもらうことができます（通令3②）。

　(2)の指定地域（青森県、岩手県、宮城県、福島県、茨城県）に納税地がある人が、下記のような事情のため、延長された期限までに申告や納付ができない場合も、同様に、納税地の所轄税務署長への申請等により、さらに申告期限や納期限を延長してもらうことができます。

　ここでいう申告や納付ができないとは、物理的に申告等の行為ができない場合をいうのであって、震災による被災のため資力を喪失したような場合は該当しません。資力を喪失したため納税できない場合は、納期限の延長ではなく、納税の猶予（Q67参照）の対象になります。

【申告等が困難である事情の例】

> ①　東日本大震災により家屋等に損害を受ける等、直接的な被災を受けたため、申告等を行うのが困難
> ②　行方不明者の捜索活動、傷病者の救助活動など、緊急性を有する活動への対応が必要であるため、申告等を行うのが困難
> ③　交通手段・通信手段の遮断やライフラインの遮断（停電等）により、納税者または関与税理士が申告等を行うのが困難
> ④　地震の影響による納税者から預かった帳簿書類の滅失や、申告書作成に必要なデータの破損等のため、税理士が関与先納税者の申告等を行うのが困難
> ⑤　税務署における業務制限（計画停電を含む）により相談等を受けられないことから、申告等を行うのが困難

　「個別指定による延長」の適用を受ける場合、災害等がやんだ日から相当の期間内に、納税地の所轄税務署長に対して「災害による申告、納付等の期限延長申請書」または「所得税の申告等の期限延長申請書」を提出することになっています。ただし、確定申告書の余白に「大震災により災害を受けたため、申告書の提出期限および納付期限の延長を申請する」旨を記載した場

合には、延長申請書の提出がなくても期限が延長されます。つまり、事前に申請手続きをとらなくても期限延長が認められます。

　災害等がやんだ日とは、客観的にみて、申告・納付等をするのに差し支えないと認められる程度の状態に回復した日をいいます。例えば、直接被災した場合には、災害が引き続き発生するおそれがなくなり、その復旧に着手できる状態になった日が、災害等がやんだ日に該当します。また、交通手段の途絶により申告等ができなかった場合は、交通機関が運行を開始した日が、災害等がやんだ日となります。

　なお、災害等がやんだ日以降も申請者に特別の事情がある場合（例えば、申告書作成に必要なデータが破損し、まだ復元していない場合）には、その事情がやむまで期限を延長できることがありますので、納税地の所轄税務署にご相談ください。

(4) 納税地が指定地域内から指定地域外へ移動した場合

　「地域指定の自動延長」は指定地域内に納税地がある場合に限って適用されるため、指定地域内から指定地域外へ引っ越した（転出した）ことにより納税地が変更された場合には、転出時点が延長後の期限になります。転出後も期限の延長を受けたい場合には、(3)の「個別指定による延長」を受けることができます。

納税地が指定地域内から指定地域外へ移動した場合

```
3/11        3/15        6/30              災害等が    個別指定の
地震発生    所得税      転出              やんだ日    延長の期限
            申告期限
─────┼────────┼─────────┼─────────────┼────────┼──→

        ├─地域指定の─┤├─────個別指定の延長─────→
          自動延長
                        ┌─────────┐          ┌──────┐
                        │ 転出により │          │延長申請│
                        │ 地域指定の │          └──────┘
                        │ 期限到来  │             2カ月
                        └─────────┘
```

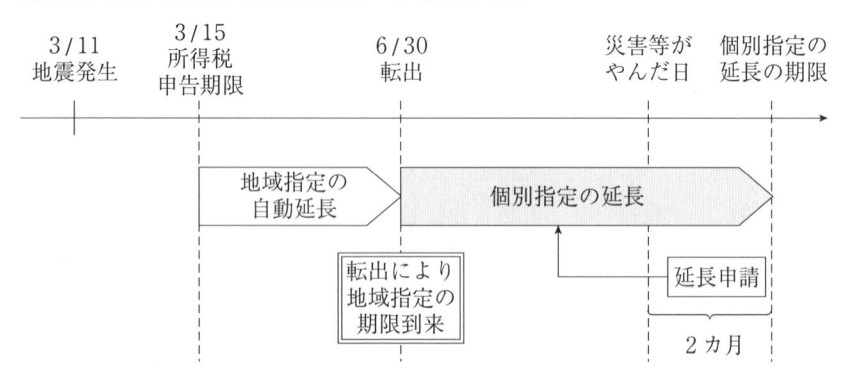

なお、一時的に指定地域外に避難している場合は、指定地域内に納税地があると考えるため、引き続き「地域指定の自動延長」が適用されます。

例えば、東日本大震災の発生時に指定地域内に納税地があった人が平成23年6月30日に指定地域外に転出した場合、転出時（すなわち6月30日）が「地域指定の自動延長」の期限になります。ただし、6月30日までに申告等をすることが難しい場合には、納税者が申請することにより、(3)の「個別指定による延長」を受けることができます。

指定地域外に納税地がある人が被災地に扶養親族がいたとか店舗があった等の事情により、平成23年3月15日までに申告等を行えなかった場合、(2)の「地域指定の自動延長」の対象にはなりませんが、(3)の「個別指定による延長」の適用を受けることが可能です。

2 平成22年分の所得税以外の期限の延長

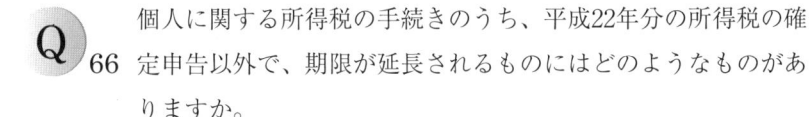

Q66 個人に関する所得税の手続きのうち、平成22年分の所得税の確定申告以外で、期限が延長されるものにはどのようなものがありますか。

◆ポイント

◇期限が延長されるものには、平成23年分の中間申告、予定納税、予定納税の減額承認申請、青色申告承認申請、更正の請求期限等があります。
◇その他、平成23年3月11日以降に期限が到来する国税に関する申告・納付・申請等の手続きの期限が延長されます。

A 東日本大震災を事由として「地域指定の自動延長」や「個別指定による延長」により延長されるのは、平成23年3月11日以降に期限が到来する国税に関する申告・納付・申請等の手続きの期限です。個人の所得税については、平成22年分の所得税の確定申告のほか、次のようなものが延長されます。

第1部　個人編

① 所得税の中間申告の申告および納付
② 予定納税
③ 予定納税の減額承認申請書の提出
④ 青色申告承認申請書の提出
⑤ 更正の請求
⑥ 法定調書の提出

　例えば、既に事業を行っている人が新たに青色申告を開始する場合、青色申告を始めたい年の3月15日までに所得税の青色申告承認申請書を所轄税務署長に提出しなければならないのが原則です。しかし、地域指定または個別指定により期限の延長を受けた場合、青色申告承認申請書の提出期限も延長されますので、延長後の期限までに青色申告承認申請書を提出すればよいことになります。

　ところで、延長後の納期限までに納付が困難である場合には、納税の猶予（Q67参照）を受けることができます。期限の延長と納税猶予は混同しやすいのですが、延滞税等の取扱上大きな違いがあります。すなわち、納期限が延長された場合には、本来の納期限から延長後の納期限までの期間は延滞税等の計算対象期間に含まれないのに対し、納税猶予の場合には、原則として、本来の納期限から納付日までの期間は、延滞税等の計算対象期間に含まれます。したがって、個別指定による延長の要件に該当する場合には、まず期限の延長手続きをし、その後必要に応じて納税猶予の手続きをすべきです。

3　納税の猶予

Q67　東日本大震災による被災のため納期限までに平成22年分の所得税を納付することが難しい場合、納税は猶予されますか。平成23年分の所得税の予定納税についても教えてください。

◆ポイント
◇災害により財産に相当の損失（損失の割合がおおむね20％以上）を受

けた場合、平成22年分の所得税については、納税者の申請により、納期限から最長1年間納税が猶予されます。また、その猶予期間を経過しても納税が難しい場合には、納税者の申請によって、さらに最長2年間（すなわち合計で最長3年間）納税が猶予されます。

◇災害により財産に相当の損失を受けた場合、平成23年分の所得税の予定納税については、平成23年分の所得税の確定申告書の提出期限（平成24年3月15日）まで猶予されます。

◇災害による財産の損失が少ない（損失の割合がおおむね20％未満）場合、納税者の申請によって、最長2年間納税が猶予されます。

A (1) 納期限が到来していない国税―「災害により相当の損失を受けた場合」の納税の猶予（通法46①）

① 概要

　震災、風水害等の災害により財産に相当の損失を受けた場合、災害がやんだ日から2カ月以内に納税者が申請をすることにより、納期限（納期限が延長された場合には、延長後の納期限）から最長1年間納税が猶予されます。猶予期間は、損失の程度と被害財産の種類を勘案して税務署長が定めます。

　財産に相当の損失を受けたとは、損失額が全資産額（借入金等の債務を控除する前の金額）のおおむね20％以上である場合をいいます。その際、保険金や損害賠償金等により補てんされる金額は、損失額から控除して判定します。

　なお、災害により損失を受けた財産が、生活の維持または事業の継続に欠くことのできない重要な財産（下記のイ～ホをいいます）である場合には、イ～ホの区分ごとに損害を受けた割合を計算することも認められています。

　　イ　住宅
　　ロ　家庭用財産
　　ハ　農地
　　ニ　農作物
　　ホ　事業用固定資産および棚卸資産

② **猶予期間**

イ　平成22年分の所得税の猶予期間

　平成22年分の所得税の猶予期間は、納期限（地域指定または個別申請により納期限が延長されている場合には、延長後の納期限）から最長1年間です。原則として次の基準により定められますが、被害財産の種類と損失の程度により斟酌されることもあります。

　　a　全損の場合（損失の割合が50％を超える場合）…猶予期間1年間
　　b　半損の場合（損失の割合が20％以上50％以下の場合）
　　　　　　　　　　　　　　　　　　　　　　　　　…猶予期間8カ月

　ただし、平成23年4月5日個別通達「東日本大震災により被害を受けた滞納者に対する滞納整理について（指示）」により、青森県、岩手県、宮城県、福島県、茨城県に納税地がある人が納税猶予の申請をした場合には、損失の程度にかかわらず、延長後の納期限から1年間の納税猶予が認められます。

　なお、この規定により納税猶予を受けた人が、その猶予期間を経過してもなお納税が難しい場合、下記(2)に記載する「災害等を受けたことにより納付が困難な場合の納税の猶予」を受けることができます。これにより、最長で、延長された納期限から3年間、納税が猶予されます。

ロ　平成23年分の所得税の予定納税

　予定納税とは、前年分の所得金額や税額等を基に計算した予定納税基準額が15万円以上である場合に、その年の所得税の一部をあらかじめ納付する制度です。平成23年分の所得税の予定納税（本来の期限は、予定納税1期が平成23年8月1日、予定納税2期が平成23年11月30日）については、申請により確定申告書の提出期限（平成24年3月15日）まで猶予されます。

　なお、前年よりも所得金額や税額が減少する見込みである場合、予定納税額の減額申請をすることができます。

③ **猶予される金額**

　対象となる所得税額の全額または一部（原則として申請額の全額）が猶予されます。

④ 手続き

　納税猶予を受けたい場合には、災害のやんだ日から2カ月以内に納税地の所轄税務署長に納税の猶予申請書を提出しなければなりません。その際、申請書には被災明細書を添付する必要がありますが、被災状況が判明するまでに時間がかかる場合は、被災明細書を後日提出しても構わないこととされています。また、被災明細書の提出に代えて、市町村が発行するり災証明書の提出や、申請者に対する聴き取りによる被災状況の確認による対応も行われています。

　なお、災害がやんだ日とは、客観的にみて、申告・納付等をするのに差し支えないと認められる程度の状態に回復した日を指します。例えば、直接被災した場合には、災害が引き続き発生するおそれがなくなり、その復旧に着手できる状態になった日が、災害がやんだ日となります。また、交通の途絶があった場合には、交通機関が運行を開始した日が、災害がやんだ日に該当します。

　この規定に基づいて猶予申請書が提出された場合、下記(2)の「災害等を受けたことにより納付が困難な場合の納税の猶予」とは異なり、納税者が納付困難であるかどうかについての調査は行われません。したがって、損害割合は大きいが納税は可能という人（例えば、納税資金は充分にあるが、自宅が全壊した人）でも、納税猶予は認められます。

⑤ 担保および延滞税

　この規定による納税猶予を受ける場合、担保の提供は不要です。また、猶予期間中の延滞税は全額免除されます（通法63）。なお、最終的に納税する際には、分割納付ではなく一括納付になります。

(2) 既に納期限が到来している国税—「災害等を受けたことにより納付が困難な場合」の納税の猶予（通法46②）

① 概要

　東日本大震災による損害割合が20％未満であるため、上記(1)の猶予の対象にならない場合でも、(2)の納税猶予を受けることができます。すなわち、災害や、事業の廃止・売上の減少等のやむを得ない理由により、既に納期限が到来した所得税を一時に納付できない場合、納税者の申請により、最長1年間の

納税の猶予を受けることができます。また、上記(1)の「災害により相当な損失を受けた場合の納税の猶予」の適用を受けた人が猶予期間終了後なお納付困難である場合には、(2)の制度により、再度納税猶予を受けることが可能です。

② **猶予期間**

この規定による納税の猶予期間は最長1年間です。(1)とは異なり、将来における納付能力の調査が行われ、納税者の事業の継続や生活の維持に著しく支障を与えずに納税できると見込まれる最短の期間が猶予期間とされます。

ただし、平成23年4月5日個別通達「東日本大震災により被害を受けた滞納者に対する滞納整理について（指示）」により、青森県、岩手県、宮城県、福島県、茨城県に納税地がある人については、申請書が提出された日から1年間の猶予が認められることとされています。

なお(2)の納税猶予の適用を受けた人が、やむを得ない理由により、猶予期間内に猶予税額を納付できないと認められる場合には、新たに申請をすることによってさらに猶予期間の延長を受けることができます。ただし、(2)の規定による猶予期間は、延長分と合わせて2年間を超えることはできません。

(1)と(2)の両方の適用を受ける場合の猶予期間の関係

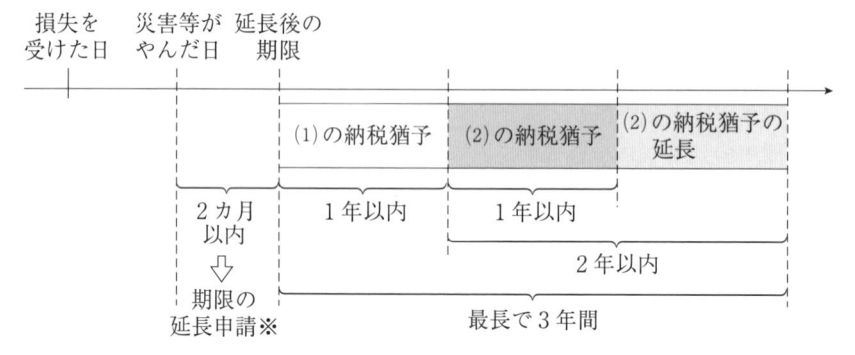

損失を受けた日	災害等がやんだ日	延長後の期限			
			(1)の納税猶予	(2)の納税猶予	(2)の納税猶予の延長
	2カ月以内 ⇒ 期限の延長申請※		1年以内	1年以内	
				2年以内	
				最長で3年間	

※　地域指定の自動延長の対象となっている場合、申請は不要です。

東日本大震災により財産に相当の損失（おおむね20％以上の損失）を受けた場合には、まず(1)の規定による納税猶予を受けることができます。猶予期間は最長1年間です。

(1)の規定による納税猶予を受けてもなお猶予期間内に納税できない場合に

は、納税地の所轄税務署長への申請により、(2)の最長1年間の納税猶予を受けることができます。

　また、やむを得ない理由により(2)の猶予期間内に猶予税額を納付できないと認められる場合には、納税地の所轄税務署長に再申請することにより、さらに最長1年間の猶予期間の延長を受けることができます。

　つまり、財産に相当の損失を受けた場合には、(1)と(2)の合計で最長3年間の納税の猶予を受けられることになります。

③　猶予される金額

　申請された所得税額のうち、納付能力の調査の結果、一時に納付することが難しいとされた金額を限度として猶予金額が決定されます。なお、(1)とは異なり、分割納付が基本です。

④　手続き

　この規定により納税猶予を受けたい場合には、納税地の所轄税務署長に納税の猶予申請書を提出する必要があります。申請書の提出期限については定めがありませんので、要件を満たす限り、いつでも申請可能です。

　納税の猶予を認めた場合、税務署長は猶予金額、猶予期間、分割納付の場合の分割金額、分割納付期限等を納税者へ通知します。納税猶予を認めない場合も、その旨が納税者に通知されます。

⑤　担保および延滞税

　この規定による納税猶予を受ける場合には、原則として猶予金額に相当する担保を提供しなければなりません。ただし、次のいずれかに該当する場合、担保は不要とされます（通法46⑤）。

　　イ　猶予金額が50万円以下である場合
　　ロ　担保提供できる資産がない場合、または資産を担保提供することによって事業の継続や生活の維持に著しい支障を与えると認められる場合

　納税が遅れた場合には延滞税がかかりますが、災害により財産に損失を受けた場合には、延滞税は全額免除されます。これに対し、災害による財産への損失はないものの、事業の廃止や売上減少等によって納税が困難になった場合には、延滞税はその半額が免除されます（通法63）。

III 住宅・家財等に損失を受けた場合の取扱い

1 所得税、住民税の軽減、免除制度の概要

Q68 東日本大震災により住宅や家財について損失を受けました。所得税、住民税の軽減、免除制度があるそうですが、その概要を教えてください。

◆ポイント

◇災害、盗難、横領により住宅や家財等に損失が生じた場合の所得税の軽減、免除制度として、所得税法では、その損失額をベースに一定額を所得金額から控除する制度（以下「雑損控除」といいます）があります。

◇さらに災害の場合には、災害被害者に対する租税の減免、徴収猶予等に関する法律（以下「災害減免法」といいます）に基づき、税額の減免を受けることも可能です。

◇雑損控除と災害減免法は、どちらか一方を選択します（重複適用はできません）。

◇東日本大震災において生じた損失については、どちらの制度も平成22年分の所得税計算に適用できるよう特例措置が設けられています（原則は損失の生じた平成23年分に適用）。

◇この特例措置を受ければ、既に平成22年分の所得税の納税を済ませた人は納税額の還付を、これから納税する人は納税額の軽減、免除の適用を受けることができます。

◇住民税についても同様の軽減、免除制度が設けられています。

Ⅲ 住宅・家財等に損失を受けた場合の取扱い

A (1) 所得税の軽減、免除制度

① 制度の概要

災害により住宅や家財等に損失が生じた場合の所得税の軽減、免除制度として、①雑損控除の適用を受ける方法、②災害減免法に基づく所得税の軽減、免除を受ける方法の2つがあります。ただし、この2つの制度は併用することができませんので、いずれか有利な方法を選択することになります。

「①雑損控除」は、被災資産の損失額を基に一定の方法により算出した金額を所得金額から控除する制度です。他方「②災害減免法」は、損害金額が全体の2分の1を超える場合に所得税の一部または全額を免除する制度です。制度を図解すると次のようになります。

所得税計算のイメージ（給与所得者の場合）

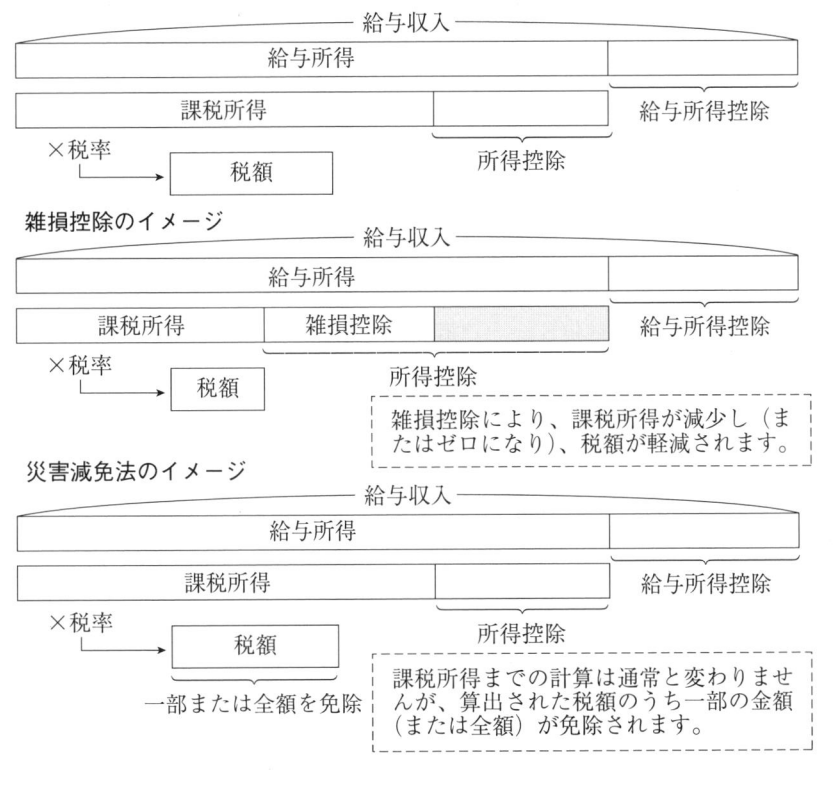

```
             ─── 給与収入 ───
   ┌──────────────────┬──────┐
   │      給与所得       │      │
   ├──────────────┐     │給与所得控除│
   │    課税所得    │     │      │
   │              │所得控除│      │
   └──────────────┴──────┴──────┘
×税率
   → ┌──────┐
     │ 税額 │
     └──────┘
```

雑損控除のイメージ

```
             ─── 給与収入 ───
   ┌──────────────────┬──────┐
   │      給与所得       │      │
   ├────┬──────┬────┤給与所得控除│
   │課税所得│雑損控除│    │      │
   └────┴──────┴────┴──────┘
×税率        所得控除
   → ┌──────┐
     │ 税額 │
     └──────┘
```

> 雑損控除により、課税所得が減少し（またはゼロになり）、税額が軽減されます。

災害減免法のイメージ

```
             ─── 給与収入 ───
   ┌──────────────────┬──────┐
   │      給与所得       │      │
   ├──────────────┬────┤給与所得控除│
   │    課税所得    │    │      │
   └──────────────┴────┴──────┘
×税率           所得控除
   → ┌──────┐
     │ 税額 │
     └──────┘
   一部または全額を免除
```

> 課税所得までの計算は通常と変わりませんが、算出された税額のうち一部の金額（または全額）が免除されます。

第1部　個人編

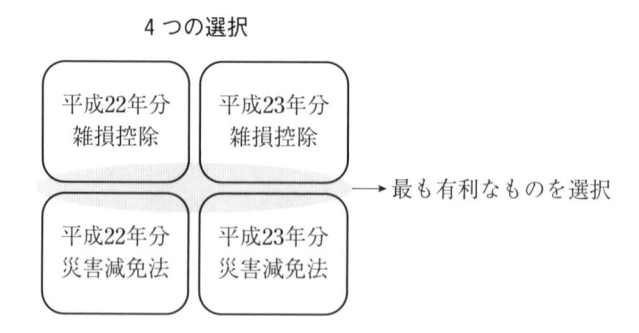

4つの選択

```
┌─────────┐┌─────────┐
│平成22年分 ││平成23年分 │
│雑損控除 ││雑損控除 │
└─────────┘└─────────┘          → 最も有利なものを選択
┌─────────┐┌─────────┐
│平成22年分 ││平成23年分 │
│災害減免法││災害減免法│
└─────────┘└─────────┘
```

② **適用年**

　所得税は毎年1月1日から12月31日までの1年間の所得に対して課される税金（暦年課税）です。東日本大震災の発生は平成23年3月11日でしたので、「①雑損控除」「②災害減免法」のいずれを選択しても平成23年分（平成23年1月1日から12月31日まで）の所得税計算に適用するのが原則です。

　しかし、東日本大震災を原因とする住宅、家財等の損失については、平成23年に生じたものであっても、平成22年に生じた損失として、平成22年分の所得税計算に適用できる特例措置が設けられました。これにより、既に納付済みの平成22年分所得税の還付を受けることも可能です（これから納税する場合は、納税額が軽減、免除されることになります）。もちろん原則どおり平成23年分の所得税計算で適用することもできます。

　以上のことから、納税者は「①雑損控除」「②災害減免法」のいずれを選択するかという方法の選択と、平成22年分と平成23年分のどちらの年で適用を受けるかという時期の選択、合計4通りの中から最も有利なものを選択できることになります（有利選択の判定については、「3　雑損控除を平成22年分（特例）で受けるか、平成23年分（原則）で受けるか、どちらが有利か」（Q70）及び「15　災害減免法と雑損控除の有利選択」（Q82）をご参照ください）。

③ **平成22年分の確定申告について**

　所得税の軽減、免除を平成22年分の所得税計算において受ける場合には、平成22年分を既に申告済みの人と、これから申告する人とで手続きが異なり

Ⅲ　住宅・家財等に損失を受けた場合の取扱い

ますので注意が必要です。

　東日本大震災の発生が平成23年3月11日、すなわち平成22年分の当初の申告期間終盤というタイミングであったことから、既に申告済みの人も多いと思います。この場合は、更正の請求という手続きを行うことで既に納付済みの税額について還付を受けることができます。また、給与所得者で既に年末調整を受けている人など確定申告が不要である人については、確定申告を行うことで源泉徴収された税額の還付が受けられます。なお、申告期限の延長の適用を受け、平成22年分の所得税の申告、納税をこれから行う人は、延長後の申告期限までに平成22年分の損失として申告をすることで、所得税の軽減、免除の適用を受けることができます。

平成22年分の確定申告手続き

納　税　者	手続きの種類	手続き実行による効果
申告済みの人	更正の請求	既納税額の還付
年末調整等で申告不要の人	確定申告	源泉徴収税額の還付
これから申告、納税する人	確定申告	納税額の軽減、免除

(2)　**住民税の軽減、免除制度**
① 　制度の概要

　災害により住宅や家財等に損失が生じた場合の住民税の軽減、免除制度として、①雑損控除の適用を受ける方法、②各自治体が行う住民税の減免（以下「自治体による減免」といいます）を受ける方法の2つがあります。「①雑損控除」は所得税の制度と基本的に同じ仕組みです。一方「②自治体による減免」は、納税者の申請により各自治体が行う軽減、免除制度です。したがって、軽減、免除の内容は自治体ごとに異なりますので、事前に確認する必要があります。なお、所得税と異なり、この2つの制度については重複適用の制限はありませんので、2つの制度の併用が可能です。

　　イ　同じ年度に2つの制度の適用を受ける方法

　　雑損控除適用後の住民税額について、さらに減免の申請を行うことで、

軽減、免除の適用を同一年度にまとめて受ける方法です。

ロ　異なる年度に適用を受ける方法

例えば平成23年度の住民税では、「②自治体による減免」を受け、平成24年度に「①雑損控除」の適用を受ける方法です。

② **適用年**

住民税は毎年1月1日時点の居住者に対して課されますが、その税額計算の基礎は前年1月1日から12月31日までの所得です。例えば平成23年度の住民税は、平成22年1月1日から12月31日までの所得に基づき決定されます。

各年の所得と所得税、住民税の関係

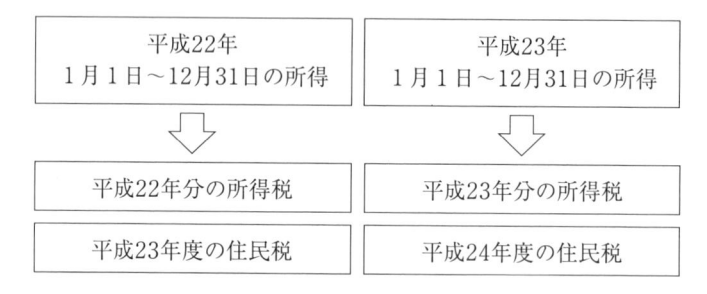

平成22年 1月1日～12月31日の所得	平成23年 1月1日～12月31日の所得
↓	↓
平成22年分の所得税	平成23年分の所得税
平成23年度の住民税	平成24年度の住民税

東日本大震災の発生は平成23年3月11日でしたので、「①雑損控除」は平成24年度（平成23年1月1日から12月31日まで）の住民税計算に適用するのが原則です。

しかし、東日本大震災を原因とする住宅、家財等の損失については、平成23年に生じたものであっても、平成22年に生じた損失として、平成23年度の住民税計算に適用できる特例措置が設けられました。もちろん原則どおり平成24年度の住民税計算で適用することもできます。

なお、「②自治体による減免」については、特に適用時期に関する決まりはありませんが、平成23年度の住民税にも適用する趣旨の総務省通知が出されており、減免の内容を公表している自治体も出てきています。

③ **所得税の軽減、免除制度との関係**

個人の納税者は、所得税申告書を提出すると、基本的にはその申告と同じ内容の住民税申告書の提出が行われたものとして自動的に処理されますので、

普段は別途住民税の申告を行わないことが多いと思います。

そこで、軽減、免除の適用を受けるために所得税の申告をした場合、住民税の軽減、免除がどう取り扱われるかが問題となります。

前述のとおり、住民税の申告を行わない場合は、同じ内容の住民税申告書の提出が行われたものとして自動処理されますので、所得税の申告で「①雑損控除」の適用を受けると、住民税でも「①雑損控除」が適用されます。もし、この住民税の処理と異なる処理を希望する場合には、所得税の申告をする日の前日までに住民税の申告を行わなければなりません（例えば、平成22年分の所得税において雑損控除を受け、平成23年度の住民税では雑損控除を受けず自治体による減免を受け、平成24年度の住民税の雑損控除を受けたいときは、平成23年度の住民税申告で雑損控除を適用しない内容の申告書を、平成24年度の住民税申告で雑損控除の適用を受ける内容の申告書をそれぞれ提出する必要があります）。

次に、所得税の申告で「②災害減免法」の適用を受けた場合ですが、「②災害減免法」は国税が対象ですので、そのままでは住民税計算において何ら軽減、免除の適用は受けられません。住民税で「①雑損控除」の適用を受けたいのであれば、所得税の申告をする日の前日までに別途住民税の申告（雑損控除を受ける）をする必要があります。

なお、住民税の「②自治体による減免」は、住民税の確定額の通知（通常は毎年6月ごろ）を受けた後に納税者が自ら各自治体に申請することにより、その税額の減免を受けることができます。したがって、所得税、住民税の申告書提出の有無、申告内容に関係なく、別途申請を行う必要があります。

第1部　個人編

所得税の申告内容と住民税の軽減、免除手続きの関係

		住民税申告の要否				
		平成23年度の住民税において雑損控除を受けたい場合	平成24年度の住民税において雑損控除を受けたい場合	住民税額の確定	住民税の減免の申請	自治体による減免の決定
所得税の申告内容	平成22年分の損失として雑損控除を適用	**申告不要**	申告必要	⇒	⇒	
	平成23年分の損失として雑損控除を適用	申告必要	**申告不要**			
	平成22年分の損失として災害減免法を適用	申告必要	申告必要			
	平成23年分の損失として災害減免法を適用	申告必要	申告必要			

2　雑損控除の概要

Q69 住宅、家財等について損失を受けた場合の雑損控除について教えてください。

◆ポイント

◇適用事由…本人または本人と生計を一にする一定の親族の所有する資産が、災害、盗難、横領により損失を受けた場合に適用できます。

◇対象資産…住宅や家財等生活に通常必要な資産に限られます。事業用資産は対象になりません。

◇計算方法…損失額のうち所定の金額を所得金額から差し引くことができます（所得控除）。なお、東日本大震災の損失額については、適用1年目に控除しきれない金額があるときは、翌年以降5年間にわたり繰り越すことができ、各年の所得金額から控除できます（東日本大震災以外の損失については、繰越期間は3年間：原則）。

◇適用年…東日本大震災の発生した平成23年分の所得税計算に適用するのが原則ですが、特例として平成22年分の所得税計算に適用することもできます。

◇住民税の取扱い…住民税についても所得税と同様の特例措置が講じられました。

A **(1) 概要**

雑損控除は、個人の所有する資産が、災害、盗難、横領により損失を受けた場合に、その損失額を基に一定の方法により算出した金額を、その損失の生じた年の総所得金額等(注)から控除する制度です。

(注) 次の金額の合計額をいいます。ただし、純損失や雑損失の繰越控除などを受けている場合は、その適用後の金額をいいます。
- 総所得金額、退職所得金額および山林所得金額
- 分離課税の上場株式等に係る配当所得の金額
- 分離課税の土地等に係る事業所得等の金額
- 分離課税の長期譲渡所得および短期譲渡所得の金額(いずれも特別控除前の金額)
- 分離課税の株式等に係る譲渡所得等の金額
- 分離課税の先物取引等に係る雑所得等の金額

(2) 適用要件

① 資産の所有者

雑損控除を受けようとする本人のほか、本人と生計を一にする親族の所有資産に損失が生じた場合も雑損控除の適用が受けられます。

(注) 「本人と生計を一にする」とは、日常の生活の資を共にすることをいいます。したがって、勤務、修学、療養等の都合により家族と別居している場合でも、生活費、学資金または療養費を常に送金している場合等は「本人と生計を一にする」状態といえます。ただし、総所得金額等が38万円以下である親族に限られますので、例えば給与所得者であれば給与収入103万円以下の人、公的年金等受給者(65歳以上の人)であれば158万円以下の人が適用の目安です。なお、「親族」とは、6親等内の血族と3親等内の姻族をいいます。

② **損失の原因**

　災害、盗難、横領の3つの原因に限定されます。ここでいう災害とは、震災、風水害、火災、冷害、雪害、干害、落雷、噴火その他の自然現象の異変による災害および鉱害、火薬類の爆発その他の人為による異常な災害並びに害虫、害獣その他の生物による異常な災害をいいます。

　なお「東日本大震災」による災害には、3月11日に発生した東北地方太平洋沖地震だけでなく、3月12日発生の長野県北部の地震、3月15日発生の静岡県東部の地震、その他の余震を原因とする災害も含まれます。また、地震そのものによる住宅、家財等の消失、被害はもとより、地震後の津波による被害、土地の液状化等を原因とする住宅、家財等の被害も含まれます。

(3) **資産の範囲**

　雑損控除の対象となる資産は、自己または自己と生計を一にする配偶者その他の親族が有する生活に通常必要な住宅や家財等です。なお、棚卸資産、事業用固定資産、山林、生活に通常必要でない資産等（別荘、スポーツ車、30万円を超える貴金属、美術品等）は除かれます。具体的な適用の可否は次のとおりです（土地については「6　雑損控除（土地）」（Q73）をご参照ください）。

① **住宅**

区　　分	具　体　例	雑損控除の適用
居住の用に供する不動産	・自宅	あり
賃貸用不動産（事業的規模(注)でないもの）	・アパート・マンション	あり
主として趣味、娯楽、保養または鑑賞用の不動産	・別荘	なし

　（注）　アパート、マンションの貸付については、おおむね10室以上、独立家屋はおおむね5棟以上が事業的規模となります。

② 家財等

区　分	具 体 例	雑損控除の適用
生活に通常必要な動産等	・現金 ・生活に必要な車両（通勤用など。ただし事業用は対象外） ・家具、什器、衣服、書籍、暖房装置など ・1個または1組の価額が30万円以下の貴金属、美術品等	あり
生活に通常必要でない動産等	・競走馬 ・趣味娯楽のための車両 ・1個または1組の価額が30万円超の貴金属、美術品等	なし

(4) **計算方法**

次の算式の(1)と(2)のいずれか多い金額が雑損控除の対象となる金額（「雑損失の金額」といいます）となり、その年分の総所得金額等から控除します。

```
(1)  ① － ②の金額
       ①住宅、家財等の損失額 ＋ 災害関連支出
       ②その年分の総所得金額等 × 1/10
(2)  災害関連支出 － 5万円
```

（注）　住宅、家財等の損失額および災害関連支出は、保険金、損害賠償金等により補てんされる金額を除いた金額になります。

雑損控除のイメージ

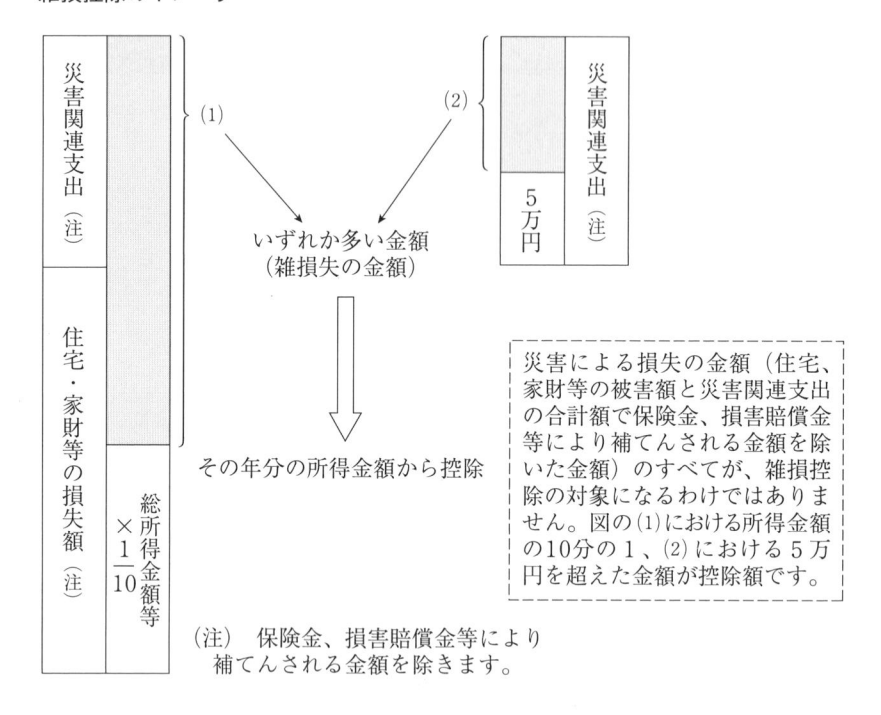

災害関連支出（注）｜住宅・家財等の損失額（注）｜総所得金額等×1/10

(1) いずれか多い金額（雑損失の金額）

(2) 災害関連支出（注）｜5万円

その年分の所得金額から控除

災害による損失の金額（住宅、家財等の被害額と災害関連支出の合計額で保険金、損害賠償金等により補てんされる金額を除いた金額）のすべてが、雑損控除の対象になるわけではありません。図の(1)における所得金額の10分の1、(2)における5万円を超えた金額が控除額です。

（注）保険金、損害賠償金等により補てんされる金額を除きます。

(5) 適用年

東日本大震災の発生した平成23年分の所得税計算に適用するのが原則ですが、特例として平成22年分の所得税計算において適用することもできます（有利選択については、「3　雑損控除を平成22年分（特例）で受けるか、平成23年分（原則）で受けるか、どちらが有利か」（Q70）をご参照ください）。

(6) 雑損失の繰越控除

① 概要

東日本大震災の損失額については、適用1年目に控除しきれなかった金額（特定雑損失金額）があるときは、翌年以降5年間にわたり繰り越すことができ、各年の所得金額から控除できます（東日本大震災以外の損失については、繰越期間は3年間：原則）。これを「雑損失の繰越控除」といいます。

Ⅲ　住宅・家財等に損失を受けた場合の取扱い

雑損失の繰越控除の計算例
（単位：万円）

各年分の控除額：
- X年：500
- X＋1年：100
- X＋2年：300
- X＋3年：400
- X＋4年：500
- X＋5年：500

雑損失の金額：3,000（翌年以降5年間繰り越し）

切り捨て：700

雑損失の金額で控除しきれなかった金額は、翌年以降5年間繰り越し、各年分の所得金額から控除できます（残額は切り捨てられます）。

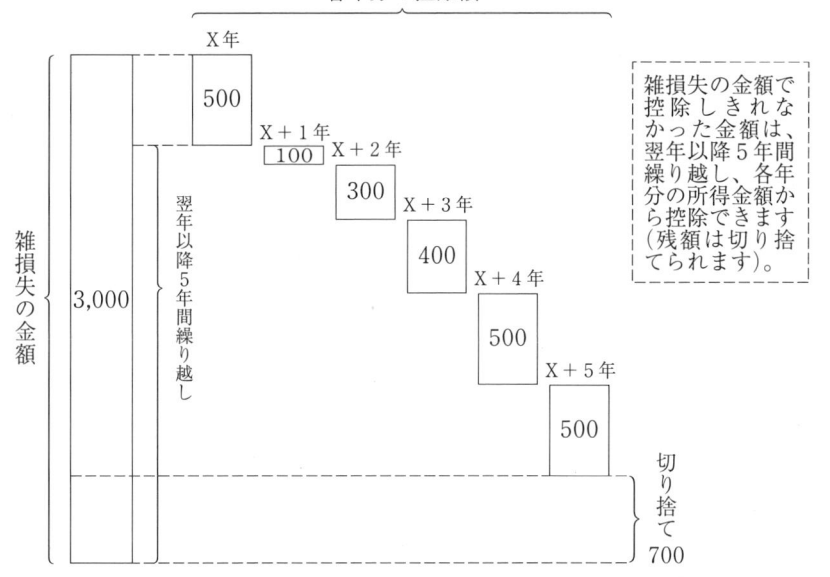

② 控除の順序

各年の雑損失の繰越控除は、次に掲げる所得から順次控除します（④から⑦までの金額については納税者の選択で異なる順序で控除することも可能）。

① 総所得金額

② 分離課税の土地等に係る事業所得等の金額

③ 分離課税の短期譲渡所得の金額

④ 分離課税の長期譲渡所得の金額

⑤ 分離課税の上場株式等に係る配当所得の金額

⑥ 分離課税の株式等に係る譲渡所得等の金額

⑦ 分離課税の先物取引等に係る雑所得等の金額

⑧ 山林所得の金額

⑨ 退職所得の金額

なお、純損失や東日本大震災以外に係る雑損失がある場合の控除の順序は次のとおりです。

- 原則として最も古い年に生じた損失の金額から先に控除します。
- ただし、東日本大震災に係る雑損失が生じた年（平成23年）と同じ年か翌年（平成23年か平成24年）に純損失または東日本大震災以外に係る雑損失が生じた場合には、その純損失または東日本大震災以外に係る雑損失の方が古い年に生じたものとして繰越控除を適用する特例が設けられています。

③ 雑損失の繰越控除の対象期間

雑損控除の適用年の選択により、雑損失の繰越控除の対象期間が異なることになります。具体的には、平成22年分の所得税計算に適用した場合の雑損失の繰越控除の期間は平成23年分から平成27年分までの5年間、平成23年分の所得税計算に適用した場合の雑損失の繰越控除の期間は平成24年分から平成28年分までの5年間となります。

④ 確定申告書の提出義務

繰越控除の適用を受ける場合には、翌年以降も連続して（たとえ所得金額がゼロだったとしても）確定申告書を提出しなければなりませんので注意が必要です。

雑損控除と雑損失の繰越控除の適用年の関係

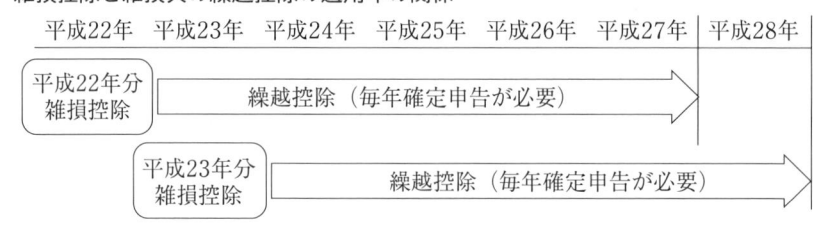

平成22年	平成23年	平成24年	平成25年	平成26年	平成27年	平成28年
平成22年分雑損控除	繰越控除（毎年確定申告が必要）					
	平成23年分雑損控除	繰越控除（毎年確定申告が必要）				

(7) 住民税の取扱い

住民税についても所得税と同様の雑損控除の特例が講じられています。適用時期については平成24年度の住民税計算で適用を受けるのが原則ですが、納税者の選択により平成23年度の住民税計算で適用を受けることも可能です。また繰越控除も適用年度の翌年以降5年間可能で（東日本大震災以外の損失については、繰越期間は3年間：原則）、繰越控除の順序も所得税における

控除の順序と同じです。

　住民税においては、原則として所得税の申告内容が自動的に反映されますので、住民税の申告を行わない場合、平成22年分の所得税計算で雑損控除を受けた場合は平成23年度の住民税計算で、平成23年分の所得税計算で雑損控除を受けた場合は平成24年度の住民税計算で、それぞれ雑損控除が適用されます。

　なお、所得税計算で災害減免法の適用を受けた場合は、そのまま何もしなければ住民税の雑損控除の適用はありません。住民税の雑損控除の適用を受けるときは、所得税申告の前日までに別途雑損控除を受けるための住民税申告をしなければなりませんのでご注意ください。

3　雑損控除を平成22年分（特例）で受けるか、平成23年分（原則）で受けるか、どちらが有利か

Q70 東日本大震災を原因とする住宅、家財等の損失が生じた場合には、平成22年分の所得税計算において雑損控除を受けることもできるそうですが、平成22年分で受けるのと、原則どおり平成23年分で受けるのとではどちらが有利でしょうか。

◆ポイント
◇まず、平成22年分の所得税計算で適用を受けることを基本に検討します。
◇平成23年の震災発生前（平成23年1月1日から3月10日）に資産の譲渡などで多額の所得がある場合など、個々のケースによって平成23年分の所得税計算で雑損控除の適用を受ける方が有利なケースもありますのでご注意ください。

A　(1)　概要
　　震災により住宅、家財等に損失が生じた納税者は、選択により平

成22年分または平成23年分のいずれかの年分の損失として雑損控除の適用を受けることができますので、どちらの年で適用するのが有利になるか、納税者の個々の状況に照らして検討する必要があります。税務上有利選択とは、通常税額の少なくなる方法を検討し、選択することをいいますが、事情はやや複雑です。税額の有利選択という考えもありますが、納税者の当面の生活資金確保を重視しなければならないケースも多いと思います。また、雑損控除は、適用1年目を含め最長6年間にわたる制度ですので、トータルの有利不利を見通さなければならない難しさもあります。

(2) 平成22年分の適用が基本

　前述のとおり、雑損控除は損失の生じた日の属する年分の所得税計算で適用を受けるのが原則ですが、東日本大震災では平成22年分の所得税計算で適用を受けることができるよう特例措置が設けられています。この特例により、既に納付済みの所得税があれば早期に還付を受けることができますし、これから平成22年分の税金を納付する場合にも、相応の負担軽減を図ることができます。また、一般的にその年の所得金額が多いほど適用1年目の税額軽減効果も大きくなります。震災の影響で平成23年の所得金額の減少を余儀なくされるケースも想定されますので、平成22年分において適用を受けることにより、税額軽減効果が十分得られないという事態を回避もしくは緩和することが期待されます。

　以上の理由から、まずは平成22年分での適用を基本に検討すべきと考えます。

(3) 注意すべきケース
① 平成22年の所得が少ないケース

　平成22年の所得が少ない場合は、平成22年分で雑損控除の適用を受けたとしても、その税額軽減効果はゼロまたは少額にとどまることになりますので、平成23年分での適用も検討に値すると思います。

Ⅲ　住宅・家財等に損失を受けた場合の取扱い

② 損失額が少ない場合

翌年以降への繰越しが生じない程度に損失額が少ない場合は、単年比較の有利不利で適用年を決定できます。具体例として、次のケースを検討します。

平成22年：給与収入　1,200万円（所得金額970万円）

平成23年：給与収入　　700万円（所得金額510万円）

損害損失の額：300万円（災害関連費用はゼロ）

平成22年分の所得税計算で適用する場合

（単位：万円）

		通常計算	雑損控除適用	備　考
①	給与収入	1,200	1,200	
②	給与所得控除	230	230	
③	所得金額	970	970	①－②
④	雑損控除	0	203	下記ハ
⑤	その他控除	262	262	（注）
⑥	課税所得	708	505	③－④－⑤
⑦	税　額	99	58	
⑧	軽減額		－41	

イ	災害損失の額		300	
ロ	雑損控除の計算上控除する額		97	③×10%
ハ	雑損失の金額		203	イ－ロ

（注）　基礎控除38万円、人的控除（38万円×2人）、社会保険料控除（給与収入×12.3%）と仮定しています。

第1部　個人編

平成23年分の所得税計算で適用する場合

（単位：万円）

		通常計算	雑損控除適用	備　考
①	給与収入	700	700	
②	給与所得控除	190	190	
③	所得金額	510	510	①－②
④	雑損控除	0	249	下記ハ
⑤	その他控除	208	208	（注）
⑥	課税所得	302	53	③－④－⑤
⑦	税　額	20	3	
⑧	軽減額		－17	

イ	災害損失の額		300	
ロ	雑損控除の計算上控除する額		51	③×10％
ハ	雑損失の金額		249	イ－ロ

（注）　基礎控除38万円、人的控除（38万円×2人）、社会保険料控除（給与収入×13.4％）と仮定しています。

　上記の事例では、所得金額の多い平成22年分の計算で雑損控除の適用を受けた方が税金の軽減額が多くなり、有利といえます。これは、所得税の累進税率の影響で所得金額の多い年に適用を受けた方が税額軽減効果が大きくなるためです。

　しかし、雑損控除の計算上控除する額は、所得金額に比例して多くなりますので一概に所得金額の多い年に適用を受けるのが有利であると判定できません。

	所得金額が多い年の方が…
雑損失の金額	雑損控除の計算上控除する額が多くなるため、税額軽減効果にマイナス
税額の算出	適用税率が高いため、税額軽減効果にプラス

　このようにプラスとマイナスの要因が混在していますので、どちらの効果がより大きく出るかにより有利不利が決定されます。一般的に所得金額の多

い方が有利になるケースが多いと思われ、上記の事例においてもそのような試算結果となっています。しかし、ケースによっては逆転現象が生じることもありますので、最終的には個別に検討して適用年を選択する必要があります。

なお、以上のような比較検討は「翌年以降に損失額が繰り越されることがない場合」が前提です。損失額が多額で翌年以降への繰越しが生じるケースにおいては、平成22年分の適用を基本に検討すべきと考えます。

4 雑損控除における資産の時価とは

Q71 雑損控除の計算にあたって、住宅、家財等の損失額を確定させる必要がありますが、震災前の個々の資産の時価がわかる資料がありません。どのように計算をすればよいのでしょうか。

◆ポイント

◇雑損控除の計算において、被災した資産の損失額の計算のベースになるのは、個々の資産の被災直前の時価です。

◇しかし時価を算定することは容易でないことから、簡便的な計算方法（これを「合理的な計算方法」といいます）による損失額の計算も認められます。

◇合理的な計算方法による損失額の計算は、住宅、家財、車両の3つの区分ごとに行います。

A (1) 住宅、家財等の損失額の計算（原則）

雑損控除における住宅、家財等の損失額は、被災直前の時価から被災直後の時価を差し引いて計算します（ただし、保険金、共済金および損害賠償金等で補てんされる金額がある場合には、その金額を差し引いた後の金額です）。ここでいう被災直前の時価の定義は、一律に定まるものではありませんが、一般的には被災資産の再取得価額、すなわち、再度同一の資産

を取得する場合の取得価額がベースになると考えられます（ただし、被災した資産を取得してからの経過期間に応じた減価償却費相当額を控除します）。

　被災直前の時価 ＝ 再取得価額 － 減価償却費相当額

　上記被災直前の時価と被災直後の時価の差額が、住宅、家財等の損失額となります。

　損失額 ＝ 被災直前の時価 － 被災直後の時価

(2) 住宅、家財等の損失額の計算（特例）

　前述のとおり、住宅、家財等の損失額は、損失発生直前の時価をベースに計算する方法を原則としていますが、個々の資産の損失発生直前の時価を算定することは容易ではありません。そこで、個々の損失額を計算することが困難な場合は、合理的な計算方法による損失額の計算も認められています。合理的な計算方法による損失額の計算は、被災資産を住宅、家財、車両の３つの区分ごとに行います。

① 住宅

　イ　取得価額が明らかな場合

　　住宅の取得価額から、その取得の時から損失を生じた時までの期間の減価償却費相当額を差し引いた金額に、被害割合を乗じて算定します。

　　　損失額 ＝（取得価額 － 減価償却費相当額）× 被害割合

　（注）　被害割合については、118ページ「別表３　被害割合表」をご参照ください。

　ロ　取得価額が明らかでない場合

　　住宅の所在する地域および構造の別により、「別表１　地域別・構造別の工事費用表（１m^2当たり）」により求めた住宅の１m^2当たりの工事費用に総床面積を乗じた金額を取得価額相当額として代用し、損失額を計算します。

　　　損失額 ＝（１m^2当たりの工事費用 × 総床面積 － 減価償却費相当額）× 被害割合

　（注）　１m^2当たり工事費用については、117ページ「別表１　地域別・構造別の工事費用表（１m^2当たり）」をご参照ください。なお、該当する地域の工事費用が全国平均を下回る場合または値が存在しない場合のその地域の工事費用については、全国平均の工事費用として差し支えありません。

② **家財**
　イ　取得価額が明らかな場合
　　各家財の取得価額から、その取得の時から損失が生じた時までの期間の減価償却費相当額を差し引いた金額に、被害割合を乗じて算定します。
　　　損失額 ＝（取得価額 － 減価償却費相当額）× 被害割合
　ロ　取得価額が明らかでない場合
　　家族構成等により、「別表2　家族構成別家財評価額」により求めた家族構成別家財評価額に被害割合を乗じて計算します。
　　　損失額 ＝ 家族構成別家財評価額 × 被害割合
　（注）　家族構成別家財評価額については、118ページ「別表2　家族構成別家財評価額」をご参照ください。

③ **車両**
　その車両の取得価額から、その取得の時から損失が生じた時までの期間の減価償却費相当額を差し引いた金額に、被害割合を乗じて算定します。
　　損失額 ＝（取得価額 － 減価償却費相当額）× 被害割合

④ **被害割合について**
　資産の被害割合は118ページ記載の「別表3　被害割合表」に基づき判定します。原則としては住宅の時価全体に占める主要構造部の被害額の割合または床面積の損失部分の割合などに基づきますので（「別表3　被害割合表」の「摘要」をご参照ください）、液状化により家屋の傾きが生じたとしても、主要構造部などに被害がない場合には損失として認められない可能性もあると思われます。なお、市町村が発行するり災証明書の表示（全壊、半壊など）は、被害割合の判定の際の目安になる可能性がありますが、必ず一致するものではありません。また、一部損壊にも満たないような軽微な損壊（窓ガラスの損壊など）では、損失額の合理的な計算方法を用いることは適当でないため、実額計算により損失額を計算します。

⑤ **減価償却費の計算について**
　合理的な計算方法を行う場合、経過年数に応じた減価償却費の額の計算に際しては、次の点に留意してください。

- 耐用年数については、住宅等の種類に応じた耐用年数を1.5倍した年数とし、旧定額法により計算します。
- 経過年数に、6カ月以上の端数がある場合は1年とし、6カ月に満たない端数は切り捨てます。
- 耐用年数の1.5倍の年数をすべて経過していても、被災資産の取得価額の5％に相当する金額は残ります。
- 中古資産における耐用年数は、その取得の時以降のその中古資産の使用可能期間を見積り、その年数によることができますが、見積りが困難な場合は、次の方法で計算した年数とします。

　イ　法定耐用年数の全部を経過したもの
　　　（法定耐用年数 × 20％）× 1.5

　ロ　法定耐用年数の一部を経過したもの
　　　｛（法定耐用年数 － 経過年数）＋ 経過年数 × 20％｝× 1.5

　（注）上記計算結果に1年未満の端数があるときは、その端数を切り捨てます。また上記計算による年数が2年に満たない場合には、2年とします。

参考1　住宅の構造別耐用年数表

構　　　造	耐用年数	1.5倍した年数	償却率
木　　造	22年	33年	0.031
木骨モルタル造	20年	30年	0.034
（鉄骨）鉄筋コンクリート造	47年	70年	0.015
金属造①※1	19年	28年	0.036
金属造②※2	27年	40年	0.025

　※1　軽量鉄骨造のうち骨格材の肉厚が3mm以下の建物
　※2　軽量鉄骨造のうち骨格材の肉厚が3mm超4mm以下の建物

参考2　車両の種類別耐用年数表

構　　　造	耐用年数	1.5倍した年数	償却率
普通自動車	6年	9年	0.111
軽自動車	4年	6年	0.166

Ⅲ 住宅・家財等に損失を受けた場合の取扱い

別表 1　地域別・構造別の工事費用表（1 m² 当たり）

	木　造	鉄骨鉄筋 コンクリート造	鉄筋 コンクリート造	鉄　骨　造
	千円	千円	千円	千円
北 海 道	148	188	146	177
青　　森	139	134	263	166
岩　　手	143	222	183	175
宮　　城	146	146	167	177
秋　　田	137	135	190	166
山　　形	146	23	134	154
福　　島	149	143	199	172
茨　　城	154	204	179	186
栃　　木	155	145	170	177
群　　馬	157	136	193	181
埼　　玉	159	229	217	195
千　　葉	161	198	211	196
東　　京	178	256	247	235
神 奈 川	170	257	221	224
新　　潟	155	49	161	178
富　　山	154	215	166	158
石　　川	158	190	189	170
福　　井	151	103	173	173
山　　梨	166	286	263	179
長　　野	166	161	207	177
岐　　阜	156	43	182	184
静　　岡	165	203	186	198
愛　　知	165	154	181	190
三　　重	165	—	169	197
滋　　賀	156	154	171	186
京　　都	168	228	173	199
大　　阪	160	172	188	188
兵　　庫	159	198	191	192
奈　　良	163	146	181	198
和 歌 山	152	111	217	194
鳥　　取	152	—	114	175
島　　根	157	—	183	169
岡　　山	162	—	181	185
広　　島	157	217	180	188
山　　口	158	—	179	186
徳　　島	139	191	176	165
香　　川	151	280	170	168
愛　　媛	146	140	157	176
高　　知	154	61	152	181
福　　岡	149	150	160	183
佐　　賀	147	—	159	180
長　　崎	141	189	168	180
熊　　本	142	132	147	175
大　　分	147	156	152	180
宮　　崎	129	126	143	168
鹿 児 島	138	143	143	162
沖　　縄	154	161	167	196
全国平均	158	214	198	195

参考　「建築統計年報　平成22年度版」（国土交通省総合政策局情報安全・調査課建設統計室）を基に、国税庁において計算しました。

117

別表2　家族構成別家財評価額

世帯主の年齢	夫婦	独身
～29歳	500万円	万円
30～39	800	300
40～49	1,100	
50～	1,150	

（注）　大人（年齢18歳以上）1名につき130万円加算、子供1名につき80万円加算

別表3　被害割合表

区分	被害区分		被害割合		摘要
			住宅	家財	
損壊	全壊・流出・埋没・倒壊		%	%	被害住宅の残存部分に補修を加えても、再び住宅として使用できない場合
	（倒壊に準ずるものを含む）		100	100	住宅の主要構造部の被害額がその住宅の時価の50％以上であるか、損失部分の床面積がその住宅の総床面積の70％以上である場合
	半壊		50	50	住宅の主要構造部の被害額がその住宅の時価の20％以上50％未満であるか、損失部分の床面積がその住宅の総床面積の20％以上70％未満で残存部分を補修すれば再び使用できる場合
	一部破損		5	5	住宅の主要構造部の被害が半壊程度には達しないが、相当の復旧費を要する被害を受けた場合
浸水	床上1.5m以上	平屋	80 (65)	100 (100)	・海水や土砂を伴う場合には上段の割合を使用し、それ以外の場合には、下段のかっこ書の割合を使用する。 なお、長期浸水（24時間以上）の場合には、各割合に15％を加算した割合を使用する。 ・床上とは、床板以上をいい、2階のみ借りている場合は、「床上」を「2階床上」と読み替え平屋の割合を使用する。 ・2階建以上とは、同一人が1階、2階以上とも使用している場合をいう。
		2階建以上	55 (40)	85 (70)	
	床上1m以上1.5m未満	平屋	75 (60)	100 (100)	
		2階建以上	50 (35)	85 (70)	
	床上50cm以上1m未満	平屋	60 (45)	90 (75)	
		2階建以上	45 (30)	70 (55)	
	床上50cm未満	平屋	40 (25)	55 (40)	
		2階建以上	35 (20)	40 (25)	
	床下		15 (0)	—	

（注）　車両に係る被害割合については、上記を参考に、例えば、津波による流出で「補修を加えても再び使用できない場合」には被害割合100％とするなど、個々の被害の状況を踏まえ適用する。

出典：平成23年4月27日　国税庁個人課税課情報第3号、資産課税課情報第6号

Ⅲ　住宅・家財等に損失を受けた場合の取扱い

5　雑損控除（店舗兼自宅）

Q72　津波で消失した私の店舗兼自宅は1階が店舗で2階が自宅でした。この場合、雑損控除の対象になりますか。

◆ポイント
◇自宅部分は雑損控除の対象になりますが、店舗部分は対象になりません（ただし、店舗部分の損失は事業所得の計算上必要経費に算入されます）。

A　2階の自宅部分は雑損控除の対象になりますが、店舗部分は事業用固定資産に該当するため、雑損控除の対象になりません。ただし事業用固定資産の損失は、事業所得の計算上必要経費に算入されます（Q86参照）。

```
  自宅  ──→ 雑損控除
  店舗  ──→ 事業所得の必要経費に算入
```

6　雑損控除（土地）

Q73　私の自宅は、震災後の津波で流出してしまいました。自宅の建物が雑損控除の対象になることはわかりましたが、宅地はどのような取扱いになるのでしょうか。なお、宅地は海水に浸り、原状回復できない状態です。

◆ポイント
◇地盤沈下などにより海面下のまま原状回復ができないことが確定するなど、土地の価値が滅失した場合には雑損控除の対象となります。

A 自宅用の土地は、生活に通常必要な資産に該当しますので、原則として雑損控除の対象資産です。そして、地盤沈下などにより海面下のまま原状回復ができないことが確定するなど、土地の価値が減失した場合にはその損失額について雑損控除の適用が可能です。ただし、単なる土地評価額の下落については、雑損控除の適用はありません。また、災害のやんだ日の翌日から1年以内にする滞留した土砂の除去や盛り土など宅地としての原状回復のための費用は、災害関連支出として雑損控除の適用があります。

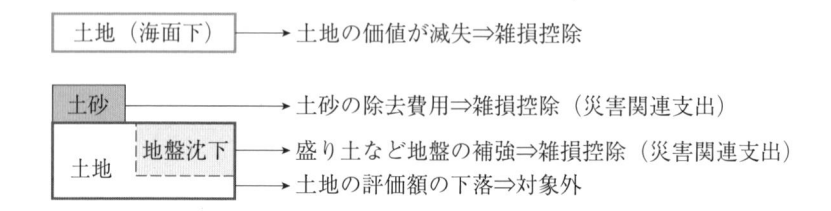

- 土地（海面下）→ 土地の価値が減失⇒雑損控除
- 土砂 → 土砂の除去費用⇒雑損控除（災害関連支出）
- 土地（地盤沈下）
  - → 盛り土など地盤の補強⇒雑損控除（災害関連支出）
  - → 土地の評価額の下落⇒対象外

7　雑損控除（車両）

Q74 私の自家用車は、震災後の津波で流出してしまいました。雑損控除の対象になりますか。

◆ポイント

◇自家用車の用途により雑損控除適用の可否が決まります。
◇生活に通常必要な資産に該当する自家用車の損失は、雑損控除の対象になります。
◇個人事業に使用していた車両（例えば事業用資産に含めて申告していた車両など）の損失は、雑損控除の対象になりませんが、事業所得の金額の計算上必要経費に算入することができます。
◇趣味娯楽のために所有する自家用車の損失は雑損控除の対象になりませんが、総合課税の譲渡所得から控除することができます。

Ⅲ　住宅・家財等に損失を受けた場合の取扱い

A　自家用車の用途により異なります。
　通勤等に使用するなど、生活に通常必要な資産に該当する自家用車の損失は、雑損控除の対象になります。なお、生活に通常必要な資産に該当する自家用車かどうかは、その保有目的、使用状況等を総合的に勘案して判断されます。
　個人事業者が事業用に使用していた自家用車の損失は、雑損控除の対象になりませんが、事業所得の金額の計算上必要経費に算入することができます。
　また、専ら趣味娯楽のために所有する自家用車は雑損控除の対象になりませんが、その年分およびその翌年分の総合課税の譲渡所得から控除することができます。

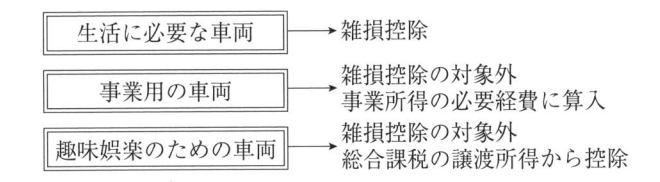

生活に必要な車両	→	雑損控除
事業用の車両	→	雑損控除の対象外　事業所得の必要経費に算入
趣味娯楽のための車両	→	雑損控除の対象外　総合課税の譲渡所得から控除

8　雑損控除（賃貸用アパート・マンション）

Q75　私はアパート1棟（6室）を所有していましたが、今回の津波ですべて消失しました。この場合、雑損控除の適用を受けることはできますか。

◆ポイント
　◇事業的規模でない業務用不動産の損失は、雑損控除の対象となります。
　また、不動産所得または雑所得の計算上必要経費に算入する取扱いもあります。いずれを適用すべきか有利不利の判定を要します。

A (1) **概要**

　事業用固定資産は雑損控除の対象外とされていますが、事業的規模でない不動産（これを「業務用不動産」といいます）の損失については、雑損控除の対象になります。なお、事業的規模かどうかは社会通念上事業と称する程度の規模かどうかで判定しますが、例えばアパート、マンションの貸付については、おおむね10室以上、独立家屋であればおおむね5棟以上であれば事業的規模と考えられます。

　一方で業務用不動産から生じる所得は不動産所得または雑所得とされますが、これらの所得の計算上、損失額を必要経費に算入することもできます。また、この場合においても損失が生じた平成23年分として計上するのが原則ですが、震災特例法により平成22年分として計上することが認められています。なお、不動産所得または雑所得の必要経費とした場合には、その年分の不動産所得の金額または雑所得の金額を限度として必要経費に算入されることから、翌年以降へ繰り越せる損失は生じません。

(2) **有利選択**

　雑損控除、不動産所得または雑所得の必要経費のいずれを選択すべきか、次の相違点を参考に判断することになります。

	雑損控除	不動産所得または雑所得の必要経費
損失額の計算	・被災直前の時価 ・合理的な計算方法も可能 ・所得金額の10％等の控除あり	・取得費等を基礎として計算
損失の取扱い	・総所得金額等から控除	・不動産所得または雑所得の金額を限度として必要経費に算入
翌年以降への繰越し	・翌年以降5年間	・なし

(3) 計算例

【前提】
- 被災資産：木造アパート（耐用年数22年）
- 所在地：宮城県
- 取得価額：3,000万円（総床面積250 m²）
- 取得年月：平成13年1月（10年2カ月経過）
- 被害状況：全壊（被害割合100％）
- 軽減、免除を受ける人の所得金額：1,200万円（うち不動産所得700万円）

【計算】
(1) 雑損控除を受ける場合
① 損失額の計算

　イ　被災直前の時価の計算

　　（取得価額 － 減価償却費相当額）× 被害割合

　　＝（3,000万円 － 3,000万円 × 0.031 $^{(注1)}$ × 10年 $^{(注2)}$）× 100％ ＝ 2,070万円

　　（注1）　22年 × 1.5倍 ＝ 33年の旧定額法償却率を使用します。

　　（注2）　経過年数に6カ月に満たない端数がある場合は切り捨てます。

　ロ　合理的な計算方法による計算

　　（1 m²当たりの工事費用 × 総床面積 － 減価償却費相当額）× 被害割合

　　＝（15.8万円 $^{(注3)}$ × 250 m² － 15.8万円 × 250 m² × 0.031 $^{(注4)}$ × 10年）× 100％

　　＝ 2,725.5万円

　　（注3）　宮城県の1 m²当たりの工事費用（14.6万円）は全国平均（15.8万円）を下回るため、全国平均（15.8万円）を使用できます。

　　（注4）　（注1）と同様です。

　イ ＜ ロ　∴2,725.5万円

② 雑損控除の金額

　損失額 － 所得金額 × 10％ ＝ 2,725.5万円 － 1,200万円 × 10％ ＝ 2,605.5万円

　所得金額1,200万円 ＜ 2,605.5万円

　　∴雑損控除額1,200万円、翌年以降繰越額1,405.5万円

(2) 不動産所得または雑所得の必要経費とする場合

(3,000万円 － 3,000万円 × 0.046$^{(注5)}$ × 10年) ＝ 1,620万円

(注5)　22年の旧定額法償却率を使用します。

不動産所得の金額700万円 ＜ 1,620万円

∴不動産所得の必要経費700万円、残額920万円は切捨て

(3) 有利判定

控除額が多く、かつ残額を翌期に繰り越すことができるため雑損控除が有利

(4) まとめ

　雑損控除は、総所得金額等から控除でき、さらに控除しきれない金額は翌年以降5年間の繰越しが可能ですので、損失額が不動産所得または雑所得を超える場合には、一般的に雑損控除を選択した方が有利と思われます。最終的には双方の損失額の計算方法が異なることにも留意し、いずれかの方法を選択することになります。

9　両親と実家に同居しているケース

Q76 私は父所有の実家に両親とともに同居していますが、東日本大震災で実家が被害を受けました。父は年金収入のみ（所得金額は38万円以下）、母は収入がなく、私は両親を私の扶養親族として毎年確定申告しています。私は雑損控除の適用を受けたいと考えていますが、注意すべき点がありましたら教えてください。

◆ポイント

◇生計を一にする親族が所有する資産の損失も雑損控除の対象となります。

◇ご質問のケースは、お父様と生計を一にしている場合には、お父様所有の自宅について適用を受けられます。

Ⅲ　住宅・家財等に損失を受けた場合の取扱い

A　雑損控除の対象となる資産には、自己と生計を一にする配偶者その他の親族で、その年分の総所得金額等が38万円以下の人（例えば扶養親族として申告しているご家族など）が所有する資産も含まれます。ご質問のケースでは、同居しているお父様の所得金額が38万円以下とのことですので、生計を一にする親族に該当するものと考えられます。したがって、お父様所有の被災資産についても雑損控除の対象とすることができます。

なお、ご質問のケースで、もしお父様が質問者の扶養親族ではなく、他のご親族の扶養に入っている場合は、そのご親族の確定申告において雑損控除の適用を受けることとされています。

10　被災地以外に居住しているケース

Q77　私は単身赴任で東京に居住していますが、自宅（自己所有）が被災地にあり、東日本大震災による損害を受けました。この場合、私は所得税の軽減、免除の適用を受けることができるでしょうか。

◆ポイント
◇通常のケースと同様に災害減免法と雑損控除の選択により所得税の軽減、免除の適用を受けることができます。

A　災害減免法、雑損控除のいずれの制度においても、被災資産の所有者の現住所に関して何ら制限はありません。したがって、被災地以外に居住する納税者であっても災害減免法と雑損控除の選択適用により所得税の軽減、免除の措置を受けることができます。なお、災害減免法の適用においては、被災地以外に存する資産も含めてその適用を受けようとする人の所有するすべての住宅、家財が判定対象になります。例えば災害による資産の損失額が2,000万円生じたとしても、東京に所有する資産3,000万円が無事である場合は、全体の被害割合が２分の１に満たないので、災害減免法の

適用はありません（災害減免法の適用要件については「14　災害減免法による所得税の減免制度の概要」（Q81）をご参照ください）。

11　自宅の除却費用

Q78　私の自宅は東日本大震災で大きく損壊し、修繕が不可能な状態になったため、取り壊すことになりました。この取壊しのために支出する費用は、雑損控除の対象になりますか。

◆ポイント
◇災害関連支出として雑損控除の対象になります。

A　雑損控除は、住宅、家財等の損失額だけでなく、災害に関連して支出を要した費用（「災害関連支出」といいます）も対象になります。震災による自宅の取壊し費用も災害関連支出に含まれますので、雑損控除の対象になります。

12　雑損控除における災害関連支出（事業用資産を除く）

Q79　震災により私の自宅は建物の一部が損壊しましたが、資金を支出して修復する予定です。雑損控除の対象となる損失額には、住宅、家財等の損失額のほか、災害関連支出も含まれると聞きました。具体的にはどのような支出が災害関連支出になるのでしょうか。

◆ポイント
◇災害に関連して支出を要した費用（災害関連支出）も雑損控除の対象になります。
◇災害関連支出とは、次のようなものをいいます。

Ⅲ　住宅・家財等に損失を受けた場合の取扱い

① 災害により滅失または損壊した住宅や家財等の取壊しまたは除去するための費用その他の付随する支出
② 被災資産を使用できるようにするために、その災害がやんだ日の翌日から1年経過する日までに支出した次のようなもの
　イ　災害により生じた土砂その他の障害物を除去するための支出
　ロ　原状回復費用（被災資産の損失の金額に相当する部分を除きます）
　ハ　損壊または価値の減少を防止するための支出（例えば被害の拡大を防止するための家財の搬出費用など）
③ 災害により住宅などに現に被害が生じ、または被害が生じるおそれがある場合に、その被害の拡大を防止するため緊急に必要な措置を講ずるための支出

◇被災直前よりその資産の価値を高め、その耐久性を増すための支出（「資本的支出」といいます）と認められる部分については、災害関連支出には含まれません。

A　**(1) 概要**

　雑損控除は、住宅、家財等の損失額だけでなく、災害関連支出も対象になります。災害関連支出の内容は「ポイント①～③」に記載のとおりですが、おおまかには次のような性質を持ちます。

① **被災した住宅、家財等に関連する支出であること**

　災害関連支出は、いずれも被災した住宅、家財等に関連して支出したものが対象です。したがって、生活雑貨の購入費用などは災害関連支出に該当しません。

② **被災した住宅、家財等の原状回復に充てる支出であること**

　災害関連支出には、被災した住宅、家財等のさらなる被害拡大を防止するための支出や使用可能な状態に修復するための支出が含まれます。新たな資産の購入や災害前よりも資産価値を増加させるような支出は災害関連支出に該当しません。

(2) 具体例

災害関連支出の具体例は次のとおりです。

災害関連支出に該当するもの	災害関連支出に該当しないもの
・滅失、損壊した住宅、家財等の取壊し費用(注1) ・土砂、障害物の除去費用(注2) ・盛り土など土地の原状回復費用(注2) ・自宅の修繕のうち原状回復費用(注2) ・墓石の修復費(注2) ・緊急避難的な家財の搬出費用	・新たな住宅の建築費 ・耐震補強工事など、自宅の価値を増加させる支出 ・仮住まいの賃借料、仮住まいへの引越料、一時的なホテルの宿泊費

（注1） 災害後おおむね1年以内の支出に限ります。
（注2） 災害のやんだ日の翌日から1年以内の支出に限ります。

(3) 原状回復費用（住宅の修繕）

　住宅の修繕に関する支出が、すべて災害関連支出に該当するわけではありません。住宅、家財等の修繕費は、原状回復費用と資本的支出に区分され、資本的支出に該当する部分は災害関連支出に含まれません。ここでいう資本的支出とは、次のような支出をいいます。

① 資産の使用可能期間を延長させる部分に対応する支出
② 資産の価値を増加させる部分に対応する支出

　具体的には、耐震補強工事、強度の高い壁への取替工事など、被災前の資産よりも機能を向上させるような支出などが該当します。

　次に、資本的支出に該当しない支出（原状回復費用）のうち、被災資産の損失額は災害関連支出には含めません。これは、被災資産の損失額は雑損控除の対象であるためです。

　このように、住宅の修繕に関する支出については、修繕費総額から資本的支出と被災資産の損失相当額を除いて災害関連支出を計算することとされています。

　なお、原状回復費用と資本的支出の区分計算を行うことは、実際には困難を伴うことが想定されます。そこで、両者の区分が困難とされる金額のうち

Ⅲ 住宅・家財等に損失を受けた場合の取扱い

30％を原状回復費用、残り70％を資本的支出とすることができる特例が設けられています。

以上、住宅の修繕費と災害関連支出の関係をまとめると次のようになります。

住宅の修繕費のうち、原状回復費用と資本的支出が区分できる場合（原則）

(単位：万円)

被災前住宅時価1,500	
被災後住宅時価1,000	

→ 住宅の損失額 500（雑損控除の対象）
→ 災害関連支出 200（雑損控除の対象）

原状回復費用 700（実額） ／ 資本的支出 2,000（実額）
住宅の修繕費 2,700

> 住宅の修繕費をその支出の内容に応じて原状回復費用と資本的支出に区分します。

住宅の修繕費を特例計算により原状回復費用と資本的支出に分ける場合（特例）

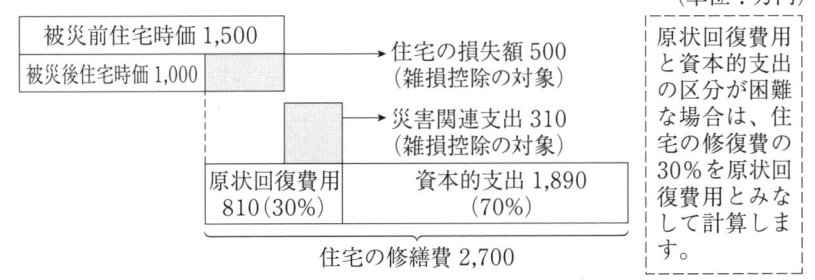

(単位：万円)

被災前住宅時価1,500	
被災後住宅時価1,000	

→ 住宅の損失額 500（雑損控除の対象）
→ 災害関連支出 310（雑損控除の対象）

原状回復費用 810（30％） ／ 資本的支出 1,890（70％）
住宅の修繕費 2,700

> 原状回復費用と資本的支出の区分が困難な場合は、住宅の修復費の30％を原状回復費用とみなして計算します。

13　雑損控除における損害保険金の取扱い

Q80　東日本大震災で自宅が全壊してしまいました。加入する地震保険から損害保険金が出る見込みです。この場合、雑損控除の適用の際に留意する点を教えてください。

◆ポイント

◇雑損控除の計算における損失の金額は、保険金、損害賠償金等により補てんされる部分の金額がある場合、その金額を差し引いた金額とされています。

◇確定申告までに保険金の額が確定しない場合は、見積り額で計算します。

A

(1)　**控除対象の保険金等**

　雑損控除の計算における損失の金額は、保険金、損害賠償金等により補てんされる部分の金額がある場合、その金額を差し引いた金額とされています。具体的には次のようなものが保険金、損害賠償金等に該当します。

①　損害保険契約、火災保険契約に基づく保険金、共済金、見舞金
②　資産の損害の補てんを目的とする任意の互助組織から支払を受ける災害見舞金
③　資産の損失により支払を受ける損害賠償金

　なお、被災者が受けた見舞金、義援金等は、一般的には非課税とされています。また、損害補てんのために支払を受けた保険金等の額が損害額を超える場合のその超える部分の金額は非課税とされています。

(2)　**保険金等が未確定の場合**

　保険金等が確定申告書を提出するときまでに確定していないときは、その受け取ることとなる保険金等を見積り、雑損控除の計算を行いますが、その

Ⅲ　住宅・家財等に損失を受けた場合の取扱い

保険金等が後日確定した場合には、その確定額に基づいて申告内容を修正する必要があります。

14　災害減免法による所得税の減免制度の概要

Q81 住宅、家財について災害損失を受けた場合の所得税の減免制度（災害減免法）について教えてください。

◆ポイント

◇所得金額に応じて所得税の全部または一部が免除される制度（税額控除の制度）です。

◇対象となる人は、災害による損害額が住宅または家財の価額の50％以上であり、かつ所得金額が1,000万円以下の人です。

◇自宅または家財が被災地以外にもある場合は、災害による損害額は、被災地以外に存する資産も含め、すべての自宅または家財の50％以上かどうかで判定します。

◇平成22年分の所得税の計算に適用することも可能です。

◇なお、住民税については、各自治体の条例による減免措置が行われますが、具体的な減免の方法は各自治体の公表内容を確認する必要があります。

A

(1)　制度の概要

住宅または家財について災害損失を受けた場合、雑損控除の適用を受ける方法のほか、災害減免法による所得税の軽減、免除を納税者が選択することもできます（なお、2つの制度の重複適用はできません）。災害減免法の適用のためには、被害割合要件と所得要件の両方を満たす必要があります。

(2) 適用要件（被害割合要件）

① 2分の1以上の損失について

　災害減免法は、災害による住宅または家財の損失額が、住宅または家財の価額の2分の1以上であることが適用要件になっています。なお、住宅または家財の価額の2分の1以上であるかどうかは、その適用を受けようとする人の所有する住宅または家財だけでなく、その人と生計を一にする配偶者その他の親族（その年分の総所得金額等が38万円以下の人に限ります。）の所有する分も含めて判定します。また、住宅または家財を2カ所以上に所有している場合はそれらをすべて合計した価額の2分の1以上の損失が生じているかどうかで判定します。

　ところで災害減免法では、「住宅又は家財」と規定されていますので、いずれかの被害割合が2分の1以上であればこの要件を満たすことになります。

　具体例を示すと次のとおりです。

被害割合の判定（被災地に赴任していたケース）

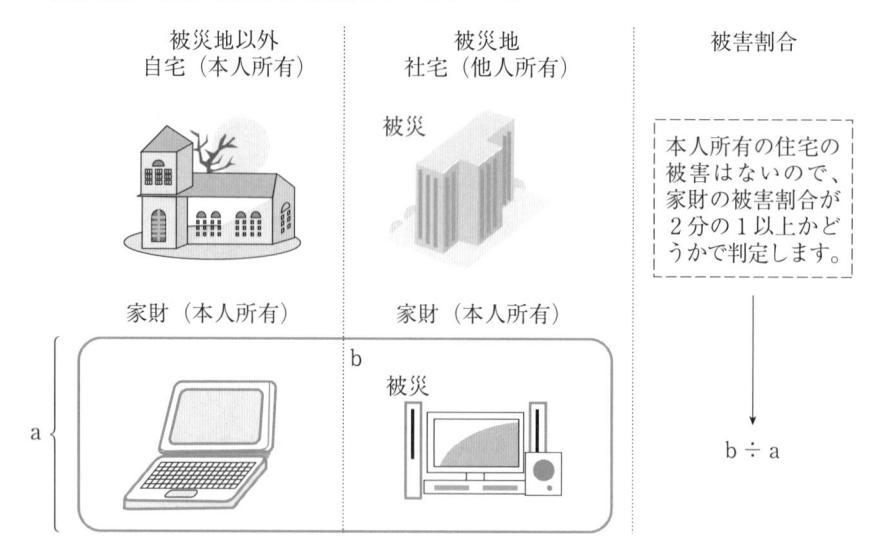

被災地以外 自宅（本人所有）	被災地 社宅（他人所有）	被害割合
（家屋・無傷）	被災	本人所有の住宅の被害はないので、家財の被害割合が2分の1以上かどうかで判定します。
家財（本人所有）	家財（本人所有） 被災	
a { 　　　　　b		b ÷ a

Ⅲ　住宅・家財等に損失を受けた場合の取扱い

被害割合の判定（生計を一にする親族の所有資産が被災したケース）

被災地以外　　　被災地
自宅（本人所有）　住宅
　　　　　　　（生計を一にする親族所有）

被害割合

本人所有と生計を一にする親族所有の資産の合計で被害割合を計算します。この場合、住宅または家財の被害割合のいずれか一方が2分の1以上であれば要件を満たすことになります。

家財（本人所有）　家財（本人所有）

【要件】
いずれかの被害割合が
2分の1以上

B÷A

b÷a

② 住宅、家財の意義

　被害割合の判定対象である住宅、家財は、基本的には雑損控除の対象資産である生活に通常必要とされる住宅、家財に該当します。したがって、別荘、趣味娯楽のための車両、1個または1組の価額が30万円超の貴金属、美術品等は対象になりません。なお、雑損控除の対象となりますが、事業的規模に該当しないアパート、マンションの損失については災害減免法においては、被害割合の判定の対象外になりますのでご注意ください。

(3) 適用要件（所得要件）

　災害減免法は、適用を受けようとする人のその年分の所得金額の合計額(注)が1,000万円以下である場合に適用可能です。
　（注）　次の金額の合計額をいいます。ただし、純損失や雑損失の繰越控除などを受けている場合は、その適用後の金額をいいます。
　　　・総所得金額、退職所得金額および山林所得金額
　　　・分離課税の上場株式等に係る配当所得の金額
　　　・分離課税の土地等に係る事業所得等の金額

- 分離課税の長期譲渡所得および短期譲渡所得の金額(いずれも特別控除後の金額)
- 分離課税の株式等に係る譲渡所得等の金額
- 分離課税の先物取引等に係る雑所得等の金額

(4) 所得税の減免額

この制度の適用を受けると、その年分の所得金額に応じて、所得税額が減免されます。

その年分の所得金額(注)	所得税の減免額
500万円以下	全額免除
500万円超　750万円以下	2分の1の軽減
750万円超　1,000万円以下	4分の1の軽減
1,000万円超	災害減免法の適用なし

(注)　前記「(3)　適用要件(所得要件)」に記載の合計所得金額と同じです。

(5) 適用年

東日本大震災の発生した平成23年分の所得税計算に適用するのが原則ですが、特例として平成22年分の所得税計算において適用することもできます。

(6) 住民税の取扱い

災害減免法の適用範囲は国税ですので、住民税の減免を受けることはできません。しかし、各自治体は条例の定めるところにより住民税の減免を行うことができることとされています。具体的な減免の内容は自治体ごとに異なりますので、詳しくは各市町村の公表内容を確認する必要がありますが、災害減免法が所得金額のみに基づき減免の内容を規定しているのと比較すると、より柔軟な減免措置が講じられる可能性があります。例えば次のように所得の減少の程度と所得金額の組合せで減免の内容を規定する自治体もあります。

〈例〉 A市における所得減少の程度と前年の所得金額による減免額の判定基準

所得減少の程度	前年の所得金額	減免額
10分の5以下	450万円以下	全　額
	450万円超　600万円以下	10分の8
10分の5超　10分の7以下	350万円以下	全　額
	350万円超　450万円以下	10分の8
	450万円超　600万円以下	10分の5

15　災害減免法と雑損控除の有利選択

Q82 災害減免法による所得税の減免制度と雑損控除はいずれかの選択適用と聞いています。有利不利をどのように判断すればよいか教えてください。

◆ポイント

◇災害による損失額が年間の所得金額を超える場合は、雑損控除が有利です。

◇災害による損失額が年間の所得金額以下の場合とは、次のとおりです。

① 所得金額1,000万円を超える人は、災害減免法の適用がありませんので、雑損控除を適用します。

② 所得金額500万円超1,000万円以下の人は個別に有利不利の判定が必要です。

③ 所得金額500万円以下の人は災害減免法が有利です。

A　(1) 概要

有利判定の概要は次表のとおりです。

所得金額	所得金額 ≧ 損失額	所得金額 ＜ 損失額
1,000万円超	雑損控除のみ適用	
750万円超　1,000万円以下	個別判定必要	雑損控除有利
500万円超　750万円以下		
500万円以下	災害減免法有利	

（注）　この判定表は、分離課税の長期譲渡所得および短期譲渡所得に係る特別控除額がないケースを想定しています。特別控除額がある場合は、個々のケースにおいて有利判定を行う必要があります。

(2) 損失額が適用年の所得金額を超える場合

　災害減免法と雑損控除の比較で最も注意すべきは、適用年数の違いです。災害減免法は、適用を受けた1年限りの減免制度ですから、減免額は最大でもその年の所得税額の範囲に限定されます。他方雑損控除は、適用年に控除しきれない金額を翌年以降5年間繰り越すことができるため、トータルの減免額は最大で6年間分の所得税額になる可能性があります。したがって、損失額が適用年の所得金額を超える場合には、雑損控除の方が有利といえます。

(3) 損失額が適用年の所得金額以下の場合

　次に損失額が適用年の所得金額以下の場合について、所得金額の区分ごとに検討します。

① 所得金額が1,000万円を超える場合

　所得金額1,000万円以下であることが災害減免法の適用要件になっています。したがって雑損控除のみ適用可能です。

② 所得金額が500万円超1,000万円以下の場合

　このケースの場合は、所得金額と損失額により有利不利が変動しますので個別の検討が必要です。次の2つのケースで検討します。

Ⅲ 住宅・家財等に損失を受けた場合の取扱い

適用年の給与収入が1,200万円（所得金額970万円）の場合

（単位：万円）

		災害減免法適用	雑損控除適用	備　考
①	給与収入	1,200	1,200	
②	給与所得控除	230	230	
③	所得金額	970	970	①－②
④	雑損控除	—	123	下記ハ
⑤	その他控除	262	262	（注1）
⑥	課税所得	708	585	③－④－⑤
⑦	税　額	99	74	
⑧	減免額	－25	—	25％軽減
⑨	税額（減免後）	74	74	⑦－⑧
イ	災害損失の額		220	（注2）
ロ	控除額		97	③×10％
ハ	雑損失の金額		123	イ－ロ

（注1）　基礎控除38万円、人的控除（38万円×2人）、社会保険料控除（給与収入×12.3％）と仮定しています。

（注2）　災害損失の額220万円（災害関連費用はゼロ）は、両者の税額軽減効果が等しくなる金額を逆算しています。

【ポイント】

- 本ケースは所得金額750万円超1,000万円以下のため、減免される所得税額は1/4相当額の25万円です。
- 災害損失の額220万円のときに雑損控除により軽減される所得税額は25万円です。
- したがって災害損失の額が220万円を超える場合は雑損控除が有利です。

適用年の給与収入が700万円(所得金額510万円)の場合

(単位:万円)

		災害減免法適用	雑損控除適用	備　考
①	給与収入	700	700	
②	給与所得控除	190	190	
③	所得金額	510	510	①－②
④	雑損控除	—	100	下記ハ
⑤	その他控除	208	208	(注1)
⑥	課税所得	302	202	③－④－⑤
⑦	税　額	20	10	
⑧	減免額	－10	—	50%軽減
⑨	税額(減免後)	10	10	⑦－⑧

イ	災害損失の額		151	(注2)
ロ	控除額		51	③×10%
ハ	雑損失の金額		100	イ－ロ

(注1) 基礎控除38万円、人的控除(38万円×2人)、社会保険料控除(給与収入×13.4%)と仮定しています。

(注2) 災害損失の額151万円(災害関連費用はゼロ)は、両者の税額軽減効果が等しくなる金額を逆算しています。

【ポイント】

- 本ケースは所得金額500万円超750万円以下のため、減免される所得税額は1/2相当額の10万円です。
- 災害損失の額151万円のときに雑損控除により軽減される所得税額は10万円です。
- したがって災害損失の額が151万円を超える場合は雑損控除が有利です。

　以上の試算から、損失額が適用年の所得金額以下で、所得金額が500万円超1,000万円以下の場合の有利選択は、おおむね次のようにまとめるこ

とができます。
- 災害損失の額が151万円以下なら災害減免法がおおむね有利。
- 災害損失の額が151万円超220万円の場合は、個別に試算して判定する。
- 災害損失の額が220万円超の場合は雑損控除がおおむね有利。

ただし、上記はあくまで一定の前提の下における判定の目安にすぎません。実際にはその人の所得控除の金額の多寡などにより目安となる金額は変動しますのでご留意ください。

③ **所得金額が500万円以下の場合**

所得金額が500万円以下の場合、災害減免法の適用を受ければ所得税額の全額が免除されますので、災害減免法を選択した方が有利です。

16 住宅ローン控除

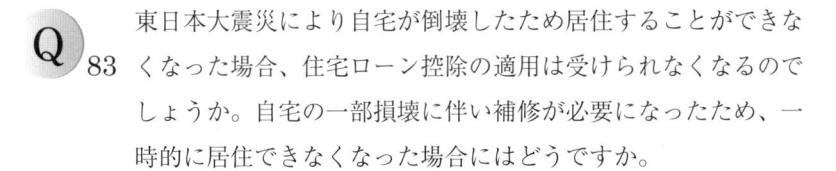

Q83 東日本大震災により自宅が倒壊したため居住することができなくなった場合、住宅ローン控除の適用は受けられなくなるのでしょうか。自宅の一部損壊に伴い補修が必要になったため、一時的に居住できなくなった場合にはどうですか。

◆ポイント

◇大震災による被災のため自宅に居住できなくなった場合でも、居住できなくなった日まで引き続きその自宅に居住していれば、平成23年分について住宅ローン控除の適用を受けることができます。

◇大震災により自宅の一部が損壊したことに伴う補修工事等のため、一時的に居住しないこととなった場合には、その期間も引き続き居住しているものとして、住宅ローン控除の適用を受けることができます。

◇平成24年分以降については、各年の12月31日において住宅借入金等の残高があれば、残りの適用期間につき引き続き住宅ローン控除の適用を受けることができます。

A (1) 平成23年分

　地震や津波により、非常に多くの家屋が全壊や半壊の被害に見舞われました。また、福島第一原子力発電所の事故に伴う避難指示のため自宅に住めなくなってしまった人も、たくさんいらっしゃいます。

　住宅ローン控除は、原則として、家屋をその年の12月31日まで引き続き居住の用に供していることが適用要件とされています。ただし、東日本大震災の災害のため住宅ローン控除の対象となる家屋に居住できなくなった場合には、居住できなくなった日（例えば平成23年3月11日）まで引き続きその家屋に居住していれば、平成23年分については住宅ローン控除の適用を受けることができます（措法41①）。

　なお、家屋の一部が損壊したことにより補修工事が必要となり、一時的にその家屋に居住しないこととなった場合は、その居住しないこととなった期間も引き続き居住しているものとされますので、平成23年分について住宅ローン控除の適用を受けることができます（措通41-2）。

　必要な手続きは、通常の住宅ローン控除と同じです。すなわち、確定申告または年末調整（ただし、適用初年度は確定申告のみ）により住宅ローン控除の適用を受けることになります。

　年末調整により控除を受ける場合に必要となる給与所得者の住宅ローン控除申告書（兼証明書）が消失した場合には、税務署で再発行してもらえます。また、住宅借入金等に係る残高証明書がなくなった場合は、金融機関に再発行の依頼をしてください。

(2) 平成24年分以降

　災害のため住宅ローン控除の対象となる家屋に居住できなくなった場合には、居住できなくなった翌年以後は住宅ローン控除の適用を受けられないのが原則です。

　しかし、東日本大震災が原因で、住宅ローン控除の適用を受けていた家屋に居住できなくなった場合には、平成24年分以後の各年12月31日において住宅借入金等の残高を有していれば、残りの適用期間について引き続き住宅ロ

ーン控除の適用を受けることができることとされました(震法13)。

なお、住宅ローン控除の適用期間は、入居年に応じて次表のとおりと決まっています。

住宅を居住の用に供した日	住宅ローン控除の控除期間
平成11年1月1日～平成13年6月30日	15年
平成13年7月1日～平成18年12月31日	10年
平成19年1月1日～平成20年12月31日	選択により、10年または15年
平成21年1月1日～平成25年12月31日	10年

(3) 住民税

住宅ローン控除の制度は住民税にもありますが、上記(1)および(2)については、住民税も同じ取扱いです。

17 被災した居住用財産を譲渡した場合の特例

Q84 今回の震災で自宅が倒壊しました。被災した自宅を売却し、別の場所で生活を再スタートしたいと考えています。自宅の譲渡について、税制上の優遇はありますか。

◆ポイント

◇自宅やその敷地を譲渡した場合の売却益に対する課税の特例は、震災特例法にはないため、所得税法及び租税特別措置法に設けられている居住用不動産の譲渡に関する特例の適用を検討します。

◇国等へ不動産を譲渡した場合には、一定の優遇措置があります。

A
(1) 居住用財産を譲渡した場合の原則法の取扱い

個人が東日本大震災により被災した居住用財産を譲渡した場合の優遇措置は、今回の震災特例法には織り込まれていません。したがって、所

得税法および租税特別措置法に設けられている居住用不動産の譲渡に関する特例の適用を検討する必要があります。

① **居住用財産の譲渡所得の計算の特例**

　自宅の土地や建物を譲渡した場合には、担税力の観点などから一定の特例制度が設けられています。

　イ　譲渡益が発生する場合

　　居住用財産を譲渡して譲渡益が発生する場合には、次のフローチャートにより特例の適用を検討します。まず売却した自宅に代わる新たな自宅を購入するか否か、次に売却した自宅の所有期間が10年超か否かで判定し、それぞれ該当箇所に記載している特例の適用を受けることができます。

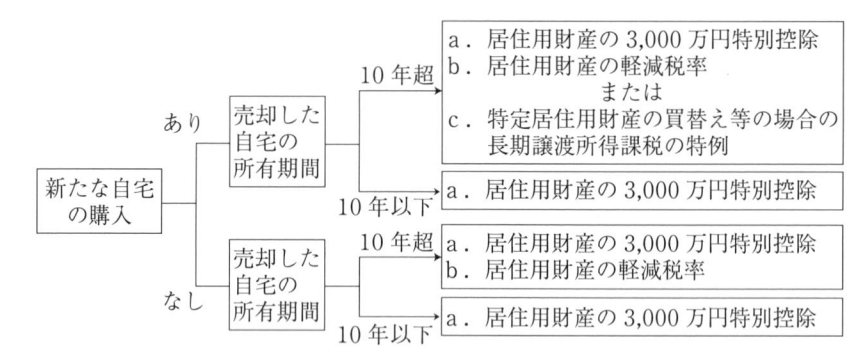

```
                                       ┌─ 10年超 ─→ a. 居住用財産の3,000万円特別控除
                        ┌─ 売却した ──┤           b. 居住用財産の軽減税率
                        │   自宅の    │              または
              ┌─ あり ──┤   所有期間  │           c. 特定居住用財産の買替え等の場合の
              │         │            │              長期譲渡所得課税の特例
              │         │            └─ 10年以下 → a. 居住用財産の3,000万円特別控除
新たな自宅 ──┤
  の購入      │         ┌─ 売却した ──┬─ 10年超 ─→ a. 居住用財産の3,000万円特別控除
              │         │   自宅の    │           b. 居住用財産の軽減税率
              └─ なし ──┤   所有期間  │
                        │            └─ 10年以下 → a. 居住用財産の3,000万円特別控除
```

　　a　譲渡所得から特別控除（3,000万円を限度）を控除して課税所得を計算します。当該特例は居住の用に供さなくなった日から3年以内に居住用財産を譲渡した場合に適用できます。なお、震災により居住の用に供さなくなった場合や、震災の時点で既に居住の用に供していなかった場合において、それぞれ居住の用に供さなくなった日から3年以内にその居住用財産を譲渡したときは、当該特例の適用を受けることができます。

　　b　譲渡所得のうち一定の部分に対して通常20％のところ、14％（所得税10％、住民税4％）に軽減されます。

　　c　一定の部分の譲渡がなかったものとされ、譲渡所得は発生しません。

　　※　a、bの特例は、併用可能です。

Ⅲ 住宅・家財等に損失を受けた場合の取扱い

※ 各特例の適用にあたっては、それぞれ適用要件がありますのでご注意ください。

ロ 譲渡損が発生する場合

居住用財産を譲渡して譲渡損が発生する場合には、次のフローチャートにより特例の適用を検討します。まず、売却した自宅の所有期間が5年超か否か、次に新たな自宅を購入するか否か、最後に新たなローンがあるか否かで判定し、それぞれ該当箇所に記載している特例の適用を受けることができます。

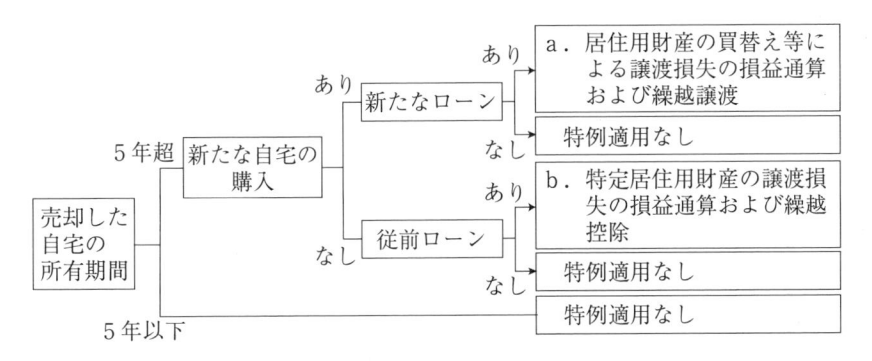

```
                                    ┌─ あり → a. 居住用財産の買替え等に
                     ┌─ 新たなローン ─┤         よる譲渡損失の損益通算
                     │              │         および繰越譲渡
            ┌ あり ─ 新たな自宅の    └─ なし → 特例適用なし
            │       購入            
   5年超 ───┤                      ┌─ あり → b. 特定居住用財産の譲渡損
売却した     │       従前ローン ─────┤         失の損益通算および繰越
自宅の      └ なし ─                │         控除
所有期間                             └─ なし → 特例適用なし
   5年以下 ─────────────────────────────────→ 特例適用なし
```

aおよびbの特例は、一定の方法により計算した譲渡損失を他の所得と損益通算し、他の所得から引ききれない場合は翌年以後3年間繰り越すことができる制度です。

※ 各特例の適用にあたっては、それぞれ適用要件がありますのでご注意ください。

(2) 国等に対して不動産を譲渡した場合の特例

国等に対して不動産を譲渡する場合には、政策上の要請による譲渡であるケースが多いと考えられるため、売却益に対する課税の特例措置が設けられています。今回の震災からの復興の過程で、国や地方公共団体へ不動産を譲渡した場合における、所得税法および租税特別措置法に設けられている特例は次のとおりです。

① **軽減税率の特例**

　イ　優良住宅地造成等のための長期譲渡所得に係る軽減税率（措法31の2）

　　個人が国や地方公共団体に所有期間が5年超（長期譲渡所得）である土地等の譲渡をした場合には、長期譲渡所得に対する税率が20%であるところ、長期譲渡所得の金額のうち2,000万円以下の部分については14%（所得税10%、住民税4%）に軽減されます。

　　※　この規定の適用を受ける場合には、下記の②の特例などとの重複適用に制限がありますのでご注意ください。

　ロ　収用等による短期譲渡所得に係る軽減税率（措法32③）

　　個人が収用等により所有期間が5年以下（短期譲渡所得）である土地等の譲渡をした場合には、短期譲渡所得に対する税率が通常39%であるところ、20%（所得税15%、住民税5%）に軽減されます。

② **収用等の場合の課税の特例制度（措法33、33の4）**

収用等により補償金等を取得し、その補償金等をもって代替資産の取得をした場合には、次のイまたはロのいずれかの規定の適用を受けることができます。

　イ　5,000万円の特別控除

　　譲渡所得の金額から特別控除（5,000万円を限度）をして、課税譲渡所得の金額を計算します。

　ロ　課税の繰延べ

　　収用等に係る譲渡所得の額は、次に掲げる区分に応じ、それぞれの金額となります。

　a　対価補償金等の額 ≦ 代替資産の額の場合

　　譲渡はなかったものとされます。

　b　対価補償金等の額 ＞ 代替資産の額の場合

　　次の算式により計算した金額となります。

$$\left(\text{対価補償金等の額} - \text{代替資産の額}\right) - \text{譲渡資産の取得費} \times \frac{\text{対価補償金等の額} - \text{代替資産の額}}{\text{対価補償金等の額}}$$

Ⅳ 個人事業者が損失を受けた場合の取扱い

1 個人事業者が東日本大震災により被害を受けた場合の震災特例法の措置

Q85 個人事業を営んでいます。震災特例法によって、東日本大震災により棚卸資産や事業用固定資産等に被害を受けた場合の所得税・住民税の特例が設けられたそうですが、その概要を教えてください。

◆ポイント

◇所得税に関する特例
(1) 被災事業用資産の損失の必要経費算入に関する特例
(2) 純損失の繰越控除の特例
(3) 純損失の繰戻還付の特例（青色申告者のみ）

◇住民税に関する特例
(1) 被災事業用資産の損失の必要経費算入に関する特例
(2) 純損失の繰越控除の特例

A 東日本大震災により棚卸資産や事業用固定資産等に被害を受けた個人事業者に対しては、震災特例法において次の特例が設けられました。

(1) 被災事業用資産の損失の必要経費算入に関する特例（所得税と住民税）

個人事業者の事業用資産等に関して東日本大震災により生じた損失額は、損害が発生した平成23年分の必要経費にすることが原則ですが、平成22年分の必要経費にできる特例が設けられました（震法6）。

(2) 純損失の繰越控除の特例（所得税と住民税）

　事業所得等で赤字が生じており、その赤字の金額を他の所得と相殺してもなお相殺しきれない部分の金額（純損失）があるときは、その純損失の金額のうち一定額を翌年以後3年間繰り越して各年の所得から控除できますが、それを5年間繰り越せる特例が設けられました（震法7）。

(3) 純損失の繰戻還付の特例（所得税のみ）

　上記(1)の特例の適用により平成22年分の所得が赤字（純損失）となった青色申告者は、その赤字を平成21年分の所得と相殺して所得税を計算し、平成21年分の所得税を還付請求することができます（震法6、所法140、142）。

　純損失について、翌年以降に繰り越すか（純損失の繰越控除の特例）、前年の所得税の繰戻還付を受けるか（純損失の繰戻還付の特例）は、納税者が選択することができます（純損失の繰戻還付を受けても純損失が残る場合は繰越控除と両方受けられます）。

2　被災事業用資産の損失の必要経費算入に関する特例

Q86　被災事業用資産の損失の必要経費算入に関する特例について詳しく教えてください。

◆ポイント

◇個人事業者の事業用資産等に関して東日本大震災により生じた損失額は、損害が発生した平成23年分の必要経費にすることが原則ですが、平成22年分の必要経費にできる特例が設けられました。

◇この特例の対象となる損失額は、棚卸資産、事業用固定資産、山林、業務用資産について東日本大震災により生じた損失額のうち一定のものです。

◇この特例を受ける場合、既に平成22年分の確定申告書を提出した人は、この特例の適用金額などを記載して平成22年分の修正申告または更正の請求をする必要があります。

Ⅳ　個人事業者が損失を受けた場合の取扱い

◇申告期限の延長制度を受けているため、まだ平成22年分の確定申告書を提出していない人は、延長後の申告期限（まだ定まっていないケースもあります）までに、この特例の適用金額などを記載して平成22年分の確定申告をする必要があります。

A　(1)　**特例の概要**
　被災事業用資産について東日本大震災により生じた損失額については、納税者の選択により、その損失額を平成22年分の必要経費（原則は損失が生じた年）に算入することができます。

　特例の適用を受けるか否かは納税者の任意ですので、状況に応じて選択すればよいわけですが、一般的には、平成22年の所得よりも災害の起きた平成23年の所得の方が低くなると考えられますので、特例を適用して平成22年分の必要経費にした方がよいケースが多いと考えられます。

　なお、この特例により平成22年分の必要経費に算入した損失額は、平成23年分の必要経費に算入することはできません。

(2)　**被災事業用資産の損失の金額**
　この特例の対象となる被災事業用資産の損失額とは、棚卸資産、事業用固定資産、山林、業務用資産について東日本大震災により生じた損失額として次に定めるものをいいます。

①　**棚卸資産震災損失額**
　棚卸資産震災損失額とは、棚卸資産について東日本大震災により生じた損失の金額（東日本大震災に関連して支出したやむを得ない支出※を含みます）です。また、この損失額のうち保険金、損害賠償金その他これらに類するものにより補てんされる金額は、事業所得の金額の計算上、総収入金額に算入されます。

② 　**固定資産震災損失額**
　固定資産震災損失額とは、不動産所得、事業所得または山林所得を生ずべき事業の用に供される固定資産、繰延資産について、東日本大震災により生

じた損失の金額（東日本大震災に関連して支出したやむを得ない支出※を含みます）です。また、この損失額について、保険金、損害賠償金その他これらに類するものにより補てんされる金額がある場合には、その金額を差し引きます。

③ **山林震災損失額**

　山林震災損失額とは、山林について、東日本大震災により生じた損失の金額（東日本大震災に関連して支出したやむを得ない支出※を含みます）です。また、この損失額について、保険金、損害賠償金その他これらに類するものにより補てんされる金額がある場合には、その金額を差し引きます。

④ **業務用資産震災損失額**

　業務用資産震災損失額とは、不動産所得もしくは雑所得を生ずべき業務の用（事業と称するに至らないもの）に供され、またはこれらの所得の基因となる資産について、東日本大震災により生じた損失の金額（東日本大震災に関連して支出したやむを得ない支出※を含みます）です。また、この損失額について、保険金、損害賠償金その他これらに類するものにより補てんされる金額がある場合には、その金額を差し引きます。

　なお、業務用資産震災損失額は、その年分の不動産所得または雑所得の金額を限度として必要経費に算入しますので、純損失の繰越控除・繰戻還付の対象にはなりません。

　事業用か業務用かの判定については、社会通念上事業と称するに至る程度の規模か否かで判定しますが、例えば不動産賃貸業の場合、次のいずれかの基準に当てはまれば、一般的に事業用に該当するものとして取り扱われます。

　　イ　貸間、アパート等については、貸与することのできる独立した室数がおおむね10室以上であること
　　ロ　独立家屋の貸付については、おおむね5棟以上であること

　　※　「東日本大震災に関連して支出したやむを得ない支出」とは、資産の取壊し、除去のための費用、原状回復のための修繕費用、資産の損壊または価値の減少を防止するための費用などをいいます。例えば、滞留した海水を除去する費用やがれきの撤去費用などは東日本大震災に関連して支出したやむを得ない支出に含まれます。

Ⅳ　個人事業者が損失を受けた場合の取扱い

(3) 手続き

　既に平成22年分の確定申告書を提出した人は、この特例の適用金額などを記載して平成22年分の修正申告または更正の請求をする必要があります。なお、更正の請求については、平成24年4月26日が期限となっています。

　申告期限の延長制度を受けているため、まだ平成22年分の確定申告書を提出していない人は、延長後の申告期限（まだ定まっていないケースもあります）までに、この特例の適用金額などを記載して平成22年分の確定申告をする必要があります。

　東日本大震災に関連して支出したやむを得ない支出については、平成22年分の確定申告、修正申告または更正の請求をする日の前日までに支出したものがこの特例の適用対象になります。

3　純損失の繰越控除の特例

Q87　純損失の繰越控除の特例について詳しく教えてください。

◆ポイント

◇事業所得等で赤字が生じており、その赤字の金額を他の所得と相殺してもなお相殺しきれない部分の金額（純損失）があるときは、その純損失の金額のうち一定額について、翌年以後3年間繰り越して各年の所得から控除することができます（原則規定）。

◇東日本大震災の特例措置として、東日本大震災により事業用資産等について被害を受けた人は、純損失のうち一定額について、翌年以後5年間繰り越して各年の所得から控除することができます（特例規定）。

◇この特例の適用を受けるためには、純損失が生じた年分の所得税につき、一定の事項を記載した確定申告書をその提出期限までに提出し、その後において連続して確定申告書を提出する必要があります。

A (1) 純損失の繰越控除（原則規定）

　事業所得等で赤字が生じており、その赤字の金額を他の所得と相殺してもなお相殺しきれない部分の金額（純損失）があるときは、その純損失の金額のうち次に掲げる金額を翌年以後3年間繰り越して各年の所得から控除することができます。

① **青色申告者の場合**

　その年において生じた純損失の金額

② **白色申告者の場合**

　その年において生じた純損失の金額のうち、次の金額の合計額に達するまでの金額

　イ　変動所得の計算上生じた損失の金額

　ロ　被災事業用資産の損失の金額

(2) **純損失の繰越控除の特例（特例規定）**

　東日本大震災により事業用資産等について被害を受けた人の事業所得等で赤字が生じており、その赤字の金額を他の所得と相殺してもなお相殺しきれない部分の金額（純損失）があるときは、その純損失の金額のうち一定額について、翌年以後5年間繰り越して各年の所得から控除することができます。

　なお、業務用資産震災損失額（Q86参照）は、その年分の不動産所得または雑所得の金額を限度として必要経費に算入されるため、当該損失額により純損失が生じることはありません。

　被災純損失金額※については、青色申告者でも白色申告者でも5年間の繰越控除の対象になります。また、被災純損失金額以外の純損失については、純損失の発生した年、被災した事業用資産等の割合、青色申告を行っているか否かなどにより、繰越控除の対象になるか否か、なる場合に何年繰り越すことができるかが異なります。具体的には次のとおりです。

　※　「被災純損失金額」とは、その年において生じた純損失の金額のうち、棚卸資産震災損失額、固定資産震災損失額および山林震災損失額の合計額（(1)②イの損失の金額を除きます）に達するまでの金額をいいます。

Ⅳ 個人事業者が損失を受けた場合の取扱い

① **青色申告者の場合**

被災割合	純損失の内容	平成22年	平成23年	平成24年以降
10％以上	被災純損失金額	5年繰越し	5年繰越し	5年繰越し
	上記以外の純損失の金額	3年繰越し	5年繰越し	3年繰越し
10％未満	被災純損失金額	5年繰越し	5年繰越し	5年繰越し
	上記以外の純損失の金額	3年繰越し	3年繰越し	3年繰越し

イ 平成22年分の所得計算上生じた純損失

　被災事業用資産の損失の必要経費算入に関する特例（事業用資産等に関して東日本大震災により生じた損失額を平成22年分の必要経費にできる特例）の適用により平成22年分に生じた被災純損失金額は5年間の繰越し対象になります。それ以外の純損失の金額は3年間の繰越し対象になります。

ロ 平成23年分の所得計算上生じた純損失

　a 被災割合が10％以上である場合

　平成23年分の純損失の金額のすべてを5年間繰り越すことができます。

　b 被災割合が10％未満である場合

　被災純損失金額のみが5年間の繰越し対象になります。それ以外の純損失の金額は3年間の繰越し対象になります。

ハ 平成24年分以後の所得計算上生じた純損失

　平成24年以後の年において東日本大震災に関連したやむを得ない支出（事業用資産に対するもの）に基因する純損失は被災純損失金額に該当し、5年間の繰越し対象になります。それ以外の純損失の金額は3年間の繰越し対象になります。

【被災割合の計算方法】

$$\frac{事業資産震災損失額^{※1}または不動産等震災損失額^{※2}}{事業用固定資産^{※3}} = 被災割合$$

　※1 「事業資産震災損失額」とは、棚卸資産および事業所得に関する事業用の固定資産について東日本大震災により生じた損失の金額の合計額をいいます。

※2 「不動産等震災損失額」とは、不動産所得または山林所得に関する事業用の固定資産について東日本大震災により生じた損失の金額の合計額をいいます。
※3 「事業用固定資産」とは、土地または土地の上に存する権利以外の固定資産および繰延資産（必要経費に算入されていない部分に限ります）をいいます。

② **白色申告者の場合**

被災割合	純損失の内容	平成22年	平成23年	平成24年以降
10％以上	被災純損失金額	5年繰越し	5年繰越し	5年繰越し
	被災事業用資産の損失の金額（被災純損失金額を除く）※1	3年繰越し	5年繰越し	3年繰越し
	変動所得※2の金額の計算上生じた損失の金額	3年繰越し	5年繰越し	3年繰越し
	上記以外の純損失の金額	繰越不可	繰越不可	繰越不可
10％未満	被災純損失金額	5年繰越し	5年繰越し	5年繰越し
	被災事業用資産の損失の金額（被災純損失金額を除く）※1	3年繰越し	3年繰越し	3年繰越し
	変動所得※2の金額の計算上生じた損失の金額	3年繰越し	3年繰越し	3年繰越し
	上記以外の純損失の金額	繰越不可	繰越不可	繰越不可

※1 白色申告者の場合、災害による事業用資産等の損失額について、東日本大震災によるものと東日本大震災以外の災害によるものとで取扱いが異なります。ここでは、東日本大震災によるものを「被災純損失金額」、東日本大震災以外の災害によるものを「被災事業用資産の損失の金額（被災純損失金額を除く）」としています。
※2 「変動所得」とは、漁獲またはのりの採取から生ずる所得、はまち、まだい、ひらめ、かき、うなぎ、ほたて貝または真珠（真珠貝を含む）の養殖から生ずる所得、原稿または作曲の報酬に係る所得および著作権の使用料に係る所得の金額の合計額をいいます。

Ⅳ 個人事業者が損失を受けた場合の取扱い

イ 平成22年分の所得計算上生じた純損失

　被災事業用資産の損失の必要経費算入に関する特例の適用により平成22年分に生じた被災純損失金額は５年間の繰越し対象になります。被災事業用資産の損失の金額（被災純損失金額を除きます）と変動所得の金額の計算上生じた損失の金額は３年間の繰越し対象であり、それ以外の純損失の金額は繰り越すことができません。

ロ 平成23年分の所得計算上生じた純損失

　a　被災割合が10％以上である場合

　被災純損失金額、被災事業用資産の損失の金額（被災純損失金額を除きます）、変動所得の金額の計算上生じた損失の金額は５年間の繰越し対象になります。それ以外の純損失の金額は繰り越すことができません。

　b　被災割合が10％未満である場合

　被災純損失金額のみが５年間の繰越し対象になります。被災事業用資産の損失の金額（被災純損失金額を除きます）と変動所得の金額の計算上生じた損失の金額は３年間の繰越し対象であり、それ以外の純損失の金額は繰り越すことができません。

ハ 平成24年分以後の所得計算上生じた純損失

　平成24年以後の年において東日本大震災に関連したやむを得ない支出（事業用資産に対するもの）に基因する純損失は被災純損失金額に該当し、５年間の繰越し対象になります。被災事業用資産の損失の金額（被災純損失金額を除きます）と変動所得の金額の計算上生じた損失の金額は３年間の繰越し対象であり、それ以外の純損失の金額は繰り越すことができません。

　※　被災割合の計算については、上記①をご覧ください。

③ **手続き**

　純損失の繰越控除の特例を受けるためには、純損失が生じた年分の所得税につき、一定の事項を記載した確定申告書をその提出期限までに提出し、その後において連続して確定申告書を提出する必要があります。

4　純損失の繰戻還付の特例

Q88 純損失の繰戻還付の特例について詳しく教えてください。

◆ポイント

◇青色申告者が被災事業用資産の損失の必要経費算入に関する特例により損失額を平成22年分の必要経費とした結果、平成22年分の所得が赤字（純損失）になったときは、その純損失の金額を平成21年分に生じたものとして、平成21年分の所得税の還付（純損失の繰戻還付）を請求することができます。

◇この特例の適用を受ける場合、既に平成22年分の確定申告書を提出した人は、この特例の適用金額などを記載して平成22年分の修正申告または更正の請求と繰戻還付請求をする必要があります。

◇申告期限の延長制度を受けているため、まだ平成22年分の確定申告書を提出していない人は、この特例の適用金額などを記載して平成22年分の確定申告と繰戻還付請求をする必要があります。

A
(1)　特例の概要

　青色申告者が被災事業用資産の損失の必要経費算入に関する特例を適用して損失額を平成22年分の必要経費とした結果、平成22年分の所得が赤字（純損失）になったときは、その純損失の金額を平成21年分に生じたものとして、平成21年分の所得税の還付（純損失の繰戻還付）を請求することができます。

　純損失について、翌年以降に繰り越すか（純損失の繰越控除の特例）、前年の所得税の繰戻還付を受けるか（純損失の繰戻還付の特例）は、納税者が選択することができます（純損失の繰戻還付を受けても純損失が残る場合は繰越控除と両方受けられます）。

Ⅳ　個人事業者が損失を受けた場合の取扱い

　また、平成22年分の純損失の金額のうちに、東日本大震災により生じた事業用資産の損失額に基因する純損失（被災純損失金額）とその他の純損失がある場合には、その双方の純損失の金額が繰戻還付の対象になります。なお、この場合においては、後者の純損失の金額を優先して繰戻還付の対象とします。結果として、純損失の繰越控除の特例により5年間繰り越すことができる被災純損失金額が多く残ります。

　住民税については、純損失の繰戻還付の制度はありません。

【具体例】

　青色申告者

　平成21年分の事業所得　　200

　平成22年分の純損失　　　500（被災純損失金額400、その他の純損失100）

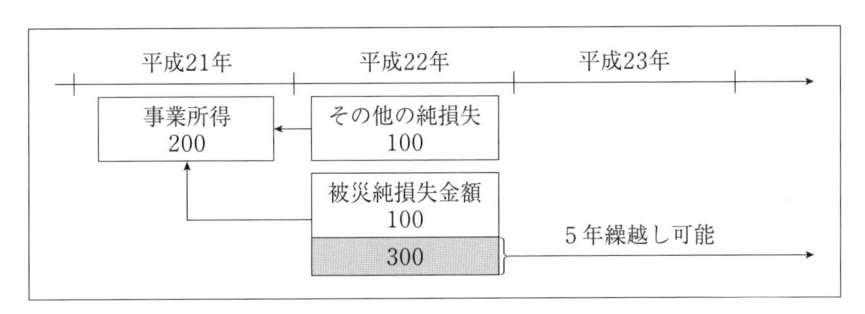

平成21年	平成22年	平成23年
事業所得200 ←	その他の純損失100	
↑	被災純損失金額100 / 300	5年繰越し可能 →

　その他の純損失を優先して繰戻還付の計算を行いますので、その他の純損失100と被災純損失金額のうち100が繰戻還付の計算対象になります。したがって、繰戻還付の計算対象にしない被災純損失金額300（400－100）は、純損失の繰越控除の特例により5年間繰り越すことができます。

(2)　**手続き**

　既に平成22年分の確定申告書を提出した人は、この特例の適用金額などを記載して平成22年分の修正申告または更正の請求と繰戻還付請求をする必要があります。

　申告期限の延長制度を受けているためまだ平成22年分の確定申告書を提出

していない人は、この特例の適用金額などを記載して平成22年分の確定申告と繰戻還付請求をする必要があります。

5　事業用資産等の損失の金額の計算方法

Q89 私は飲食店を営んでいますが、東日本大震災により店舗の一部が損壊しました。損壊直前の店舗の帳簿価額、損壊直後の店舗の時価、店舗の損壊により受け取る保険金、店舗の復旧費用は次のとおりです。この場合に損失額および修繕費相当額として必要経費に算入できる金額を教えてください。

損壊直前の店舗の帳簿価額	1,000万円
損壊直後の店舗の時価	600万円
店舗の損壊により受け取る保険金	300万円
店舗の復旧費用	1,500万円

◆ポイント

◇店舗の損壊による損失額と店舗の復旧費用のうち修繕費相当額（資本的支出以外の部分）は必要経費に算入できます。

◇店舗の復旧費用は、資本的支出と原状回復費用に分ける必要があります。

◇さらに、原状回復費用のうち、未償却残高（通常は帳簿価額）から損失発生直後のその資産の時価を控除した残額に相当する金額までは資本的支出に該当し、残りの金額を修繕費相当額として必要経費に算入します。

A 店舗の損壊による損失額と店舗の復旧費用のうち修繕費相当額（資本的支出以外の部分）は、必要経費に算入できます。

(1) 店舗の損壊による損失額

店舗の損壊による損失額は、次の算式により計算した100万円となります。

（未償却残高（通常は帳簿価額）－ 損失発生直後のその資産の時価）
－ 保険金等 ＝ 店舗の損壊による損失額

（1,000万円 － 600万円）－ 300万円 ＝ 100万円

(2) 店舗の復旧費用のうち修繕費として必要経費に算入する金額（資本的支出以外の部分）

店舗の復旧費用は、資本的支出と原状回復費用に分ける必要があります。さらに、原状回復費用のうち、未償却残高（通常は帳簿価額）から損失発生直後のその資産の時価を控除した残額に相当する金額までは資本的支出に該当し、残りの金額を修繕費相当額として必要経費に算入します。

① 店舗の復旧費用の全額が原状回復のための費用の場合

店舗の復旧費用の全額が原状回復のための費用の場合は、原状回復費用1,500万円のうち未償却残高（通常は帳簿価額）1,000万円から損失発生直後のその資産の時価600万円を控除した残額400万円は資本的支出に該当し、残りの金額1,100万円を修繕費相当額として必要経費に算入します。

② 店舗の復旧費用のうち原状回復のための費用の把握が困難な場合

店舗の復旧費用のうち原状回復のための費用の把握が困難な場合は、その費用の額の30％相当額を原状回復費用とすることができます。したがって、店舗の復旧費用1,500万円 × 30％ ＝ 450万円が原状回復費用となります。

原状回復費用450万円のうち未償却残高（通常は帳簿価額）1,000万円から損失発生直後のその資産の時価600万円を控除した残額400万円は資本的支出に該当し、残りの金額50万円を修繕費相当額として必要経費に算入します。

参考：上記の計算を図で示した場合

① 店舗の復旧費用の全額が原状回復のための費用の場合

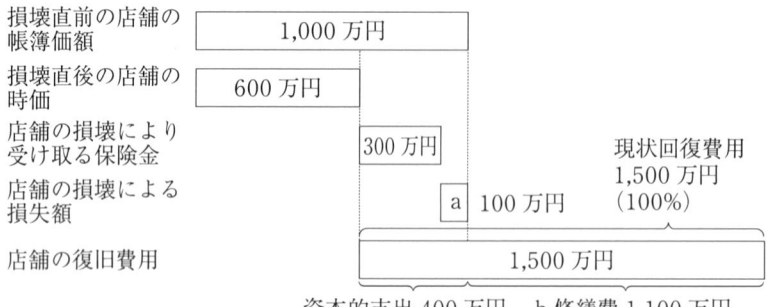

損壊直前の店舗の帳簿価額	1,000万円
損壊直後の店舗の時価	600万円
店舗の損壊により受け取る保険金	300万円
店舗の損壊による損失額	a 100万円

現状回復費用 1,500万円（100％）

店舗の復旧費用　1,500万円

資本的支出 400万円　b 修繕費 1,100万円

【必要経費に算入される金額】
a　店舗の損壊による損失額　100万円
b　修繕費相当額として必要経費に算入する金額　1,100万円

② 店舗の復旧費用のうち原状回復のための費用の把握が困難な場合

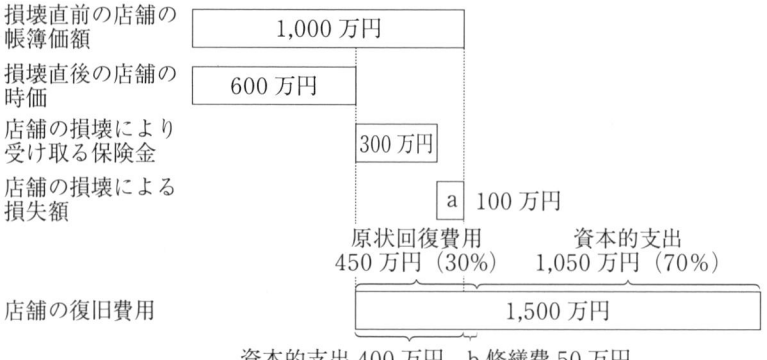

損壊直前の店舗の帳簿価額	1,000万円
損壊直後の店舗の時価	600万円
店舗の損壊により受け取る保険金	300万円
店舗の損壊による損失額	a 100万円

原状回復費用 450万円（30％）　資本的支出 1,050万円（70％）

店舗の復旧費用　1,500万円

資本的支出 400万円　b 修繕費 50万円

【必要経費に算入される金額】
a　店舗の損壊による損失額　100万円
b　修繕費相当額として必要経費に算入する金額　450万円 − 400万円 ＝ 50万円

Ⅳ 個人事業者が損失を受けた場合の取扱い

6 青色申告者が東日本大震災による事業用資産の損失について適用できる特例

Q90 青色申告者は東日本大震災による事業用資産の損失について、どのような特例の適用が考えられますか。また、特例を受けられる場合としてどのようなケースが考えられますか。

◆ポイント
◇被災事業用資産の損失の必要経費算入に関する特例、純損失の繰戻還付の特例、純損失の繰越控除の特例の適用が考えられます。

A 特例の適用が受けられる場合として次のケースが考えられます。

【青色申告者 ケース1】

純損失の繰越控除の特例の適用

```
     平成21年   平成22年   平成23年
  ├────────┼────────┼───×────┼──────→
                            震災損失
                              5年繰越し可能
```

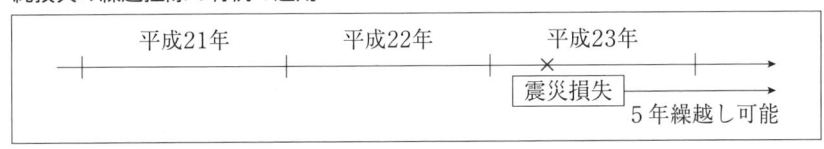

青色申告者は東日本大震災による事業用資産の損失について5年間繰り越すことができます。

【青色申告者 ケース2】

被災事業用資産の損失の必要経費算入に関する特例の適用

```
     平成21年   平成22年   平成23年
  ├────────┼────────┼───×────┼──────→
                     ↑      震災損失
              平成22年分での適用
```

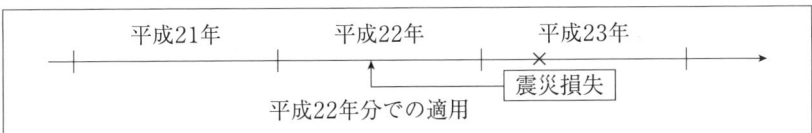

青色申告者は東日本大震災による事業用資産の損失について、平成22年分の必要経費に算入することができます。

159

【青色申告者　ケース3】

被災事業用資産の損失の必要経費算入に関する特例と純損失の繰越控除の特例の適用

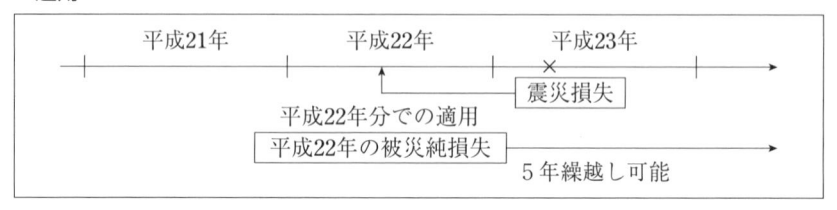

```
        平成21年        平成22年        平成23年
  ├──────┼──────┼──×───┼──────→
                                      震災損失
              平成22年分での適用
              平成22年の被災純損失
                              5年繰越し可能
```

　青色申告者は東日本大震災による事業用資産の損失について、平成22年分の必要経費に算入したことにより平成22年において生じた被災純損失金額は5年間繰り越すことができます。

【青色申告者　ケース4】

被災事業用資産の損失の必要経費算入に関する特例と純損失の繰戻還付の特例の適用

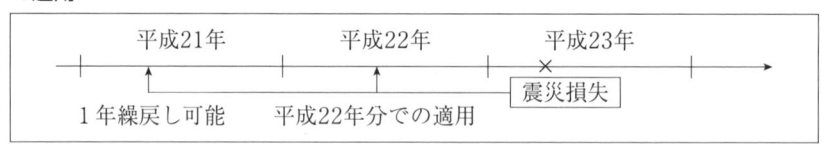

```
        平成21年        平成22年        平成23年
  ├──────┼──────┼──×───┼──────→
                                      震災損失
    1年繰戻し可能    平成22年分での適用
```

　青色申告者は東日本大震災による事業用資産の損失について、平成22年分の必要経費に算入したことにより平成22年に純損失の金額が生じたときは、その純損失の金額を平成21年分に繰り戻して還付請求することができます。

【青色申告者　ケース5】

被災事業用資産の損失の必要経費算入に関する特例と純損失の繰戻還付の特例と純損失の繰越控除の特例の適用

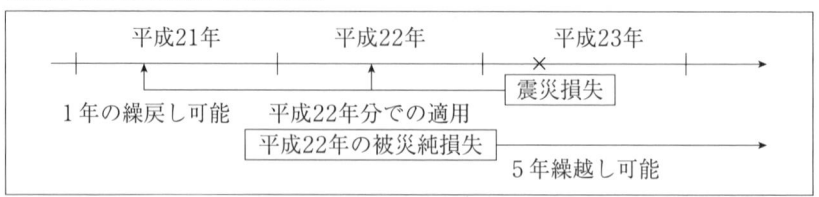

```
        平成21年        平成22年        平成23年
  ├──────┼──────┼──×───┼──────→
                                      震災損失
    1年の繰戻し可能   平成22年分での適用
                    平成22年の被災純損失
                              5年繰越し可能
```

　青色申告者は東日本大震災による事業用資産の損失について、平成22年分

IV 個人事業者が損失を受けた場合の取扱い

の必要経費に算入したことにより平成22年に純損失の金額が生じたときは、その純損失の金額を平成21年分に繰り戻して還付請求することができます。また、平成22年において生じた被災純損失金額（純損失の繰戻還付の対象となったものは除きます）は5年間繰り越すことができます。

7 白色申告者が東日本大震災による事業用資産の損失について適用できる特例

Q91 白色申告者は東日本大震災による事業用資産の損失について、どのような特例の適用が考えられますか。また、特例を受けられる場合としてどのようなケースが考えられますか。

◆ポイント
◇被災事業用資産の損失の必要経費算入に関する特例、純損失の繰越控除の特例の適用が考えられます。
◇白色申告者は、純損失の繰戻還付の特例の適用を受けることができません。

A 特例を受けられる場合として次のケースが考えられます。

【白色申告者　ケース1】
純損失の繰越控除の特例の適用

平成21年	平成22年	平成23年
		震災損失
		5年繰越し可能

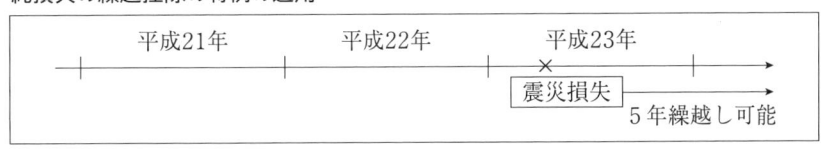

白色申告者は東日本大震災による事業用資産の損失について5年間繰り越すことができます。

第1部　個人編

【白色申告者　ケース2】

被災事業用資産の損失の必要経費算入に関する特例の適用

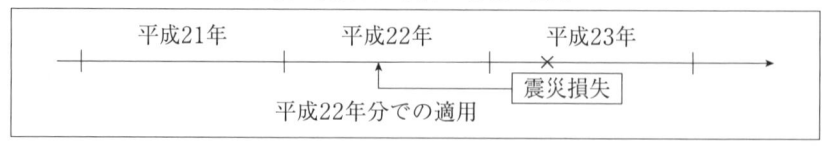

```
       平成21年      平成22年      平成23年
   ├─────┼─────┼──×──┼─────→
                 ├────────┤
                        │震災損失│
              平成22年分での適用
```

　白色申告者は東日本大震災による事業用資産の損失について、平成22年分の必要経費に算入することができます。

【白色申告者　ケース3】

被災事業用資産の損失の必要経費算入に関する特例と純損失の繰越控除の特例の適用

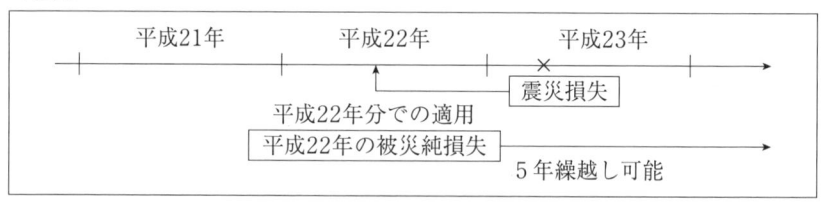

```
       平成21年      平成22年      平成23年
   ├─────┼─────┼──×──┼─────→
                 ├────────┤
                        │震災損失│
              平成22年分での適用
              │平成22年の被災純損失│
                              │ 5年繰越し可能 │
```

　白色申告者は東日本大震災による事業用資産の損失について、平成22年分の必要経費に算入したことにより平成22年において生じた被災純損失金額は5年間繰り越すことができます。

8　災害損失特別勘定

Q92　修繕費用の見積り額を災害損失特別勘定に繰り入れると必要経費に算入できると聞きました。具体的な取扱いについて教えてください。

◆ポイント

◇平成24年1月1日から同年3月11日までの間に支出すると見込まれる一定の修繕費用の適正な見積り額を災害損失特別勘定に繰り入れたときは、その繰り入れた金額を平成23年分の事業所得等の必要経費に算

入することができます。
◇対象となる修繕費用は被災事業資産の取壊しまたは除去のために要する費用などです。
◇災害損失特別勘定として繰り入れた金額は、原則として平成24年分の事業所得等の金額の計算上、総収入金額に算入します。

A (1) 概要

　平成24年1月1日から同年3月11日までの間に支出すると見込まれる一定の修繕費用の適正な見積り額を災害損失特別勘定に繰り入れたときは、その繰り入れた金額を平成23年分の事業所得等の必要経費に算入することができます。つまり、この規定を受けることにより、早期に必要経費を計上できるため納税を先送りする効果があります（所費通）。

(2) **対象となる修繕費用**

　この規定の対象となる修繕費用は、被災事業資産の修繕等のために要する費用で平成24年1月1日から同年3月11日までに支出すると見込まれる次の①から④に掲げる費用の見積り額です。ただし、保険金等により補てんされる金額がある場合には、その保険金等を控除した残額が対象となります。

① 被災事業資産の取壊しまたは除去のために要する費用
② 大震災により生じた土砂その他の障害物の除去に要する費用その他これらに類する費用
③ 被災事業資産の原状回復のための修繕費（補強工事、排水または土砂崩れ防止等のために支出する費用を含みます）
④ 被災事業資産の損壊またはその価値の減少を防止するために要する費用

(3) **災害損失特別勘定の取崩し**

　災害損失特別勘定として繰り入れた金額は、原則として平成24年分の事業所得等の金額の計算上、総収入金額に算入します。ただし、被災事業資産に

9　農業を営んでいる場合

Q93 農業を営んでいますが、東日本大震災により収穫前、収穫後の農作物、田畑、農業用機械などが被害を受けました。この場合の所得税・住民税の取扱いについて教えてください。

◆ポイント

◇収穫前、収穫後にかかわらず農作物に関する損失は、平成22年分の必要経費（原則は平成23年分の必要経費）に算入することができます。

◇田畑については沈下による損失や泥の除去、地質改良などの原状回復のために支出した費用を平成22年分の必要経費（原則はその費用が発生した日の属する年分の必要経費）に算入することができます。

◇農業用機械については、その被害を受けた損失額を平成22年分の必要経費（原則は平成23年分の必要経費）に算入することができます。また、その農業用機械について行った修繕費用は平成22年分の必要経費（原則はその費用が発生した日の属する年分の必要経費）に算入することができます。

A　(1)　収穫前、収穫後の農作物の取扱い

収穫前、収穫後にかかわらず農作物に関する損失は、平成22年分の必要経費（原則は平成23年分の必要経費）に算入することができます。なお、その収穫前の作物に係る損失に関し共済金が支給された場合、その共済金は、原則として平成23年分の事業（農業）所得の金額の計算上、総収入金額に算入することとなりますが、納税者が作物に係る損失の金額を平成22年分の事業（農業）所得の金額の計算上、必要経費に算入した場合には、その

IV 個人事業者が損失を受けた場合の取扱い

共済金のうちその損失に補てんされる金額は、平成22年分の事業（農業）所得の金額の計算上、総収入金額に算入することとなります。

(2) **田畑の取扱い**

田畑の沈下による損失や泥の除去、地質改良などの原状回復のために支出した費用は原則としてその費用が発生した日の属する年分の必要経費に算入しますが、その費用を平成22年分の確定申告書、修正申告書または更正請求書の提出の日の前日までに支出した場合、その費用は、納税者の選択により、平成22年分の事業（農業）所得の必要経費に算入することができます。

(3) **農業用機械などの事業用資産の取扱い**

減価償却資産である農業用機械、ビニールハウス等が滅失した場合、その損失の金額（未償却残高）は、納税者の選択により、平成22年分または平成23年分の事業（農業）所得の金額の必要経費に算入することとなります。

農業用機械、ビニールハウス等が損壊したため修繕した場合、その修繕費用（原状回復費用）は、原則としてその修繕費用の発生した日の属する年分の事業（農業）所得の金額の計算上必要経費に算入しますが、その費用を平成22年分の確定申告書、修正申告書、または更正請求書の提出の日の前日までに支出した場合、その費用は納税者の選択により、平成22年分の事業（農業）所得の必要経費に算入することができます。

10 畜産業を営んでいる場合

Q94 畜産業を営んでいますが、東日本大震災により家畜、牧場、畜産用車両、畜舎などが被害を受けました。この場合の所得税・住民税の取扱いについて教えてください。

◆ポイント

◇家畜に関する損失は、平成22年分の必要経費（原則は平成23年分の必

要経費）に算入することができます。

◇牧場について沈下による損失や泥の除去、地質改良などの原状回復のために支出した費用は、平成22年分の必要経費（原則はその費用が発生した日の属する年分の必要経費）に算入することができます。

◇畜産用車両、畜舎などについては、その被害を受けた損失額を平成22年分の必要経費（原則は平成23年分の必要経費）に算入することができます。また、その畜産用車両、畜舎などについて行った修繕費用は平成22年分の必要経費（原則はその費用が発生した日の属する年分の必要経費）に算入することができます。

A (1) **家畜の損失**

棚卸資産である家畜が死亡した場合、その家畜に係る損失の金額は、納税者の選択により、平成22年分または平成23年分の事業（農業）所得の金額の計算上、必要経費に算入することとなります。なお、その死亡した家畜の損失に係る共済金が支給された場合、その共済金は、原則として平成23年分の事業（農業）所得の金額の計算上、総収入金額に算入することとなりますが、納税者が家畜に係る損失の金額を平成22年分の事業（農業）所得の金額の計算上必要経費に算入した場合には、その共済金のうちその損失に補てんされる金額は、平成22年分の事業（農業）所得の金額の計算上、総収入金額に算入することとなります。

減価償却資産である家畜が死亡した場合、その損失の金額（未償却残高）は、納税者の選択により、平成22年分または平成23年分の事業（農業）所得の金額の計算上、必要経費に算入することとなります。なお、家畜の損失に係る共済金が支給された場合、その家畜に係る損失の金額からその共済金を控除した金額を必要経費に算入することとなります。

(2) **牧場の取扱い**

滞留した海水や泥を除去する費用や地質改良に要した費用（原状回復費用）は、原則としてその費用が発生した日の属する年分の必要経費に算入し

Ⅳ 個人事業者が損失を受けた場合の取扱い

ますが、その費用を平成22年分の確定申告書等の提出の日の前日までに支出した場合、その費用は、納税者の選択により、平成22年分の事業（農業）所得の金額の計算上、必要経費に算入することができます。

(3) **畜産用車両、畜舎などの取扱い**

　減価償却資産である畜産用車両、畜舎等が滅失した場合、その損失の金額（未償却残高）は、納税者の選択により、平成22年分または平成23年分の事業（農業）所得の金額の計算上、必要経費に算入することとなります。

　畜産用車両、畜舎等が損壊したため修繕した場合、その修繕費用（原状回復費用）は、原則としてその修繕費用の発生した日の属する年分の必要経費に算入しますが、その修繕費用を平成22年分の確定申告書等の提出の日の前日までに支出した場合、その修繕費用は、納税者の選択により、平成22年分の事業（農業）所得の金額の計算上、必要経費に算入することができます。

11　漁業を営んでいる場合

Q95 漁業を営んでいますが、東日本大震災により冷凍して保管していた魚、漁船などが被害を受けました。この場合の所得税・住民税の取扱いについて教えてください。

◆ポイント
◇冷凍して保管していた魚に関する損失は、平成22年分の必要経費（原則は平成23年分の必要経費）に算入することができます。
◇漁船については、その被害を受けた損失額を平成22年分の必要経費（原則は平成23年分の必要経費）に算入することができます。また、漁船について行った修繕費用も平成22年分の必要経費（原則はその費用が発生した日の属する年分の必要経費）に算入することができます。

A (1) **冷凍して保管していた魚の取扱い**

　　冷凍して保管していた魚に関する損失は、納税者の選択により平成22年分の必要経費（原則は平成23年分の必要経費）に算入することができます。

(2) **漁船の取扱い**

　漁船、機械等が滅失した場合、その損失の金額（未償却残高）は、納税者の選択により、平成22年分の必要経費（原則は平成23年分の必要経費）に算入することができます。

　また、減価償却資産である漁船、機械が損壊したため修繕した場合、その修繕費用（原状回復費用）は、原則としてその修繕費用の発生した日の属する年の事業所得の金額の必要経費に算入することとなりますが、その修繕費用を平成22年分の確定申告書等の提出の日の前日までに支出した場合には、その修繕費用は納税者の選択により、平成22年分の事業所得の必要経費に算入することができます。

12　不動産賃貸業を営んでいる場合

Q96　私が所有している賃貸マンションが東日本大震災により被害を受けました。この場合の所得税・住民税の取扱いについて教えてください。

◆ポイント

◇不動産賃貸業の規模が事業的規模か否かの判定が必要です。

◇不動産賃貸業が事業的規模に該当する場合には、事業所得に関する事業を行っている人と同様に、被災事業用資産の損失の必要経費算入に関する特例、純損失の繰戻還付の特例、純損失の繰越控除の特例の適用が考えられます。なお、雑損控除（Q69参照）の適用は受けられません。

Ⅳ　個人事業者が損失を受けた場合の取扱い

◇不動産賃貸業が事業的規模に該当しない場合には、必要経費として計上できる資産損失の金額は資産損失控除前の不動産所得の金額を限度とします。なお、不動産所得の必要経費とする方法に代えて雑損控除の適用を受けることができます。

◇不動産賃貸業の規模が事業的規模か否かにかかわらず、不動産所得の赤字のうち、土地等を取得するために要した借入金の利子に相当する部分の金額は、他の所得と損益通算することはできません。

A　(1)　不動産賃貸業の規模が事業的規模か否かの判定

不動産賃貸業を行っている場合は、その不動産賃貸業が事業的規模か否かによって、所得金額の計算上の取扱いが異なります。不動産賃貸業の規模が事業的規模か否かの判定は、社会通念上事業と称するに至る程度の規模で貸付を行っているかどうかにより判定しますが、建物の貸付については、次のいずれかの基準に当てはまれば、一般的に事業的規模で行っているものとして取り扱われます。

① 貸間、アパート等については、貸与することのできる独立した室数がおおむね10室以上であること
② 独立家屋の貸付については、おおむね5棟以上であること

(2)　事業的規模で不動産賃貸業を営んでいる場合

不動産賃貸業が事業的規模に該当する場合には、事業所得に関する事業を行っている人と同様に、被災事業用資産の損失の必要経費算入に関する特例、純損失の繰戻還付の特例（青色申告者）、純損失の繰越控除の特例の適用が考えられます。なお、雑損控除（Q69参照）の適用は受けられません。

(3)　事業的規模でない不動産賃貸業を営んでいる場合

不動産賃貸業が事業的規模に該当しない場合でも、被災事業用資産の損失の必要経費算入に関する特例の適用を受けることはできますが、必要経費に算入することができる金額は、特例適用前の不動産所得の金額を限度としま

す。したがって、この特例の適用により不動産所得が赤字になることはありませんので、他の所得との損益通算、純損失の繰戻還付の特例、純損失の繰越控除の特例の適用はありません。なお、不動産所得の必要経費とする方法に代えて雑損控除の適用を受けることができます。被災事業用資産の損失の必要経費算入に関する特例と雑損控除との関係は次のとおりです。

【ケース1】

被災直前の時価 > 被災直後の時価 > 被災直前の帳簿価額の場合、被災直前の時価から被災直後の時価を控除した金額が雑損控除の対象になります。なお、資産損失（被災事業用資産の損失の必要経費算入に関する特例の適用が受けられる損失）の対象となる金額はありません。

```
被災直前の時価     [                                    ]
被災直後の時価     [              ]←―――――――――――→
                                   雑損控除の対象となる金額
被災直前の帳簿価額  [      ]
```

【ケース2】

被災直前の時価 > 被災直前の帳簿価額 > 被災直後の時価の場合、被災直前の時価から被災直後の時価を控除した金額を雑損控除の対象とするか、被災直前の帳簿価額から被災直後の時価を控除した金額を資産損失の対象とするか、いずれかを選択して適用することになります。

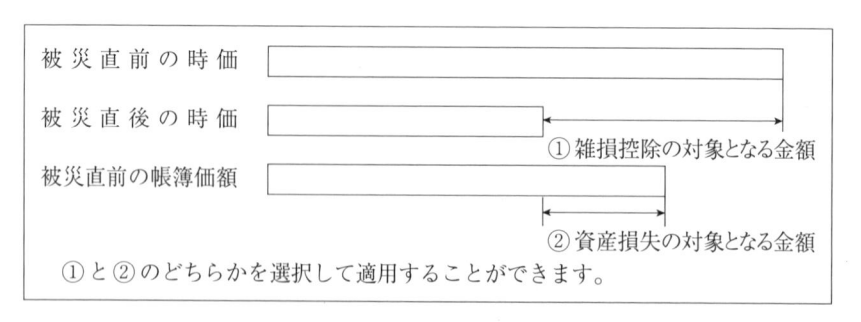

```
被災直前の時価     [                                    ]
被災直後の時価     [              ]←―――――――――――→
                                   ①雑損控除の対象となる金額
被災直前の帳簿価額  [                    ]
                                   ←―――――→
                                   ②資産損失の対象となる金額

①と②のどちらかを選択して適用することができます。
```

Ⅳ　個人事業者が損失を受けた場合の取扱い

【ケース３】
　被災直前の帳簿価額 ＞ 被災直前の時価 ＞ 被災直後の時価の場合、被災直前の時価から被災直後の時価を控除した金額は雑損控除の対象とし、被災直前の帳簿価額から被災直前の時価を控除した金額を資産損失の対象とする方法と被災直前の帳簿価額から被災直後の時価を控除した金額を資産損失の対象とする方法のいずれかを選択して適用することができます。

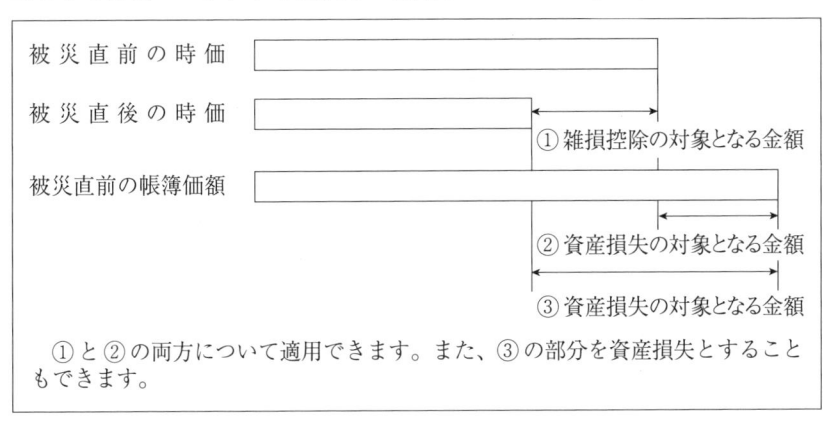

```
被災直前の時価　　　┌──────────────┐
　　　　　　　　　　└──────────────┘
被災直後の時価　　　┌──────┐
　　　　　　　　　　└──────┘←────────→
　　　　　　　　　　　　　　　①雑損控除の対象となる金額
被災直前の帳簿価額　┌────────────────┐
　　　　　　　　　　└────────────────┘
　　　　　　　　　　　　　　　　　　　　　←──→
　　　　　　　　　　　　　　　②資産損失の対象となる金額
　　　　　　　　　　　　　　　③資産損失の対象となる金額
```
　①と②の両方について適用できます。また、③の部分を資産損失とすることもできます。

(4) 土地等を取得するために要した借入金の利子がある場合

　不動産賃貸業の規模が事業的規模か否かにかかわらず、不動産所得の赤字のうち、土地等を取得するために要した借入金の利子に相当する部分の金額は、他の所得と損益通算することはできません。
　この場合の土地等を取得するために要した負債の利子の額に相当する部分の金額は、次に掲げる区分に応じ、それぞれに掲げる金額になります。
　①　その年分の不動産所得の金額の計算上、必要経費に算入した土地等を取得するために要した負債の利子の額が、その不動産所得の金額の計算上生じた赤字の金額を超える場合

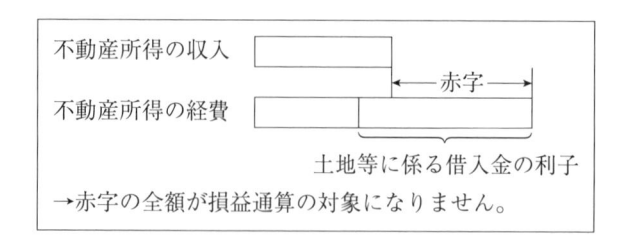

```
┌─────────────────────────┐
│ 不動産所得の収入  │         │
├─────────────────────────┤←赤字→
│ 不動産所得の経費  │         │
└─────────────────────────┘
              土地等に係る借入金の利子
→赤字の全額が損益通算の対象になりません。
```

② その年分の不動産所得の金額の計算上、必要経費に算入した土地等を取得するために要した負債の利子の額が、その不動産所得の金額の計算上生じた赤字の金額以下である場合

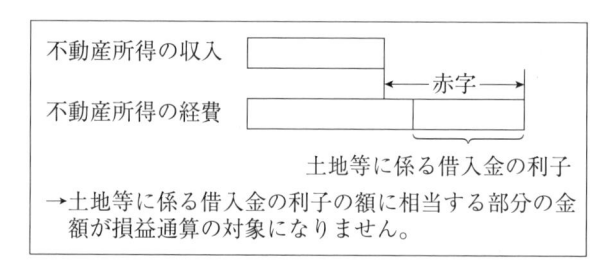

```
┌─────────────────────────┐
│ 不動産所得の収入  │         │
├─────────────────────────┤←赤字→
│ 不動産所得の経費  │         │
└─────────────────────────┘
              土地等に係る借入金の利子
→土地等に係る借入金の利子の額に相当する部分の金額が損益通算の対象になりません。
```

13　東日本大震災で直接的な被害を受けていない場合

Q97 旅館業を営んでいますが、事業用資産などについて東日本大震災による損失は生じませんでした。しかし、震災後は宿泊者が激減して平成23年は大幅な赤字になる見込みです。この場合に所得税ではどのように取り扱われるか教えてください。

◆ポイント

◇事業用資産などについて東日本大震災による損失は生じていないため、被災事業用資産の損失の必要経費算入に関する特例、純損失の繰越控除の特例、純損失の繰戻還付の特例の適用を受けることはできません。

◇青色申告者の場合には、平成23年分の純損失について純損失の繰戻還付の規定により平成22年に繰り戻して還付請求できます。また、純損

失の繰戻還付の適用を受けていない平成23年分の純損失については、平成26年までの3年間繰り越すことができます。

◇白色申告者の場合には、純損失の繰戻還付の適用を受けることはできません。

◇申告期限の延長等の対象となる人は、平成22年分まで白色申告者であっても延長期限までに青色申告承認申請書を提出すれば、平成23年は青色申告者になりますので、平成23年分の純損失については平成26年まで繰り越すことができます。ただし、平成22年は白色申告者ですので、純損失の繰戻還付の規定は適用できません。

A 事業用資産などについて東日本大震災による損失は生じていないため、被災事業用資産の損失の必要経費算入に関する特例、純損失の繰越控除の特例、純損失の繰戻還付の特例を受けることはできませんが、平成23年に事業所得が赤字になった場合には、青色申告者、白色申告者の区分に応じ、次の規定の適用が考えられます。

(1) **青色申告者の場合**

青色申告者の場合には、平成23年分の純損失について純損失の繰戻還付の規定により平成22年に繰り戻して還付請求することができます。また、純損失の繰戻還付の適用を受けていない平成23年分の純損失については、3年間（平成26年まで）繰り越すことができます。

(2) **白色申告者の場合**

白色申告者の場合には、純損失の繰戻還付の適用を受けることはできません。また、純損失の繰越控除は被災事業用資産の損失と変動所得の金額の計算上生じた損失のみが適用対象のため、宿泊者が激減したことによる純損失については、純損失の繰越控除の適用を受けることはできません。

なお、申告期限の延長等の対象となる人は、平成22年分まで白色申告者であっても延長期限までに青色申告承認申請書を提出すれば、平成23年は青色

申告者になりますので、平成23年分の純損失については平成26年まで繰り越すことができます。ただし、平成22年は白色申告者ですので、純損失の繰戻還付の規定は適用できません（純損失の繰戻還付を受けるためには、前年、本年ともに青色申告していることが必要です）。

14　被災代替資産等の特別償却（震法11）

Q98　私が個人で営んでいる事業で使用している工場が今回の震災により倒壊しました。事業を再開するため、新たに工場を建設し、製造設備等を新調しました。取得した建物、機械設備について所得税法上の優遇措置があると聞きましたが、どのような制度でしょうか。

◆ポイント

◇個人事業者が、震災によりその有する資産が滅失等したことにより、その代替資産として平成23年3月11日から平成28年3月31日までの間に取得した建物または構築物、機械設備などについては、震災特例法による一定割合の特別償却の適用を受けることができます。

◇特別償却の対象となる代替資産には、同一用途であることなど一定の要件があります。

◇代替資産としてではなく、単に「被災区域」内に建物・構築物・機械装置を取得した場合にも適用を受けることができ、その際は同一用途であることなどの要件はなく、ただ事業の用に供すればよいこととなります。

◇特別償却の規定の適用は、白色申告者でも青色申告者でも受けることが可能であり、また、対象となる事業についても幅広く想定しています。

◇既存の制度による他の特別償却の規定の適用を受けた場合や、特定事業用資産の買換え特例の適用を受けた買換え資産である建物または構

築物、機械設備などについては、この規定の適用を受けることができません。

(1) 被災代替資産等の特別償却の概要

東日本大震災により事業用の建物、構築物、機械装置、船舶、航空機、車両運搬具が滅失または損壊したことにより、個人事業者が、平成23年3月11日から平成28年3月31日までの間にその代替資産として一定のものを取得して、事業の用に供した場合には、その個人の事業の用に供した日を含む年の減価償却費は通常の減価償却費に加えて、その資産の取得価額に次表の割合を乗じて計算した金額を必要経費に算入することができます。

【特別償却の割合】

資　　産	取　得　日	中小企業者※である個人の場合	それ以外の個人の場合
建物または構築物	平成23年3月11日から平成26年3月31日	18/100	15/100
	平成26年4月1日から平成28年3月31日	12/100	10/100
機械装置	平成23年3月11日から平成26年3月31日	36/100	30/100
	平成26年4月1日から平成28年3月31日	24/100	20/100
船舶、航空機または車両運搬具	平成23年3月11日から平成26年3月31日	36/100	30/100
	平成26年4月1日から平成28年3月31日	24/100	20/100

※ 「中小企業者」とは、常時使用する従業員が1,000人以下の個人をいいます。

(2) 特別償却の対象となる代替資産

この特別償却の適用対象となる代替資産は、新築または新品の建物、構築物、機械装置、船舶、航空機、車両運搬具に限られており、同一用途であることなど一定の要件があります。

代替資産の種類	要　件
建物（増築された建物のその増築部分を含む）	滅失または損壊直前の用途と同一の用途であること（代替資産となる建物の床面積が損壊した建物の床面積の1.5倍を超える場合には、損壊した建物の床面積の1.5倍に相当する部分が特別償却の対象となります）
構築物（増築された構築物のその増築部分を含む）	滅失または損壊直前の用途と同一の用途で、その規模がおおむね同程度のもの
機械および装置	
船舶、航空機または車両および運搬具	

(3) 被災区域内の資産を取得する場合

　上記(1)(2)のように滅失または損壊した資産の代替資産としてではなく、単に「被災区域」内に建物、構築物、機械装置を取得した場合にも適用を受けることができ、その際は同一用途であることなどの要件はなく、ただ事業の用に供すればよいこととなります。

　※　上記の「被災区域」とは、東日本大震災により滅失（通常の修繕によっては原状回復が困難な損壊を含みます）をした建物または構築物の敷地、およびこれら建物または構築物と一体的に事業の用に供される付属施設の用に供されていた土地の区域をいいます。

(4) 適用対象となる個人事業者

　震災特例法による特別償却の特例は、青色申告者に限らず白色申告者においても適用を受けることができます。

　また、対象となる事業についても、代替資産の範囲が広く規定されているため、Q98のような製造業のほか、卸売業、小売業、サービス業、農業、漁業など幅広い事業者に適用できるものと考えられます。

(5) 他の規定との関連

既存の制度による他の特別償却の規定の適用を受けた場合や、特定の事業用資産の買換え特例、収用等の場合の課税の特例の適用を受けて譲渡所得を計算した場合には、特別償却の適用を受けることができません。

したがって、他の特例制度の適用関係も考慮して、有利な選択を検討する必要があります（Q104参照）。

Q99 代替資産を取得し事業に使用していますが、事業がまだ再建できておらず特別償却をすると赤字になります。何かよい方法はないですか。

◆ポイント

◇代替資産を取得し事業の用に供した年において特別償却をすると、赤字になるなどの弊害がある場合には、青色申告者であれば、特別償却部分の金額は、代替資産を取得し事業の用に供した年の翌年分の必要経費に算入することが可能です。

A (1) **特別償却費の取扱い**

当該特例による特別償却費については、原則として、代替資産を取得し事業の用に供した年（「取得年」といいます）の必要経費に算入します。ただし、青色申告者においては、代替資産の取得年において特別償却費を必要経費の額に算入させなかった場合には、特別償却部分の金額はその翌年分の必要経費に算入することができます。したがって、決算上、赤字にすることが好ましくない場合などには、取得年の翌年に特別償却を行うとよいでしょう。

Q100 被災した店舗兼自宅を建て直した場合の特別償却の適用について、具体的な計算方法を教えてください。

第1部　個人編

◆ポイント
◇店舗兼自宅を建て直した場合においては、店舗部分につき特別償却の適用を受けることが可能です。

A （1）店舗部分の判定方法

店舗兼自宅のうち下記の算式により計算した面積に対応する部分を店舗部分として、特別償却の規定の適用を受けることが可能です。

$$\left(\begin{array}{c}\text{家屋のうちその事業}\\\text{の用に専ら供してい}\\\text{る部分の床面積(A)}\end{array}\right) + \left(\begin{array}{c}\text{家屋のうちその事業}\\\text{の用と事業の用以外}\\\text{の用とに併用されて}\\\text{いる部分の床面積}\end{array}\right) \times \frac{\text{(A)}}{\text{(A)} + \begin{array}{c}\text{事業の用以外に}\\\text{供されている部}\\\text{分の床面積}\end{array}}$$

【具体例】
① 店舗兼自宅の取得価額　：5,000万円
② 取得年月日　　　　　　：平成24年4月
③ 家屋全体の床面積　　　：120 m^2
④ 店舗部分の床面積　　　：60 m^2
⑤ 居住部分の床面積　　　：40 m^2
⑥ 共有部分の床面積　　　：20 m^2

　イ　店舗部分の床面積

$$60 \text{ m}^2 + 20 \text{ m}^2 \times \frac{60 \text{ m}^2}{60 \text{ m}^2 + 40 \text{ m}^2} = 72 \text{ m}^2$$

　ロ　店舗部分の取得価額

$$5{,}000万円 \times \frac{72 \text{ m}^2}{120 \text{ m}^2} = 3{,}000万円$$

　ハ　特別償却の金額

$$3{,}000万円 \times \frac{18^※}{100} = 540万円$$

※平成26年4月1日から平成28年3月31日までの間の取得の場合は、12/100。

15　特定の事業用資産の買換え等の場合の譲渡所得の課税の特例（震法12）

Q101　個人事業者が被災区域内にある事業用の土地、建物を譲渡し、被災区域外の不動産を購入し事業の再スタートを検討していますが、税制上の優遇はありますか。

◆ポイント

◇被災区域内では事業の継続が困難なために、または被災区域外から被災区域を支援するために、個人が事業用資産の買換えを行った場合には、優遇措置を受けることができます。

◇被災区域内の資産を譲渡してその資産に代わる資産を購入した場合や、被災区域外の資産を譲渡して被災区域内の資産を購入する場合の譲渡所得税等が軽減されます。

◇買換えの特例制度は課税を免除するのではなく、課税を繰り延べるものです。なお、租税特別措置法の買換え特例は売却益の80％部分の課税の繰延べになっていますが、震災特例法の買換え特例については、100％の課税の繰延べとなっており、手厚い措置となっています。

◇代替資産について特別償却の適用を受けた場合には、この規定の適用を受けることができません。

A　(1)　買換え制度の趣旨

　　個人が所有している土地や建物などを売却した場合には、売却益に対して譲渡所得税等が課税されます。そのため、事業所の移転や土地の有効利用に必要な資金を捻出するために土地を売却した場合には、税金の負担分だけ投資に投入できる資金が減少してしまうことになります。そこで、円滑な事業所移転等を促進するために一定の要件を満たす事業用資産の買換えを行った場合には、課税の繰延べを認めています。

(2) 震災特例法の買換え特例の内容

個人が平成23年3月11日から平成28年3月31日までの間に個人事業のために使用していた下記(3)の表に定める譲渡資産を譲渡し、譲渡した年の前年から翌年までの間に同表に定める買換え資産を購入し事業の用に供した場合においては、譲渡所得の金額は次のとおりとなります。

① 譲渡代金により買換え資産を購入し手元に譲渡代金が残らない場合

　譲渡はなかったものとされます。

② 譲渡代金により買換え資産を購入し手元に譲渡代金が残る場合

　次のとおり計算した金額となります。すなわち、買換え資産の取得に充当せずに手元に残った譲渡代金に対応する売却益相当額が課税の対象となります。

　譲渡所得の金額 ＝ 収入金額※1 － 取得費等※2

　※1　収入金額 ＝ 譲渡資産の譲渡価額(A) － 買換え資産の取得価額(B)

　※2　取得費等 ＝ (譲渡資産の取得費 ＋ 譲渡費用) × $\dfrac{A - B}{A}$

　上記の譲渡所得の計算について、租税特別措置法における特定事業用資産の買換え特例については、買換え資産の取得に充当した金額に対応する部分の売却益に対して80％相当額の課税の繰延べになっていますが、震災特例法の買換え特例については、100％の課税の繰延べとなっており、既存の制度よりも優遇されています。

(3) 震災特例法買換えの適用関係

① 対象資産など

	譲渡資産	買換え資産	特　徴
1号買換え	イ　地域 　　被災区域内 ロ　対象資産 　　平成23年3月11日前に取得した土地等、および土地等とともに譲渡する建物、構築物	イ　地域 　　被災区域を含む日本国内 ロ　対象資産 　　土地等および建物、構築物を含む減価償却資産	被災区域に所有していた土地等建物等について、事業の継続が困難になってしまったため、その土地等建物等を譲渡して事業継続が可能な地域に土地等を購入するような場合の優遇措置
2号買換え	イ　地域 　　日本国内のうち被災区域外 ロ　対象資産 　　土地等、建物、構築物	イ　地域 　　被災区域内 ロ　対象資産 　　土地等および建物、構築物を含む減価償却資産	被災区域外から被災区域への誘致促進に係る優遇措置

② その他の留意点

イ　譲渡資産について所有期間の長短は問いません。

ロ　譲渡資産が震災特例法および租税特別措置法の買換え特例など複数の適用を受けることができる場合には、個人の選択により、いずれか一方の特例のみを適用することになります。

ハ　買換え資産の取得の方法には、建設および製作を含みますが、贈与、交換、出資および金銭債務の弁済に代えてする代物弁済は除かれます。

ニ　買換え資産が土地等の場合には、買換え特例の適用ができる土地の面積は、譲渡した土地の面積の5倍が限度になります。

ホ　この規定の適用を受ける場合には、確定申告書にこの特例の適用を受ける旨の記載や一定の書類の添付が必要です。

(4) 他の規定との関連

代替資産について特別償却の適用を受ける場合や収用等の場合の課税の特

例などの適用を受ける場合には、その特例を受けた資産については当該買換え特例の規定は適用を受けることができません。

したがって、他の特例制度の適用関係も考慮して、有利な選択を検討する必要があります（Q104参照）。

Q102 譲渡をした年以外に資産を取得した場合にも適用を受けることができますか。

◆ポイント

◇特例の適用を受けるためには、譲渡資産を譲渡した年に買換え資産を取得し、その取得した日から1年以内に事業の用に供することが原則です。

◇ただし、譲渡した年の前年または翌年に、買換え資産を取得または取得する見込みであり、かつ、そのそれぞれの取得の日から1年以内に事業の用に供したまたは供する見込みである場合には、当該買換え特例の適用を受けることができます。

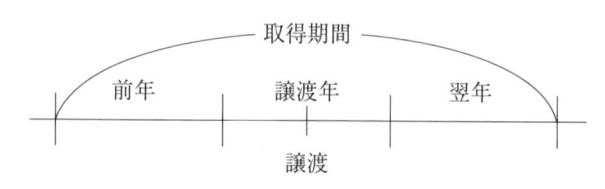

```
           取得期間
    ┌─────────────────┐
────┼────────┼────────┼────
   前年    譲渡年    翌年
            │
           譲渡
```

A

(1) 取得が先行する場合

買換え資産を譲渡年の前年に取得し、事業の用に供した場合においても、取得をした年の翌年の3月15日までに納税地の所轄税務署長に「先行取得資産に係る買換えの特例の適用に関する届出書」を提出したときは、譲渡年において当該買換え特例の適用を受けることができます。

(2) 翌期に取得する場合

買換え資産を譲渡年の翌年に取得する見込みである場合には、譲渡をした

年分の確定申告において、譲渡年の翌年に取得する見込みである旨の申告を行ったものについて、当該買換え特例の適用を受けることができます。

なお、やむを得ない事情があり買換え資産の取得をすることが困難な場合において、譲渡年の翌年以後3年以内で税務署長が認定した日までに買換え資産を取得したときは、適用を受けることができます。

Q103 被災した店舗兼自宅を譲渡し、新たに店舗兼自宅を取得する場合において、当該買換え特例の適用を受けることができますか。

◆ポイント
◇譲渡した店舗兼自宅および取得した店舗兼自宅のうち、店舗部分について適用を受けることができます。
◇居住部分については、Q84（被災した居住用財産を譲渡した場合の特例）の適用を検討することができます。

A (1) 店舗部分の取扱い

譲渡した店舗兼自宅および新たに取得した店舗兼自宅のうち、店舗部分については当該買換え特例の適用を受けることができます。譲渡資産および買換え資産の店舗部分の判定は、譲渡資産および買換え資産それぞれの店舗部分の面積の割合に応じて計算することになります。詳しい計算方法はQ100をご参照ください。

(2) 居住部分の取扱い

個人が東日本大震災により被災した居住用財産を譲渡した場合の優遇措置は、今回の震災特例法には織り込まれていません。したがって、所得税法および租税特別措置法に設けられている居住用不動産の譲渡に関する特例の適用を検討する必要があります。詳しくはQ84をご参照ください。

第1部　個人編

Q104 被災代替資産の特別償却と特定事業用資産の買換え特例は同じ資産に適用できないとのことですが、どちらの制度を使えば有利でしょうか。簡単な例を挙げて教えてください。

◆ポイント

◇Q101のとおり被災代替資産の特別償却と特定事業用資産の買換え特例は同じ資産に適用することはできません。

◇どちらの規定を適用すると有利になるかは、一定の検討が必要です。

A 【有利不利の判定】

(1) 前提条件

① 被災区域にある事業に使っていた土地を売却

② 建物は震災により滅失

③ 土地の取得価額は1,000万円、時価は2,000万円（1,000万円の譲渡所得が発生）

④ 下記の被災区域外の土地建物を購入し、事業を再スタートさせる予定

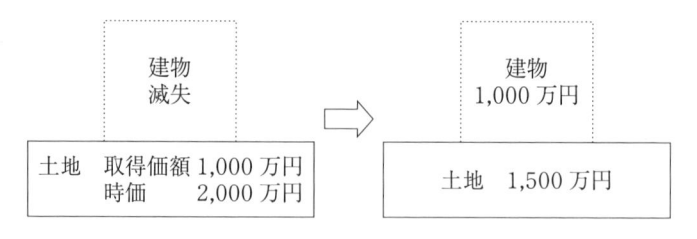

```
                建物                        建物
                滅失                      1,000万円
                                  ⇒
   土地  取得価額 1,000万円           土地   1,500万円
         時価     2,000万円
```

譲渡収入 2,000 ＜ 買換え資産 2,500万円
（譲渡収入の全額を買換え資産の取得に充当する）

(2) 有利不利の比較

① 土地および建物について買換え特例を適用する場合

イ 譲渡所得の金額

譲渡がなかったものとされます。

ロ 買換え資産の取得価額

a 取得価額の合計

1,000万円 ＋（2,500万円 － 2,000万円）＝ 1,500万円

b 土地

$$1,500万円 \times \frac{1,500万円}{2,500万円} = 900万円$$

c 建物

$$1,500万円 \times \frac{1,000万円}{2,500万円} = 600万円（減価償却により必要経費に算入）$$

② 土地については買換え特例を、建物については特別償却を適用する場合

イ 譲渡所得の金額

（2,000万円 － 1,500万円）－ 250万円※ ＝ 250万円

$$※ \quad 1,000万円 \times \frac{2,000万円 － 1,500万円}{2,000万円} = 250万円$$

ロ 買換え資産の取得価額

a 土地

$$1,000万円 \times \frac{1,500万円}{2,000万円} = 750万円$$

b 建物

1,000万円（特別償却及び減価償却により必要経費に算入）

③ 有利不利の検討

①の場合においては、譲渡に係る譲渡所得課税は発生しません。しかし、建物の取得価額が小さくなるためその後の減価償却費の額が小さくなり、各年の所得が増えることになります。

②の場合においては、譲渡に係る譲渡所得が250万円発生するため、譲渡

時点での税負担が発生します。しかし、建物の取得価額は取得に要した金額1,000万円となり、震災特例法による特別償却や減価償却を通じて、各年の所得を抑えることができます。

したがって、取得する資産の内容、価額、特別償却・減価償却の額、その後の事業の所得の金額に係る所得税・住民税の税率などを総合的に勘案して、どちらのケースを採用するかシミュレーションを行う必要があります。

Ⅴ 災害義援金等

1 個人が見舞金・義援金を受け取る場合

Q105 東日本大震災に伴い、親族や友人または事業関係者からたくさんの見舞金をいただきました。これらについての税務上の取扱いを教えてください。

◆ポイント

◇個人が勤務先、親族、友人、地方公共団体などから受け取る見舞金や義援金は原則として所得税・住民税も贈与税も非課税です。

◇個人事業者が事業関係者から受け取る見舞金や義援金については、個人に対する見舞金として受け取ったものは非課税ですが、明らかに事業に対する見舞金である場合には、事業に関する収入とされることもあり得ます。

A 個人が勤務先、親族、友人、地方公共団体などから受け取る見舞金や義援金は、原則としてすべて非課税として考えていいでしょう。ただし、不相当に高額な見舞金等を受け取る場合など、贈与者との関係や社会的地位などからみて社会通念上相当でないとされる場合には、所得税・住民税や贈与税の課税対象になることも考えられます。

また、個人事業者が事業に関係する人から受け取るもので、事業復興や収入補てんなど事業に対して行われたものであることが明らかな場合には、事業所得の収入金額に代わる性質を有するものとして事業に関する収入とすべきとすることも考えられます。

2 個人が災害に伴い損害保険金や損害賠償金を受け取る場合

Q106 個人が災害に伴い受け取る損害保険金や損害賠償金について、所得税・住民税は課税されますか。

◆ポイント
◇災害に伴い受け取る損害保険金は原則として非課税です。
◇個人事業者が事業用資産について災害に伴い受け取る損害保険金は、事業用資産の損失額までは損失との相殺を行います。事業用資産の損失額を上回る損害保険金は非課税です。
◇災害に伴い受け取る損害賠償金は原則として非課税です。

A

(1) 災害に伴い損害保険金を受け取る場合

　災害に伴って受け取る損害保険金は原則として非課税です。例えば、居住用家屋の損害に伴って支給された損害保険金などは課税の対象となりません。ただし、雑損控除を適用する場合においては、損失額から支給を受けた損害保険金を控除して計算します。

　個人事業者が事業用資産について災害に伴い受け取る損害保険金は、事業用資産の損失額までは損失との相殺を行います。事業用資産の損失額を上回る損害保険金は非課税です。

(2) 災害に伴い損害賠償金を受け取る場合

　心身に加えられた損害について支払を受けるものや不法行為その他突発的な事故により資産に加えられた損害について受け取る損害賠償金は原則として非課税です。

　ただし、被害を受けた人の所得金額の計算上、必要経費に算入される金額を補てんするためのものである場合には、その補てん相当額については、非課税になりません。例えば、個人事業者が、事故で使いものにならなくなっ

た商品について受け取る損害賠償金は、事業所得の収入金額になります。

3　個人が東日本大震災に伴い寄附を行った場合の所得税の取扱いの概要

Q107 個人が東日本大震災に伴う寄附を行った場合における、所得税の取扱いについて教えてください。

◆ポイント

◇国、地方公共団体、特定の公益法人など一定のものに対する寄附金は「特定寄附金」に該当し、寄附金控除の対象になります。

◇平成23年度税制改正により認定NPO法人および特定の公益法人等に対する寄附金のうち一定のものは、寄附金控除に代えて寄附金税額控除の適用を受けることができるようになりました。

◇「特定寄附金」のうち東日本大震災に関連する「震災関連寄附金」に該当するものは、通常の寄附金控除より控除対象枠が拡大されます。

◇また、認定NPO法人または中央共同募金会に対する寄附金で「特定震災指定寄附金」に該当するものは、「震災関連寄附金」としての寄附金控除に代えて寄附金税額控除の適用を受けることができます。

◇寄附金控除または寄附金税額控除の適用を受けるためには、確定申告書に寄附金に関する事項を記載するなど一定の手続きが必要です。

A 個人が国、地方公共団体、特定の公益法人等に対して行う寄附金は「特定寄附金」に該当し、寄附金控除の対象になりますが、そのうち東日本大震災に関連する一定のものは「震災関連寄附金」に該当し、通常の寄附金控除より控除対象枠が拡大されます（所法78、震法8）。

また、「震災関連寄附金」のうち認定NPO法人に対し東日本大震災の被災者支援活動に特に必要な費用に充てるために行う寄附金（その募集に際し、国税局長の確認を受けたものに限ります）または社会福祉法人中央共同募金

会の「災害ボランティア・NPO活動サポート募金」として直接寄附した寄附金は「特定震災指定寄附金」に該当し、「震災関連寄附金」としての寄附金控除に代えて寄附金税額控除の適用を受けることができます。

(1) 通常の寄附金控除または寄附金税額控除

① 概要

個人が国、地方公共団体、特定の公益法人等に対する寄附で「特定寄附金」に該当するものは、所得税法上の寄附金控除の対象になります。

② 特定寄附金の範囲

特定寄附金とは、次に掲げる寄附金をいいます。なお、下記ホのうち「政党等に対する寄附金」は寄附金控除に代えて寄附金税額控除を選択することができます。

また、下記への認定NPO法人に対する寄附で一定のもの、および公益社団法人、公益財団法人、学校法人等、社会福祉法人、更生保護法人に対する寄附金でその運営組織および事業活動が適正であること並びに市民から支援を受けていることにつき一定の要件を満たすものについては、平成23年度税制改正により寄附金控除に代えて寄附金税額控除を選択することができることになりました。

　イ　国、地方公共団体に対する寄附金

　ロ　公益法人等に対する寄附金のうち、公益の増進に寄与するための支出であること等の要件を満たすと認められるものとして、財務大臣が指定したもの※

　ハ　特定公益増進法人（独立行政法人、日本赤十字社、社会福祉法人、公益法人など）に対するその特定公益増進法人の主たる目的である業務に関連する寄附金

　ニ　特定公益信託のうち、公益の増進に著しく寄与する一定のものの信託財産とするために支出した金銭

　ホ　政治活動に関する寄附金のうち一定のもの

　ヘ　認定NPO法人に対する寄附金のうち、その法人の事業に関連する寄

附金
ト　特定新規中小会社（新規ベンチャー企業で一定のもの）により発行される特定新規株式を払込みにより取得した場合の特定新規株式の取得に要した金額のうち一定の金額
チ　特定地域雇用等促進法人（認定地域再生計画に記載された一定の事業を行う公益法人で、地方公共団体が指定した法人）に対する寄附金のうち一定のもの

※東日本大震災に関して財務大臣が指定した寄附金として次のものがあります。

- 社会福祉法人中央共同募金会の「災害ボランティア・NPO活動サポート募金」として直接寄附した寄附金（平成23年3月15日財務省告示第84号）
- 認定NPO法人に対し、東日本大震災の被災者支援活動に特に必要な費用に充てるために行う寄附金（その募集に際し、国税局長の確認を受けたものに限ります）（平成23年4月27日財務省告示第143号）
- 公益社団法人または公益財団法人に対し、東日本大震災の被災者支援活動に特に必要な費用に充てるために行う寄附金（その募集に際し、当該公益社団法人または公益財団法人に係る行政庁の確認を受けたものに限ります）（平成23年5月20日財務省告示第174号）
- 公共法人・公益法人等・特例民法法人・認定NPO法人（以下「公共・公益法人等」といいます）に対し、東日本大震災により滅失または損壊をした建物等（収益事業以外の事業の用に専ら供されていたものに限ります）の原状回復に要する費用に充てるために行う寄附金（その募集に際し、その公共・公益法人等に係る主務官庁の確認を受けたものに限ります）（平成23年6月10日財務省告示第204号）
- 全国商工会連合会に対し、東日本大震災により被害を受けた地域を地区とする商工会又は都道府県商工会連合会が全国商工会連合会の策定した計画に基づき行うその地区における商工業に関する施設の復旧及び経済の早期の復興を図る事業に要する費用に充てるために行った寄附金（平成23年6月24日財務省告示第209号）

- 日本商工会議所に対し、東日本大震災により被害を受けた地域を地区とする商工会議所が日本商工会議所の策定した計画に基づき行うその地区における商工業に関する施設の復旧及び経済の早期の復興を図る事業に要する費用に充てるために行った寄附金（平成23年6月24日財務省告示第209号）
- 公益財団法人ヤマト福祉財団に対し、東日本大震災により被害を受けた地域における農業若しくは水産業その他これらに関連する産業の基盤の整備又は生活環境の整備により当該地域の復旧及び復興を図る事業に要する費用に充てるために行った寄附金（平成23年6月24日財務省告示第209号）

③ **計算方法**

震災関連寄附金に該当しない特定寄附金を支出した場合の所得税における計算方法は次のとおりです。

イ　寄附金控除

　特定寄附金の額(A) － 2,000円 ＝ 寄附金控除額

　ただしロ、ハの税額控除を選択するものは除く

ロ　平成23年度税制改正による寄附金の税額控除（認定NPO法人、特定の公益法人等に対する一定のもの）

　次のいずれか小さい額 ＝ 税額控除額

　i　（税額控除の対象となる寄附金の額(B) － 2,000円※1） × 40％

　ii　所得税額 × 25％

　　※1　イの対象となる寄附金がある場合、2,000円からイの対象となる寄附金を控除した残額（マイナスの場合は0円）

ハ　政党等に対する寄附金の税額控除

　次のいずれか小さい額 ＝ 税額控除額

　i　（政党等に対する寄附金の額(C) － 2,000円※2） × 30％

　ii　所得税額 × 25％

　　※2　イまたはロの対象となる寄附金がある場合、2,000円からイとロの

対象となる寄附金を控除した残額（マイナスの場合は0円）

(A)、(B)、(C)の合計額は総所得金額等※3の40％相当額が限度

※3 「総所得金額等」とは、純損失、雑損失、その他各種損失の繰越控除後の総所得金額、特別控除前の分離課税の長（短）期譲渡所得の金額、株式等に係る譲渡所得等の金額、上場株式等に係る配当所得の金額、先物取引に係る雑所得等の金額、山林所得金額および退職所得金額の合計額をいいます。

(2) 震災特例法による寄附金控除または寄附金税額控除

① 概要

「特定寄附金」のうち東日本大震災に関連する一定のものは「震災関連寄附金」に該当し、通常の寄附金控除より控除対象枠が拡大されます。

また、「震災関連寄附金」のうち認定NPO法人に対し東日本大震災の被災者支援活動に特に必要な費用に充てるために行う寄附金（その募集に際し、国税局長の確認を受けたものに限ります）または社会福祉法人中央共同募金会の「災害ボランティア・NPO活動サポート募金」として直接寄附した寄附金は「特定震災指定寄附金」に該当し、「震災関連寄附金」としての寄附金控除に代えて寄附金税額控除の適用を受けることができます。

② 震災関連寄附金・特定震災指定寄附金の範囲

震災関連寄附金とは次に掲げる寄附金をいいます。また、下記ホとへは特定震災指定寄附金に該当します。

イ 平成23年3月11日から平成25年12月31日までの期間（以下「指定期間」といいます）内に国に対して直接寄附した寄附金

ロ 指定期間内に著しい被害が生じた地方公共団体※に対して直接寄附した寄附金

※ 著しい被害が生じた地方公共団体とは、青森県、岩手県、宮城県、福島県、茨城県、栃木県、千葉県の各県、新潟県十日町市、新潟県津南町、長野県栄村、埼玉県加須市（旧大利根町、旧北川辺町）、埼玉県久喜市をいいます。

ハ 日本赤十字社の「東日本大震災義援金」口座への寄附金、新聞・放送

等の報道機関等に対して直接行う寄附金で最終的に国または著しい被害が生じた地方公共団体に拠出されるもの

ニ　社会福祉法人中央共同募金会の「東日本大震災義援金」として直接行う寄附金

ホ　社会福祉法人中央共同募金会の「災害ボランティア・NPO活動サポート募金」として直接行う寄附金

ヘ　認定NPO法人に対し、東日本大震災の被災者支援活動に特に必要な費用に充てるために行う寄附金（その募集に際し、国税局長の確認を受けたものに限ります）

ト　公益社団法人または公益財団法人に対し、東日本大震災の被災者支援活動に特に必要な費用に充てるために行う寄附金（その募集に際し、当該公益社団法人または公益財団法人に係る行政庁の確認を受けたものに限ります）

チ　公共法人・公益法人等に対し、東日本大震災により滅失または損壊をした建物等（収益事業以外の事業の用に専ら供されていたものに限ります）の原状回復に要する費用に充てるために行う寄附金（その募集に際し、その公共法人・公益法人等に係る主務官庁の確認を受けたものに限ります）

リ　全国商工会連合会に対し、東日本大震災により被害を受けた地域を地区とする商工会または都道府県商工会連合会が全国商工会連合会の策定した計画に基づき行うその地区における商工業に関する施設の復旧および経済の早期の復興を図る事業に要する費用に充てるために行った寄附金

ヌ　日本商工会議所に対し、東日本大震災により被害を受けた地域を地区とする商工会議所が日本商工会議所の策定した計画に基づき行うその地区における商工業に関する施設の復旧および経済の早期の復興を図る事業に要する費用に充てるために行った寄附金

ル　公益財団法人ヤマト福祉財団に対し、東日本大震災により被害を受けた地域における農業もしくは水産業その他これらに関連する産業の基盤

の整備または生活環境の整備により当該地域の復旧および復興を図る事業に要する費用に充てるために行った寄附金

ヲ　イからル以外の寄附金のうち、寄附金が募金団体を通じて最終的に国または著しい被害が生じた地方公共団体に指定期間内に拠出されることが明らかであるもの

③ 計算方法

その年に支出した特定寄附金のすべてが震災特例法に関するものである場合の所得税上の寄附金控除・寄附金税額控除の計算方法は次のとおりです。

イ　寄附金控除

震災関連寄附金の額(A) － 2,000円 ＝ 寄附金控除額

ただし、ロの税額控除を選択するものは除く

ロ　寄附金税額控除（中央共同募金会または認定NPO法人に対する一定のもの）

次のいずれか小さい額 ＝ 税額控除額

　i　（特定震災指定寄附金の額(B) － 2,000円※）× 40％

　ii　所得税額 × 25％

　※　イの対象となる寄附金がある場合は2,000円からイの対象となる寄附金を控除した残額（マイナスの場合は0円）

(A)と(B)の合計額は総所得金額等の80％相当額が限度

その年に震災特例法に関する特定寄附金とそれ以外の特定寄附金を支出した場合の寄附金控除・寄附金税額控除の計算方法は次のとおりです。

イ　寄附金控除

次の金額の合計額（i ＋ ii）－ 2,000円 ＝ 寄附金控除額

　i　震災関連寄附金以外の特例寄附金の額(A)

　ii　震災関連寄附金の額(B)

ただし、ロ、ハ、ニの税額控除を選択するものは除く

ロ　平成23年度税制改正による寄附金の税額控除（認定NPO法人、特

定の公益法人等に対する一定のもの)

次のいずれか小さい額 = 税額控除額

ⅰ （税額控除の対象となる寄附金の額(C) － 2,000円[※1]）× 40%
 = 税額控除額

ⅱ 所得税額 × 25%

※1 イの対象となる寄附金がある場合は2,000円からイの対象となる寄附金を控除した残額（マイナスの場合は0円）

ハ 政党等に対する寄附金の税額控除

次のいずれか小さい額 = 税額控除額

ⅰ （政党等に対する寄附金の額(D) － 2,000円[※2]）× 30%

ⅱ 所得税額 × 25%

※2 イまたはロの対象となる寄附金の金額がある場合は2,000円からイ、ロの対象となる寄附金を控除した残額（マイナスの場合は0円）

ニ 震災特例法による寄附金の税額控除（中央共同募金会または認定NPO法人に対する一定のもの)

次のいずれか小さい額 = 税額控除額

ⅰ （特定震災指定寄附金の額の合計額(E) － 2,000円[※3]）× 40%

ⅱ 所得税額 × 25%

※3 イ、ロ、ハのいずれかの対象となる寄附金がある場合は2,000円からイ、ロ、ハの対象となる寄附金を控除した残額（マイナスの場合は0円）

(A)、(C)、(D)の合計額は総所得金額等の40%相当額が限度

(A)、(B)、(C)、(D)、(E)の合計額は総所得金額等の80%相当額が限度

(3) 手続き

寄附金控除または寄附金税額控除の適用を受けるためには、確定申告書に寄附金控除に関する事項の記載や寄附金を支出したことが確認できる書類（領収書など）を確定申告書に添付または確定申告書を提出する際に提示するなど一定の手続きが必要です。

V 災害義援金等

4 寄附金控除と寄附金税額控除の比較

Q108 東日本大震災に際して、社会福祉法人共同募金会の「災害ボランティア・NPO活動サポート募金」に直接50,000円を寄附したところ、所得税の「寄附金控除」と「寄附金税額控除」のいずれかを選択して申告できるといわれました。私（独身）の平成23年の給与所得が4,260,000円（給与所得控除を差し引く前の給与収入は6,000,000円）、寄附金控除を除いた所得税の所得控除合計が1,064,000円であるとした場合に、「寄附金控除」と「寄附金税額控除」のどちらを選択すればよいでしょうか。

◆ポイント

◇「寄附金控除」を適用することにより減少する所得税は4,800円です。

◇「寄附金税額控除」を適用することにより減少する所得税は19,200円です。

◇したがって「寄附金税額控除」を選択した方が所得税が少なくなります。

A 社会福祉法人共同募金会の「災害ボランティア・NPO活動サポート募金」に直接寄附した場合には、所得税の「寄附金控除」と「寄附金税額控除」のいずれかを選択して申告することができます。

ご質問のケースでは、「寄附金控除」を適用した場合の所得税は217,300円であり、「寄附金控除」を適用する前の所得税222,100円に比べて所得税が4,800円減少します。一方で、「寄附金税額控除」を適用した場合の所得税は202,900円であり、「寄附金税額控除」を適用する前の所得税222,100円に比べて所得税が19,200円減少します。したがって、「寄附金税額控除」を選択した方が所得税が少なくなります。具体的な計算方法は、次表をご覧ください。

第1部　個人編

　なお、ご質問のケースでは「寄附金税額控除」の方が有利でしたが、課税所得金額や寄附金の額により「寄附金控除」の方が有利なケースもあります（参考に概要編の「寄附金控除と寄附金税額控除、どちらが有利か」をご覧ください）。

```
【所得税の計算明細】
                              寄附金なし    寄附金控除    寄附金税額控除
①  給与所得                  4,260,000円   4,260,000円   4,260,000円
②  寄附金控除※1                   ―        48,000円         ―
③  所得控除（②以外）         1,064,000円   1,064,000円   1,064,000円
④  課税所得（①－②－③）    3,196,000円   3,148,000円   3,196,000円
⑤  ④に対する所得税            222,100円     217,300円     222,100円
⑥  寄附金税額控除※2               ―           ―          19,200円
⑦  差引所得税（⑤－⑥）        222,100円     217,300円     202,900円
```
※1　寄附金控除
　　イ　50,000円 － 2,000円 ＝ 48,000円
　　ロ　4,260,000円 × 80％ ＝ 3,408,000円
　　イ＜ロ　したがって所得税の寄附金控除は48,000円
※2　寄附金税額控除
　　イ　（50,000円 － 2,000円）× 40％ ＝ 19,200円
　　ロ　222,100円 × 25％ ＝ 55,525円
　　イ＜ロ　したがって所得税の寄附金税額控除は19,200円

5　個人が東日本大震災に伴い寄附を行った場合の住民税の取扱いの概要

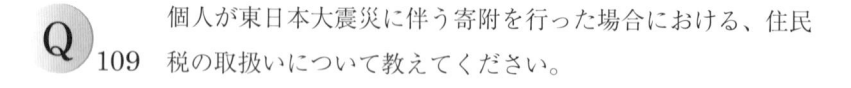

Q109　個人が東日本大震災に伴う寄附を行った場合における、住民税の取扱いについて教えてください。

◆ポイント
　◇住民税は、震災特例法により新たに設けられた特例はありませんが、従来から寄附金税額控除の規定があります。

◇住民税の寄附金税額控除は、通常の税額控除と通常の税額控除よりも税額控除額が大きくなるもの（いわゆる「ふるさと寄附金」）があります。

◇所得税の確定申告書（所得税の確定申告を行う人は住民税の申告は不要です）に住民税の寄附金税額控除に関する事項を記載するとともに、都道府県・市区町村が発行する領収書等を添付または提示することが必要です。なお、所得税の確定申告を行わない人は、住所地の市区町村に住民税の申告を行うことが必要です。

A 　寄附金を支出した場合の住民税の取扱いについて震災特例法により新たに設けられた特例はありませんが、従来から寄附金税額控除の規定があります。住民税の税額控除は、通常の税額控除と通常の税額控除よりも税額控除額が大きくなるもの（いわゆる「ふるさと寄附金」）があります（地法37の２、地法314の７）。

(1) 通常の寄附金税額控除

個人が都道府県・市区町村が条例で指定した団体に対する寄附金、住所地の都道府県共同募金会に対する寄附金、住所地の日本赤十字社支部に対する寄附金を支出した場合には、次の算式により計算した金額を住民税の額から控除することができます。

（対象となる寄附金の額$^{※1}$－2,000円）×10％$^{※2}$＝税額控除額

※１　総所得金額等の30％相当額が限度
※２　都道府県の条例指定団体に対するものは４％、市区町村の条例指定団体に対するものは６％、都道府県と市区町村の両方の条例指定団体に対するものは10％

(2) ふるさと寄附金

個人が都道府県・市区町村に対して寄附金を支出した場合には、次の算式により計算した金額を住民税の額から控除することができます。ふるさと寄

附金は、控除限度額の範囲内であれば寄附した金額のうち2,000円を超える部分の金額を所得税および住民税から控除できるため、控除限度額の範囲内であれば寄附した個人が実質的に負担する金額は2,000円となります。

なお、東日本大震災に関連して共同募金会、日本赤十字社支部に支出した寄附金は、最終的に被災地方団体に関連する義援金分配委員会に拠出されることから、都道府県・市区町村に対する寄附金となります。したがって、条例指定団体等に対する寄附金ではなく、都道府県・市区町村に対する寄附金（ふるさと寄附金）として住民税の寄附金税額控除を受けられます。

次の金額の合計額（a + b）＝ 税額控除額

a （その年中のふるさと寄附金の額の合計額^{※1} － 2,000円）× 10％

b 次のいずれか小さい金額

 i （その年中のふるさと寄附金の額の合計額^{※1} － 2,000円）× （90％ － 0％～40％^{※2}）

 ii 個人住民税所得割の額 × 10％

※1 総所得金額等の30％相当額が限度

※2 寄附者に適用される所得税の限界税率（つまり所得税の寄附金控除の対象となる部分は住民税の寄附金控除の対象から除かれます）

(3) 手続き

所得税の確定申告書（所得税の確定申告を行う人は住民税の申告は不要です）に住民税の寄附金税額控除に関する事項を記載するとともに、都道府県・市区町村が発行する領収書等を添付または提示することが必要です。なお、所得税の確定申告を行わない人は、住所地の市区町村に住民税の申告を行うことが必要です。

平成23年・24年・25年における寄附金の取扱い

寄附先		所得税		住民税		相続税
		寄附金控除（所得控除）	寄附金税額控除（寄附金控除に代えて）	税額控除	ふるさと寄附金（税額控除特例）	
国		震災関連寄附金（総所得×80％まで）	×	×	（注2）×	非課税
地方公共団体	（注1）被災地域	震災関連寄附金	×	—	○	非課税
	被災地域以外	特定寄附金（総所得×40％まで）	×	—	○	非課税
日本赤十字社	義援金	震災関連寄附金	×	—	○	非課税
中央共同募金会	義援金	震災関連寄附金	一定要件を満たす場合は○	—	○	非課税
	支援金	震災関連寄附金	特定震災指定寄附金	条例指定受ければ○	×	非課税
認定NPO法人	国税局長確認	震災関連寄附金	特定震災指定寄附金	条例指定受ければ○	×	非課税
	上記以外	特定寄附金	○	同上	×	非課税
NPO法人		—	×	×	同上	×	×
公益財団法人・公益社団法人等	文化財・学校等修復（主務官庁確認）	震災復旧寄附金	一定要件を満たす場合は○	同上	×	（注3）非課税
	被災者支援（行政庁確認）	震災関連寄附金	同上	同上	×	（注3）非課税
	上記以外	特定寄附金	同上	同上	×	（注3）非課税

（注1）「被災地域」……青森県、岩手県、宮城県、福島県、茨城県、栃木県、千葉県の全域、埼玉県加須市（旧大利根町、旧北川辺町）、埼玉県久喜市、新潟県十日町市、新潟県中魚沼郡津南町、長野県下水内郡栄村

（注2）日本政府が受け付けた東日本大震災に係る義援金等については、最終的に地方公共団体を通じて被災者に配分されることから、地方公共団体に対する寄附金として「ふるさと寄附金」に該当します。

（注3）一部対象外あり。

6 災害見舞金に充てるために同業者団体等へ拠出する分担金等

Q110 私は個人事業を営んでおり、私の所属する同業者団体に対して見舞金を拠出しました。同業者団体に対する見舞金は一定の要件を満たせば必要経費に算入できると聞きましたが、具体的な要件について教えてください。

◆ポイント

◇次の要件を満たす場合には、その拠出した見舞金は必要経費に算入します。

- 所属する協会、連盟、その他の同業者団体等(以下「同業者団体等」といいます)の構成員の有する業務の用に供されている資産について災害による損失が生じていること
- その損失の補てんを目的とする構成員相互の扶助等に係る規約等に基づき合理的な基準に従ってその災害発生後にその同業者団体から賦課されたものであること

A 災害見舞金に充てるために同業者団体等へ拠出する分担金等は必要経費に算入します。業務を営む者の同業者に対して見舞金を支出した場合であっても、その業務との関連性が希薄であれば必要経費に算入することはできません。しかし、次の要件を満たす場合には、その分担金等は一種の業務用資産に係る相互共済に関する会費とみることができますので、必要経費に算入することができます。なお、下記に定める規約については、今回の災害を機に新たに定めたものでも構いません。

① 同業者団体等の構成員の有する業務の用に供されている資産について災害による損失が生じていること

② その損失の補てんを目的とする構成員相互の扶助等に係る規約等に基づき合理的な基準に従ってその災害発生後にその同業者団体から賦課さ

れたものであること

7 控除が受けられる金額の計算方法

Q111 私（扶養親族は配偶者と17歳の息子1人）は平成23年度中に福島県へ10万円の寄附（ふるさと寄附金）を行いました。
　私の平成23年の給与所得が510万円（給与所得控除を差し引く前の給与収入は700万円）、寄附金控除を除いた所得税の所得控除合計が185万円、住民税の所得控除が170万円、住民税の均等割額が4,000円であるとした場合に控除することができる寄附金の額とその計算明細を教えてください。

◆ポイント
◇所得税の寄附金控除により所得税が9,800円減少します。
◇住民税の寄附金税額控除により、住民税が4万3,800円減少します。
◇したがって、10万円を福島県に寄附することにより所得税と住民税が合わせて5万3,600円減少します。

A (1) 所得税の計算明細
　所得税の計算明細は次表のとおりです。所得税の寄附金控除は9万8,000円であり、寄附金控除により所得税が9,800円減少します。

【所得税の計算明細】

	寄附金なし	寄附金あり	増減額
① 給与所得	5,100,000円	5,100,000円	0円
② 寄附金控除※	0円	98,000円	98,000円
③ 所得控除（②以外）	1,850,000円	1,850,000円	0円
④ 課税所得（①－②－③）	3,250,000円	3,152,000円	－98,000円
⑤ 所得税	227,500円	217,700円	－9,800円

※ 寄附金控除の算定
　イ　100,000円 － 2,000円 ＝ 98,000円
　ロ　5,100,000円 × 80％ ＝ 4,080,000円
　イ＜ロ　したがって所得税の寄附金控除は98,000円

(2) 住民税の計算明細

住民税の計算明細は次表のとおりです。住民税の寄附金税額控除は4万3,800円となります。

【住民税の計算明細】

	寄附金なし	寄附金あり	増減額
① 給与所得	5,100,000円	5,100,000円	0円
② 寄附金控除	0円	0円	0円
③ 所得控除（②以外）	1,700,000円	1,700,000円	0円
④ 課税所得（①－②－③）	3,400,000円	3,400,000円	0円
⑤ 住民税所得割額	340,000円	340,000円	0円
⑥ 住民税均等割額	4,000円	4,000円	0円
⑦ 寄附金税額控除※	0円	43,800円	43,800円
⑧ 住民税合計（⑤＋⑥－⑦）	344,000円	300,200円	－43,800円

※ 寄附金税額控除の計算明細
　イ　住民税の基本控除額
　　a　（100,000円 － 2,000円）× 10％ ＝ 9,800円
　　b　5,100,000円 × 30％ ＝ 1,530,000円
　　a＜b　よって9,800円
　ロ　住民税の特別控除（ふるさと寄附金対応分）
　　a　（100,000円 － 2,000円）×（90％ － 10％※）＝ 78,400円

b　340,000円 × 10％ ＝ 34,000円
a ＞ b　よって34,000円
　イ ＋ ロ ＝ 43,800円
※　所得税の限界税率

第1部　個人編

第2章　相続税・贈与税

1　東日本大震災に伴う相続税の取扱いについて（概要）

Q112 このたびの東日本大震災への対応措置も含めて、災害に伴う相続税の取扱いについて教えてください。

◆ポイント
◇建物や家庭用財産、自動車等が被災した場合の特例（災害減免法）や被災地にある土地や一定の非上場株式の評価の特例（震災特例法）、申告期限の延長の特例（国税通則法）等があり、相続発生時期や申告期限の到来時期により、適用となる特例が異なります。
◇あくまでも、被災した財産に関する特例が中心であり、残念ながら今後の復旧・復興に要する費用等について、相続税において手当はされていません。

A　相続発生時期、申告期限到来時期ごとに区分した場合、東日本大震災に伴う相続税の取扱いの概要は、次項のとおりです。

2　大震災前相続発生、大震災以前申告期限到来の場合の取扱い

```
           平成23年3月11日
           東日本大震災
━━━━━━━━━━━━△━━━━━━━━━━━━▶
  ⌣⌣⌣⌣   ⌣⌣       ⌣⌣⌣⌣⌣⌣
   (1)     (2)         (3)
```

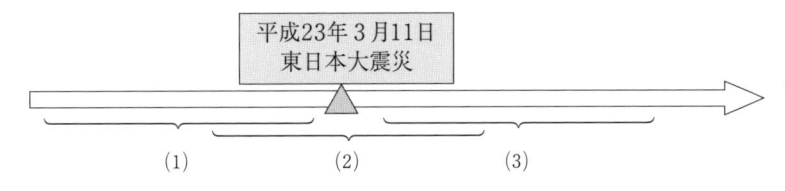

	(1)	(2)	(3)
相続税発生時期	大震災発生前	大震災発生前	大震災発生以後
申告期限到来時期	大震災発生以前	大震災発生以後	大震災発生後
取扱いの概要	・甚大な被害を受けた動産等(建物・家財・自動車等)に対する納付すべき相続税のうち、一部を免除 ・農地の納税猶予の継続 ・災害により国税を一時に納付することが困難な場合の納税猶予	・甚大な被害を受けた動産等に対する相続財産のうち、一定額を相続税計算上控除 ・特定の土地や非上場株式について、相続発生時の時価によらず震災後を基準とした価額で評価 ・申告期限の延長	・申告期限の延長
根拠法令等	災害減免法第4条 措置法通達70の4-12	災害減免法第6条 震災特例法第34条、第36条 国税通則法第11条、第46条	国税通則法第11条

2　大震災前相続発生、大震災以前申告期限到来の場合の取扱い

Q113 平成20年に父が亡くなり、その相続税申告において私が負担すべき相続税を延納しています。現在、支払期限が到来していない未納相続税が約1,000万円残っていますが、東日本大震災で、父から相続した賃貸マンション（土地・建物）が全壊してしまいました。このような場合、延納税額の残額約1,000万円については支払い続けなければなりませんか。

◆ポイント

◇大震災前に申告期限が到来した相続で、延納による未納税額（支払期限が未到来のものに限ります）がある場合には、相続税の一部を免除

207

する制度があります。

◇相続、遺贈（以下「相続等」といいます）により取得した建物・家財・車等の財産について、大震災の被害を受け、その被害が甚大だった場合には、被害があった日以後に納付すべき相続税額のうち、被害を受けた部分に相当する税額が免除されます。

◇この免除措置を受けようとする人は、「災害減免法第4条の規定による相続税・贈与税の免除申請書」を納税地の所轄税務署長に提出しなければなりません。

◇農地の納税猶予の適用を受けており、今回の大震災によりその農地で農業が継続できなくなった人においても、直ちに猶予税額を納付しなければならないということはありません。

A　大震災発生前に相続税申告をして相続税を延納等している人が、相続等により取得した財産について、東日本大震災により「甚大な被害」を受けたという場合には、「被害があった日以後において納付すべき相続税」の一部が免除されます（災害減免法4）。「甚大な被害」については、Q117を参照してください。なお、この規定は相続税を延納等している場合に適用されるものであり、銀行等からの借入金により相続税を現金一括納付し、現在その借入金を返済中の人には適用されません。

(1)　一部免除（災害減免法4）の対象となる相続税

「被害があった日以後において納付すべき相続税」とは、次のものをいいます。納付済みの税額や滞納している税額、延滞税、利子税、過少申告加算税、無申告加算税および重加算税は含みません。

①　相続税の延納税額（大震災発生日までに分納税額の納期限が未到来のもの）

②　相続税の延納申請税額（許可、却下処理前の徴収猶予中のもの）

③　相続税の物納申請税額（許可、却下処理前の徴収猶予中のもの）

④　農地等についての相続税の納税猶予税額（大震災発生日までに猶予期

限が未到来のもの）

⑤ 大震災発生日前に申告期限が到来している相続税で、大震災発生日以後に納付税額の確定するもの（期限後申告、決定、修正申告、更正等があったもの等）

(2) 免除税額の計算

大震災に伴い免除される相続税額は次の算式により求めます。

免除税額 ＝ A × C／B
A…大震災発生日以後に納付すべき相続税額
B…課税価格の計算の基礎となった財産の価額（債務控除後、相続時精算課税適用財産控除後、小規模宅地等の評価減適用後の金額）
C…被害を受けた部分の価額※から、補てん目的の保険金、損害賠償金等を除いた金額

※ 「被害を受けた部分の価額」については、Q117を参照してください。

ご質問のケースで、例えば、相続財産（課税価格合計 2 億円）について大震災により40％部分に被害を受け、現在延納している相続税で大震災発生日以後に納期限の到来するものが1,000万円という前提をおきますと、次の算式により、被害を受けた部分に対応する税額400万円が免除されます。

1,000万円 × 8,000万円（ 2 億円 × 40％）／ 2 億円 ＝ 400万円

(3) 手続き

東日本大震災に伴う相続税の一部免除措置を受けようとする人は、災害のやんだ日から 2 カ月以内に「災害減免法第 4 条の規定による相続税・贈与税の免除申請書」を相続税の納税地の所轄税務署長に提出しなければなりません。なお、「災害のやんだ日」は平成23年 8 月時点では指定されておりませんが、できれば次回の延納税額の分納期限までには提出されることをお勧めします。

(4) 農地の納税猶予について

　農業を継続することを要件として農地等に係る相続税を猶予する制度を「農地等の相続税納税猶予の特例」といい、農業を継続しないこととなった場合には、その時点で猶予されている相続税を払わなければなりません。しかし、大震災前に相続が発生し、その申告・納付期限も大震災前に到来している人が、「農地等の相続税納税猶予の特例」の適用を受けている場合に、例えば以下に掲げるようなときには、災害のためやむを得ずその農地を一時的に農業の用に供することができなくなったと認められますので、農地の納税猶予は継続、つまり猶予税額を納付する必要はありません。これは、「農地等の贈与税納税猶予の特例」についても同様です。

　①　津波により一時的に利用できなくなった場合
　②　被災地の道路建設のための資材置き場として一時的に県へ貸し付けた場合
　③　被災地の仮設住宅用の敷地として一時的に市へ貸し付けた場合

3　大震災前相続発生、大震災以後申告期限到来の場合の取扱い

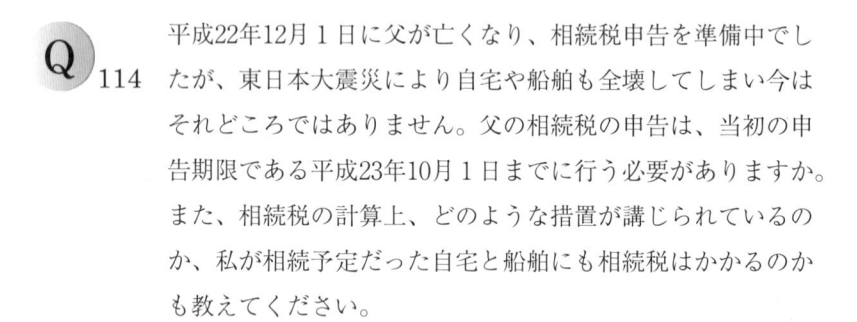

Q114　平成22年12月1日に父が亡くなり、相続税申告を準備中でしたが、東日本大震災により自宅や船舶も全壊してしまい今はそれどころではありません。父の相続税の申告は、当初の申告期限である平成23年10月1日までに行う必要がありますか。また、相続税の計算上、どのような措置が講じられているのか、私が相続予定だった自宅と船舶にも相続税はかかるのかも教えてください。

◆ポイント

　◇当初の申告期限までに行う必要はありません。被相続人の住所地が、国税庁長官の定めた指定地域にあるときは、申告期限は自動的に延長されますので、状況が落ち着いた後に申告を行ってください。また、

3 大震災前相続発生、大震災以後申告期限到来の場合の取扱い

財務大臣の定めた指定地域内の土地・借地権や同地域内に多くの資産を有する非上場会社の株式・出資がある場合の相続税の申告期限は、少なくとも平成24年1月11日までは延長されます。

◇被相続人の住所地が国税庁長官の指定地域外にある場合でも、相続人が実際に大震災の被害を受けて相続税の申告・納付が事実上不可能であるようなときは、「災害による申告、納付等の期限延長申請書」を提出すれば、期限延長の適用を受けることができます。

◇相続等により取得した建物・家財・車等の財産が大震災の被害を受け、その被害が甚大である場合には、財産額から被害額を控除して相続税を計算します。よって、保険金や賠償金で補てんされる部分を除き、全壊してしまった自宅や船舶には相続税はかからないことになります。

◇東日本大震災への対応措置として、申告期限が平成23年3月11日以後の相続申告において、財務大臣の指定地域内の土地・借地権や同地域内に多くの資産を有する非上場会社の株式・出資の評価額は相続発生時の価額によらず、大震災発生直後の価額によることもできます。

A 大震災前に相続が発生し、大震災以後に相続税の申告期限が到来する場合、つまり、平成22年5月11日以後に発生した相続については、申告期限の延長の特例(通法11、震法36)、建物や家庭用財産、自動車等が被災した場合の特例(災害減免法6)や被災地にある土地や一定の非上場株式の評価の特例(震法34)があります。

(1) 申告期限の延長(通法11、震法36)

① 国税庁長官の指定地域内の納税地の人

青森県、岩手県、宮城県、福島県、茨城県の5県に相続税の納税地がある人は申告期限が自動的に延長されています。延長期限の期日は、青森県および茨城県については平成23年7月29日、岩手県、宮城県および福島県のうち、下表Aの地域については平成23年9月30日です。なお、岩手県、宮城県および福島県のうち、下表Bの地域については、平成23年8月時点で延長期限が

指定されていません。

表A　平成23年9月30日を延長期限とする地域

	地　域
岩手県	盛岡市、花巻市、北上市、久慈市、遠野市、一関市、二戸市、八幡平市、奥州市、雫石町、葛巻町、岩手町、滝沢村、紫波町、矢巾町、西和賀町、金ヶ崎町、平泉町、藤沢町、岩泉町、田野畑村、普代村、軽米町、野田村、九戸村、洋野町、一戸町
宮城県	仙台市、塩釜市、白石市、名取市、角田市、岩沼市、登米市、栗原市、大崎市、蔵王町、七ヶ宿町、大河原町、村田町、柴田町、川崎町、丸森町、亘理町、山元町、松島町、七ヶ浜町、利府町、大和町、大郷町、富谷町、大衡村、色麻町、加美町、涌谷町、美里町
福島県	福島市、会津若松市、郡山市、いわき市、白河市、須賀川市、喜多方市、相馬市、二本松市、伊達市、本宮市、桑折町、国見町、大玉村、鏡石町、天栄村、下郷町、桧枝岐村、只見町、南会津町、北塩原村、西会津町、磐梯町、猪苗代町、会津坂下町、湯川村、柳津町、三島町、金山町、昭和村、会津美里町、西郷村、泉崎村、中島村、矢吹町、棚倉町、矢祭町、塙町、鮫川村、石川町、玉川村、平田村、浅川町、古殿町、三春町、小野町、新地町

表B　平成23年8月時点において延長期限が指定されていない地域

	地　域
岩手県	宮古市、大船渡市、陸前高田市、釜石市、住田町、大槌町、山田町
宮城県	石巻市、気仙沼市、多賀城市、東松島市、女川町、南三陸町
福島県	田村市、南相馬市、川俣町、広野町、楢葉町、富岡町、川内村、大熊町、双葉町、浪江町、葛尾村、飯舘村

② **①以外の納税地の人**

　東日本大震災により期限までに申告・納付等ができない場合には、「災害による申告、納付等の期限延長申請書」を提出することにより、その理由がやんだ日から2カ月以内の範囲で、申告等の期限が延長されます。なお、「理由がやんだ日」は、平成23年8月時点では特定されておりませんが、期限延長の適用を受けたい場合には、できれば本来の申告期限までに申請書を

提出しておくことをお勧めします。

③ 被災地にある土地・借地権（特定土地等）や同地域内に多くの資産を有する非上場会社の株式・出資（特定株式等）がある場合

　相続人の中に一人でも「特定土地等・特定株式等についての相続税の課税価格の計算の特例」の適用を受けることができる人がいる場合には、相続人全員の申告期限が少なくとも平成24年1月11日まで延長されます。特定土地等とは、財務大臣が指定した青森県、岩手県、宮城県、福島県、茨城県、栃木県および千葉県の全域、並びに、埼玉県加須市（旧北川辺町および旧大利根町の区域に限ります）、埼玉県久喜市、新潟県十日町市、新潟県中魚沼郡津南町および長野県下水内郡栄村にある土地等をいい、特定株式等とは、その財務大臣指定地に保有する動産等の価額が保有資産全体の3割以上ある非上場株式のことをいいます。詳しくはQ116をご参照ください。

　この場合、①や②における延長期限が平成24年1月11日を超える場合には、いずれか遅い日が申告期限となります。

　以上をまとめると下表のとおりとなります。

指定者	指定地	内容	期限
① 国税庁長官	青森県、岩手県、宮城県、福島県、茨城県	被相続人の住所地が左記の場合	青森県および茨城県：平成23年7月29日　岩手県、宮城県および福島県のうち一定の地域：平成23年9月30日
② 個別申請	なし	①以外の場合で、個別に申請した場合	理由がやんだ日から2カ月以内の範囲
③ 財務大臣	青森県、岩手県、宮城県、福島県、茨城県、栃木県および千葉県の全域、並びに、埼玉県加須市（旧北川辺町および旧大利根町の区域に限る）、埼玉県久喜市、新潟県十日町市、新潟県中魚沼郡津南町および長野県下水内郡栄村	左記に相続財産である土地等や、左記に多くの資産を有する未上場会社の株式がある場合	平成24年1月11日

(2) 建物や家庭用財産、自動車等が被災した場合の特例（災害減免法6）

　大震災発生前の相続で、相続税申告等の期限が大震災発生後という人が、相続等により取得した財産に「甚大な被害」を受けた場合には、当該財産については、「被害を受けた部分の価額」（補てん目的の保険金、損害賠償金等を除きます）を控除して相続税を計算します。「甚大な被害」、「被害を受けた部分の価額」についてはQ117を参照してください。

　なお、この特例を受けようとする人は、相続税の申告書等に、被害の状況その他一定の事項を記載した計算明細書（「災害減免法第6条の規定による相続税・贈与税の財産の価額の計算明細書」）を添付する必要があり、たとえその計算結果が相続税の基礎控除以下でも相続税申告が必要となります。

(3) 特定土地等や特定株式等の評価の特例（震法34）

　大震災発生後に相続税の申告期限が到来する人が、大震災発生前に相続等により取得した特定土地等または特定株式等で、平成23年3月11日において所有していたものの相続税評価額は、その相続時の時価によらず大震災発生後を基準とした価額によることができます。詳しくはQ116をご参照ください。なお、この「震災後を基準とした価額」の具体的な計算方法等は、特定土地等については「平成23年分路線価・評価倍率」に「調整率」を乗じて計算することとなっており、「調整率」は10月ないし11月に国税庁ホームページで公表される予定で、特定株式等については、現在国税庁において検討中です。

4　大震災以後相続発生、大震災後申告期限到来の場合の取扱い

Q115　平成23年3月11日に東日本大震災で亡くなった人の相続税申告は、いつまでに行わなければなりませんか。また、何か注意する点等ありましたら教えてください。

4 大震災以後相続発生、大震災後申告期限到来の場合の取扱い

◆ポイント

◇被相続人の住所地が、青森県、岩手県、宮城県、福島県、茨城県の5県にあるときは、申告期限は自動的に延長されます（Q114参照）。それ以外の場合でも、相続人が実際に震災の被害を受けて相続税の申告・納付が事実上不可能であるようなときは、「災害による申告、納付等の期限延長申請書」を提出すれば、期限延長の適用を受けることができます。

◇財産の評価については、相続発生時、つまり大震災後の評価額となるため、被害を受けた額等がある場合には当然に財産の価額に反映されます。

◇相続税の申告手続きのためには、相続人の確定のための戸籍謄本の添付、預金等の相続財産確定の作業等が必要ですが、東日本大震災に伴い各省庁から様々な情報や要請が出され、最大限の便宜が図られるものと思われます。

A

(1) 申告期限の延長（通法11）

① 国税庁長官の指定地域内の納税地の人

青森県、岩手県、宮城県、福島県、茨城県の5県に相続税の納税地がある人は申告期限が自動的に延長されています。詳しくはQ114をご参照ください。

② ①以外の納税地の人

東日本大震災により期限までに申告・納付等ができない場合には、「災害による申告、納付等の期限延長申請書」を提出することにより、その理由がやんだ日から2カ月以内の範囲で、申告等の期限が延長されます。なお、「理由がやんだ日」は、平成23年8月時点では特定されておりませんが、期限延長の適用を受けたい場合には、本来の申告期限までに申請書を提出することをお勧めします。

(2) 財産の評価について

相続財産の評価の原則は、その相続財産を取得した時の価額、つまり相続

215

時点での価額です。よって、大震災発生後の相続の場合、相続財産の評価額には当然大震災の影響が加味されていなければなりません。土地等の不動産に関しては、地域ごとに何らかの減額割合等が定められることが予想されますが、建物や動産等については、例えばその評価額の基礎となる固定資産税評価額には大震災の影響が加味されていないと思われますので、評価時に納税者自身によってQ117における「被害を受けた金額」を準用する等して、大震災の影響を評価額に織り込む必要があると考えられます。

(3) 相続税申告手続きについて

① 戸籍謄本の添付

　相続税の申告手続きにあたっては、相続人を確定させるため、被相続人の出生から死亡までの戸籍謄本を相続税申告書に添付する必要があります。東日本大震災により、市区町村では戸籍が滅失してしまったところがありますが、戸籍は、市町村で戸籍の正本を備え付け、管轄法務局で戸籍の副本および届書を保存しています。戸籍の正本が滅失した場合でも、管轄法務局で保存している戸籍の副本等に基づき戸籍の再製が可能ですので、市区町村で戸籍が滅失してしまった人は、管轄の法務局にお問い合わせください。

局　名	管轄区域	所　在　地	電話番号
盛岡地方法務局	岩手県	盛岡市内丸7-25　盛岡合同庁舎	(019)624-1141
青森地方法務局	青森県	青森市長島1-3-5 青森第二合同庁舎	(0177)76-6231
仙台法務局	宮城県	仙台市青葉区春日町7-25 仙台第3法務総合庁舎	(022)225-5689
福島地方法務局	福島県	福島市霞町1-46　福島合同庁舎	(024)534-1111
水戸地方法務局	茨城県	水戸市北見町1-1	(029)227-9911

② 相続財産の確定

　相続税の申告にあたっては、被相続人が死亡の時に所有していた相続財産を特定する必要がありますが、東日本大震災により、預金通帳、証券会社か

らの報告書や生命保険証券を紛失してしまった人も多いと思います。金融庁は東日本大震災にあたり、「平成23年（2011年）東北地方太平洋沖地震にかかる災害に対する金融上の措置について」として、各金融機関（銀行、信用金庫、証券会社、生命保険会社等）へ、可能な限りの便宜措置を講ずることを要請しています。例えば被相続人の預金通帳や届出印を紛失してしまった場合でも、預金者の相続人本人と確認できれば相続による預金の払戻し・名義変更等の手続きに応じてもらえるものと考えられます。

5　特定土地等、特定株式等についての相続税の課税価格の計算特例

Q116 平成22年末に亡くなった父の遺した土地が被災地にありますが、津波でかなりの被害を受けています。この土地は平成22年の路線価で評価し、相続税の申告をしなければなりませんか。

◆ポイント

◇相続税計算上、財産評価の原則は相続発生日における価額です。しかし、東日本大震災の対応措置として、申告期限が平成23年3月11日以降の相続税申告については、財務大臣の指定地域内の土地・借地権や同地域内に多くの資産を有する未上場会社の株式・出資の評価額は、相続発生時の価額によらず、大震災発生直後の価額によることもできます。なお、この場合、相続税の申告等の期限は平成24年1月11日まで延長されます。

◇ただし、上記の取扱いは平成23年3月11日において、相続人等が所有していたものに限られます。

◇同地域内に多くの資産を有する未上場会社の株式・出資とは、会社の所有する財産に占める財務大臣の指定地域内の動産等の割合が30％以上の会社の株式等です。

A **(1) 概要**

大震災発生後に相続税の申告期限が到来する人が、大震災発生前に相続等により取得した被災地にある土地・借地権（特定土地等）または同地域内に多くの資産を有する非上場会社の株式・出資（特定株式等）で、平成23年3月11日において所有していたものの相続税の評価額は、その相続時の時価によらず、「震災後を基準とした価額」によることができます。

本年も例年どおり、平成23年7月1日に「平成23年分路線価・評価倍率」が国税庁から公表されましたが、これは平成23年に相続・贈与により取得した土地等に係る相続税・贈与税を計算する際に使うもので、平成23年1月1日時点の価額です。つまり、被災地域にあっては、「平成23年分路線価・評価倍率」は大震災発生前の価額です。そこで、「震災後を基準とした価額」は、この「平成23年分路線価・評価倍率」に「調整率」を乗じて計算することになります。「調整率」は10月ないし11月に国税庁ホームページで公表される予定です。

(2) 特定土地等とは

特定土地等とは、東日本大震災により相当な被害を受けた地域として財務大臣の指定する地域（指定地域）内にある土地等をいい、具体的な地域は、青森県、岩手県、宮城県、福島県、茨城県、栃木県および千葉県の全域、並びに、埼玉県加須市（旧北川辺町および旧大利根町の区域に限る）、埼玉県久喜市、新潟県十日町市、新潟県中魚沼郡津南町および長野県下水内郡栄村です。

(3) 特定株式等とは

特定株式等とは、上記指定地域内に保有する動産等（金銭および有価証券を除く動産、不動産、不動産の上に存する権利および立木）の割合が保有資産の3割以上である非上場会社の株式または出資をいいます。なお「3割以上」であるかどうかの判定は、その株式等を相続により取得した時の相続税評価額により行います。

6　甚大な被害を受けた場合の相続税の減免措置

Q117　Q113およびQ114において、相続により取得した財産について、甚大な被害を被った場合に相続税の軽減または免除の適用があることがわかりましたが、「被害額が甚大であるかどうか」の判定、「被害を受けた部分の価額」の具体的な計算はどのように行うのでしょうか。

◆ポイント
◇建物や家財、自動車等が被害を受けた場合の特例です。
◇被害を受けた金額が相続財産の価額の10分の1以上であるか、被害を受けた動産等の金額が動産等の全体額の10分の1以上である場合には、被害が甚大であるとされます。
◇被害の額が10分の1以上であるかどうかは、相続財産全体ではなく、相続人ごとに判定します。したがって、遺産分割を工夫することにより被害の額を10分の1以上にすることも可能です。
◇10分の1以上かどうかの判定は、相続税評価額により行い、被害額の計算上、保険金・損害賠償金で補てんされた金額は除きます。
◇被害を受けた部分の金額は被害を受けた相続財産等の価額に被害割合を乗じて計算します。
◇被害割合は、被害額を被害を受ける直前の時価で除して計算します。
◇被害額および被害を受ける直前の時価が明らかでない場合の被害割合は、「被害割合表」等を用いて合理的な計算方法により求めます。

A　(1)　甚大な被害の判定

相続等により取得した建物や家財、自動車等の財産が、大震災により被害を受けた場合には、次の①または②のいずれかに該当するときは、相続税の軽減または免除が受けられます。

① (相続した財産について被害を受けた部分の価額 − 補てん目的の保険金等)÷相続した財産の価額(債務控除後)(注1) ≧ 1/10
② (相続した動産等(注2)について被害を受けた部分の価額 − 補てん目的の保険金等)÷相続した財産の価額(債務控除後) ≧ 1/10

(注1) 「相続時精算課税適用財産の価額」の金額がある場合には、「純資産価額」から「相続時精算課税適用財産の価額」を差し引いた後の金額です。なお、小規模宅地等についての相続税の課税価格の計算の特例、特定土地等および特定株式等に係る相続税の課税価格の計算の特例(Q116参照)などの適用を受けている場合は、特例適用後の価額です。

(注2) 「動産等」とは、金銭および有価証券を除く動産、不動産(土地および土地の上に存する権利を除きます)および立木をいい、建物や自動車、家財などがあてはまります。また、「動産等」には、相続時精算課税適用財産や相続財産に加算される暦年課税分の贈与財産は含まれません。

相続等により取得した財産について大震災により受けた被害額が10分の1以上の場合には、財産額からその被害額を控除して相続税の計算を行います。また延納中の相続税については被害額に対応する税額が免除されます。

この場合において、被害額が10分の1以上か否かの判断は、相続人ごとに行います。申告期限前に被害を受けた場合で正式な遺産分割がまだ行われていないときには、大震災の被害を受けた財産は、相続する財産が少ない人が相続するようにして、10分の1以上の判定をクリアした方がよいでしょう。その被害額が10分の1以上である場合には、その被害額を財産額から控除して相続税を計算しますので、結果として相続人全員の相続税が軽減されることになります。したがって、相続人全員で協力し、相続税の軽減や免除の特例の適用を受けられるような遺産分割を検討することも必要です。

(2) 被害を受けた部分の価額

個々の相続財産等につき、次の算式により計算します。

> 被害を受けた部分の価額 = 被害を受けた相続財産等の価額(注) × 被害割合

(注) 「被害を受けた相続財産等の価額」は、次のとおりです。

① 小規模宅地等についての評価減の特例や、特定土地等および特定株式等に係る相続税の課税価格の計算の特例などの課税価格の計算の特例の適用を受けているときは、その特例適用後の価額となります。
② 「被害を受けた相続財産等の価額」には、相続時精算課税適用財産や相続財産に加算される暦年課税分の贈与財産の価額は含まれません。

(3) 被害額や被害にあったときの時価が明らかな場合の被害割合

「被害割合」は、被害額を被害にあったときの時価で除した割合です。

$$被害割合 = \frac{被害額（保険金等による補てん額を控除した金額）}{被害にあったときの時価（被害を受ける直前の価格）}$$

「被害割合」については、被害額から保険金等による補てん額を控除するとされていますが、申告等の時点で保険金等による補てん額が確定していないときは、その見積り額を被害額から差し引いて「被害割合」を計算します。

なお、その見積り額が、後日確定した保険金等の金額と異なるときは、遡って訂正します。

(4) 被害額や被害にあったときの時価が明らかでない場合の被害割合

「別表1　被害割合表」(223ページ参照) 等を用いて合理的な計算方法により求めてよいとされています。

なお、合理的な計算方法により計算した「被害割合」が実態に合わない場合には、被害を受けた個々の財産について個別に計算します。

① **保険金等による補てんがない場合の被害割合の合理的な計算方法**

被害を受けた財産について保険金等による補てんがない場合の「被害割合」については、後記「別表1　被害割合表」により求めた被害割合とします。

② **保険金等による補てんがある場合の被害割合の合理的な計算方法**

被害を受けた財産について保険金等による補てんがある場合の被害割合については、次の算式により計算します。

> 被害割合 = (A × B − C)／A
>
> A…被害を受けた財産の被害があった時の時価(被害を受ける直前の価額)として次のイ、ロ、ハまたはニにより求めた価額
> B…「別表1　被害割合表」により求めた被害割合
> C…保険金等による補てん額を控除した金額

イ　建物

　(a) 取得価額が明らかな場合には、建物の取得価額から「償却費相当額」を差し引いた額、(b) 取得価額が明らかでない場合には、「別表2　地域別・構造別の工事費用表（1m²当たり）」(224ページ参照)により求めた金額から「償却費相当額」を差し引いた額とします。

　「償却費相当額」については、業務用資産の場合は、事業所得や不動産所得の必要経費に算入される償却費の累積額とし、非業務用資産の場合は、非事業用資産の減価償却の額の計算（事業用の1.5倍の耐用年数）の規定に準じて計算した金額とします（以下ロ～ニについて同じ）。

　なお、後記別表2について、該当する地域の工事費用が全国平均を下回る場合または値が存在しない場合のその地域の工事費用については、全国平均の工事費用とします。

ロ　家庭用財産

　(a) 取得価額が明らかな場合には、家庭用財産の取得価額から「償却費相当額」を差し引いた額、(b) 取得価額が明らかでない場合には、「別表3　家族構成別家庭用財産評価額」(224ページ参照)により求めた金額とします。

ハ　車両

　車両の価額については、取得価額から「償却費相当額」を差し引いた額とします。

ニ　その他

　農機具および船舶等の事業用（農業）財産の価額については、上記ハに準じて求めます。

6 甚大な被害を受けた場合の相続税の減免措置

(5) **参考**（出典：平成23年4月27日　国税庁資産課税課情報　第8号）

別表1　被害割合表

区分	損害区分		被害割合		摘要
			建物	家庭用財産	
損壊	全壊・流出・埋没・倒壊		%	%	被害建物の残存部分に補修を加えても、再び建物として使用できない場合
	（倒壊に準ずるものを含む）		100	100	建物の主要構造部の被害額がその建物の時価の50％以上であるか、損失部分の床面積がその建物の総床面積の70％以上である場合
	半　　壊		50	50	建物の主要構造部の被害額がその建物の時価の20％以上50％未満であるか、損失部分の床面積がその建物の総床面積の20％以上70％未満で残存部分を補修すれば再び使用できる場合
	一部破損		5	5	建物の主要構造部の被害が半壊程度には達しないが、相当の復旧費を要する被害を受けた場合
浸水	床上1.5m以上	平屋	80（65）	100（100）	・海水や土砂を伴う場合には上段の割合を使用し、それ以外の場合には、下段のかっこ書の割合を使用する。 なお、長期浸水（24時間以上）の場合には、各割合に15％を加算した割合を使用する。 ・床上とは、床板以上をいい、2階のみ借りている場合は、「床上」を「2階床上」と読み替え平屋の割合を使用する。 ・2階建以上とは、同一人が1階、2階以上とも使用している場合をいう。
		2階建以上	55（40）	85（70）	
	床上1m以上1.5m未満	平屋	75（60）	100（100）	
		2階建以上	50（35）	85（70）	
	床上50cm以上1m未満	平屋	60（45）	90（75）	
		2階建以上	45（30）	70（55）	
	床上50cm未満	平屋	40（25）	55（40）	
		2階建以上	35（20）	40（25）	
	床　　下		15（0）	―	

（注）　車両に係る被害割合については、上記を参考に、例えば、津波による流出で「補修を加えても再び使用できない場合」には被害割合100％とするなど、個々の被害の状況を踏まえ適用します。

（注）　建物の主要構造部とは、壁、柱、床、はり、屋根または階段をいい、建築物の構造上重要でない間仕切壁、間柱、付け柱、揚げ床、廻り舞台の床、最下階の床、小ばり、ひさし、局部的な小階段、屋外階段その他これらに類する建築物の部分を除くものとされています。具体的には、木造住宅の場合は、軸組（柱、壁、はり）基礎、屋根、外壁等をいい、マンション（区分所有建物）の場合は、柱、床（最下階部分を除きます）、構造上重要な戸堺、はり、屋根または階段等をいいます。

別表2　地域別・構造別の工事費用表（1m²当たり）

	木造	鉄骨鉄筋コンクリート造	鉄筋コンクリート造	鉄骨造		木造	鉄骨鉄筋コンクリート造	鉄筋コンクリート造	鉄骨造
	千円	千円	千円	千円		千円	千円	千円	千円
北海道	148	188	146	177	滋　賀	156	154	171	196
青　森	139	134	263	166	京　都	168	228	173	199
岩　手	143	222	183	175	大　阪	160	172	188	188
宮　城	146	146	167	177	兵　庫	159	198	191	192
秋　田	137	135	190	166	奈　良	163	146	181	198
山　形	146	23	134	154	和歌山	152	111	217	194
福　島	149	143	199	172	鳥　取	152	—	114	175
茨　城	154	204	179	186	島　根	157	—	183	169
栃　木	155	145	170	177	岡　山	162	—	181	185
群　馬	157	136	193	181	広　島	157	217	180	188
埼　玉	159	229	217	195	山　口	158	—	179	186
千　葉	161	198	211	196	徳　島	139	191	176	165
東　京	178	256	247	235	香　川	151	280	170	168
神奈川	170	257	221	224	愛　媛	146	140	157	176
新　潟	155	49	161	178	高　知	154	61	152	181
富　山	154	215	166	158	福　岡	149	150	160	183
石　川	156	190	189	170	佐　賀	147	—	159	180
福　井	151	103	173	173	長　崎	141	189	168	180
山　梨	166	286	263	179	熊　本	142	132	147	175
長　野	166	161	207	177	大　分	147	156	152	180
岐　阜	156	43	182	184	宮　崎	129	126	143	168
静　岡	165	203	186	198	鹿児島	138	143	143	162
愛　知	165	154	181	198	沖　縄	154	161	167	196
三　重	165	—	169	197	全国平均	158	214	198	195

参考：「建築統計年報　平成22年度版」（国土交通省総合対策局情報安全・調査課建設統計室）を基に、国税庁計算

別表3　家族構成別家庭用財産評価額

世帯主の年齢	夫　婦	独　身
〜29歳	500万円	万円
30〜39	800	300
40〜49	1,100	
50〜	1,150	

（注）　大人（年齢18歳以上）1名につき130万円加算、子供1名につき80万円加算

7　大震災前相続発生、大震災後申告期限到来の場合の具体的計算例

Q118　Q117までで、東日本大震災に伴う相続税の取扱いの概要がわかりました。具体的に以下のようなケースの場合、相続税額はどのように変わるのでしょうか。私は大震災発生前に発生した父の相続にあたり、以下のような申告を行う予定でした。

　　被相続人：宮城県仙台市在住

　　相続人：兄（仙台市在住、持ち家なし）、弟（東京都在住）

　　相続発生日：平成22年10月1日

　　本来の申告期限：平成23年8月1日

　　相続財産：現預金等流動資産：5,000万円

　　　　建物（自宅）：1,500万円

　　　　（2階建住宅で土砂や海水を伴わない24時間以上の床上浸水30cm、被害時の時価　2,500万円、保険金額125万円）

　　　　土地（仙台市、自宅敷地）：2,000万円（240m^2）

　　　　土地（仙台市、駐車場）1,800万円

　　　　自動車：200万円（補修を加えても再び使用ができない状況）

　　　　合計：1億500万円

◆ポイント

　◇申告期限は自動的に、平成24年1月11日まで延長されます。

　◇災害減免法の規定により、浸水した自宅部分、被災した自動車などの甚大な被害を受けた部分については、相続財産の評価の対象外となります。

　◇震災特例法の規定により、土地については平成22年の路線価によらず、大震災発生直後の価格を基準として評価することができます。

A 　申告期限は、平成23年９月30日（国税庁長官指定地域）と平成24年１月11日（財務大臣指定地域）のどちらか遅いほう、つまり平成24年１月11日まで延長されます（Q114参照）。相続税額は、下記のとおり、当初申告予定と比較して特例適用後は約100万円軽減されます。

当初予定遺産分割および相続税額　　　　　（単位：千円）

相 続 財 産	合 計	兄	弟
現預金等流動資産	50,000	30,000	20,000
建物（自宅）	15,000	15,000	
土地（自宅敷地）	20,000	20,000	
小規模宅地等の評価減	△16,000	△16,000	
土地（駐車場）	18,000		18,000
自動車	2,000	2,000	
合　　計	89,000	51,000	38,000
相続税額	1,900	1,089	811

(1) 甚大な被害を受けた場合の相続税の減免措置の計算

動産等は、建物および自動車の合計17,000千円で、相続人ごとに判定します。
（下記①5,250千円＋②2,000千円）／17,000千円＝42.6％＞10％
　∴被害が甚大

① 建物

　被害割合＝（被害額－保険金等による補てん額）／被害があったときの時価
　　　　　＝（25,000×0.4※－1,250）／25,000
　　　　　＝0.35

　　※　一部損壊５％＋床上浸水50cm未満・２階建住宅で土砂や海水を伴わない場合20％＋24時間以上の長期浸水15％＝40％

　被害を受けた部分の金額＝被害を受けた建物（相続税評価額）×被害割合
　　　　　　　　　　　　＝15,000千円×0.35
　　　　　　　　　　　　＝5,250千円の減額

当初申告予定15,000千円－5,250千円＝9,750千円

② 自動車　全壊で100％（2,000千円）減額

(2) 特定土地等、特定株式等についての相続税の課税価格の計算特例

震災後を基準とした価額
自宅敷地：18,000千円、駐車場土地15,000千円

(3) 特例適用後遺産分割および相続税額

上記(1)、(2)より、小規模宅地等の評価減適用後の相続財産の評価額が89,000千円から78,350千円となり、相続税額が1,065千円軽減されます。

相続財産	合計	兄	弟
現預金等流動資産	50,000	30,000	20,000
建物（自宅）	9,750	9,750	
土地（自宅敷地）	18,000	18,000	
小規模宅地等の評価減	△14,400	△14,400	
土地（駐車場）	15,000		15,000
自動車	0	0	
合計	78,350	43,350	35,000
相続税額	835	462	373
当初予定申告との差額	△1,065	△627	△438

8　東日本大震災と「小規模宅地等についての相続税の課税価格の計算の特例」との関係

Q119　相続により取得した被相続人の事業用の宅地について、東日本大震災によりその事業を営むことができなくなった場合には、「小規模宅地等についての相続税の課税価格の計算の特例」は適用できませんか。

第1部　個人編

◆ポイント

◇当該宅地を取得した相続人が、事業再開の準備を進めている場合は、「小規模宅地等についての相続税の課税価格の計算の特例」を適用できる可能性があります。
◇特定居住用宅地等その他の小規模宅地等における居住または事業の継続要件の判定についても同様です。

A　被相続人の事業用の宅地について、「小規模宅地等についての相続税の課税価格の計算の特例」を受けるためには、当該宅地等を相続により取得した親族が、相続開始の時から相続税の申告期限までの間にその宅地等の上で営まれていた被相続人の事業を引き継ぎ、申告期限まで引き続きその宅地等を所有し、かつ、その事業を営んでいることが要件です。

　被相続人の事業の用に供されていた建物が東日本大震災により被害を受けたため、相続税の申告期限においてその事業が休業中である場合であっても、その建物を相続により取得した被相続人の親族が事業再開のための準備を進めているときには、その建物の敷地は、その申告期限においてもその相続人の事業の用に供されているものとして取り扱われます。これにより「小規模宅地等についての相続税の課税価格の計算の特例」の要件の1つである事業の継続要件は満たすことになりますので、その他の要件をすべて満たす場合には、特例の適用を受けることができます。

　これは、特定居住用宅地等、特定同族会社事業用宅地等および貸付事業用宅地等における居住または事業の継続要件の判定においても、同様の取扱いとされています。

9　東日本大震災に伴う贈与税の取扱いについて

Q120　東日本大震災への対応措置も含めて、災害に伴う贈与税の取扱いについて教えてください。

◆ポイント

◇建物や家庭用財産、自動車等が被災した場合の特例（災害減免法）や被災地にある土地や一定の非上場株式の評価の特例（震災特例法）、住宅取得資金等の贈与を受けた場合の入居要件等の特例（震災特例法）、申告期限の延長の特例（国税通則法）等があり、贈与時期により適用となる特例が異なります。

A　贈与時期ごとに区分した場合、東日本大震災に伴う贈与税の取扱いの概要は、以下のとおりです。

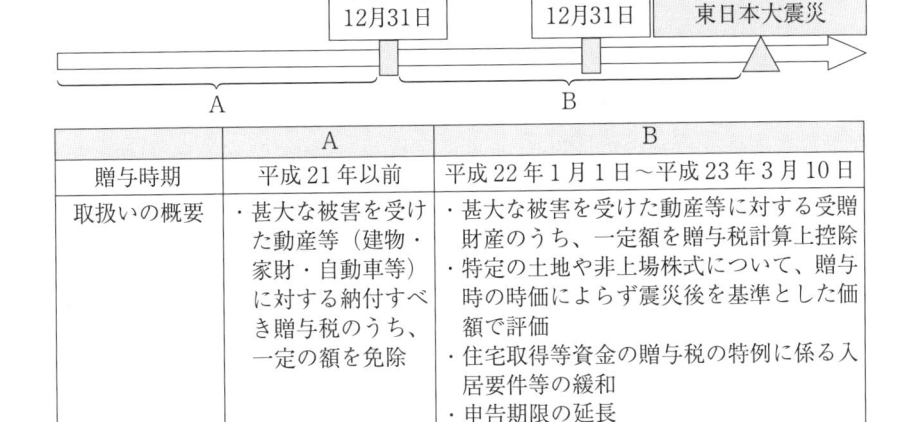

　　　　　　　　　　平成21年　　　平成22年　　平成23年3月11日
　　　　　　　　　　12月31日　　　12月31日　　東日本大震災

　　　　　──────────────△────────▶
　　　　　└──── A ────┘└──── B ────┘

	A	B
贈与時期	平成21年以前	平成22年1月1日～平成23年3月10日
取扱いの概要	・甚大な被害を受けた動産等（建物・家財・自動車等）に対する納付すべき贈与税のうち、一定の額を免除	・甚大な被害を受けた動産等に対する受贈財産のうち、一定額を贈与税計算上控除 ・特定の土地や非上場株式について、贈与時の時価によらず震災後を基準とした価額で評価 ・住宅取得等資金の贈与税の特例に係る入居要件等の緩和 ・申告期限の延長
根拠法令等	災害減免法第4条	災害減免法第6条 震災特例法第35条～第37条 国税通則法第11条

なお、上記の特例については、相続税における取扱いと同様となります。

10　住宅取得等資金の贈与を受けている場合の取扱い

Q121 平成22年に父から私の自宅を建築するための資金1,000万円を贈与され、今年の2月に新居が完成しました。入居の準備を進めていたところ、東日本大震災により通常の修繕では原状回復できないほどの損壊を受けてしまいました。今後入居することはできないと思われますが、この場合は「住宅取得等資金の贈与の特例」の適用を受けることはできないのでしょうか。

◆ポイント

◇適用を受けることはできます。東日本大震災の影響で、新築等した住居が滅失したために入居することができなくなってしまった場合においても、「住宅取得等資金の贈与税の特例」を受けることができる対応措置が設けられました。

◇住宅用家屋が滅失していなくても、東日本大震災の影響でやむを得ず入居ができない場合、新築等の時期が遅れる場合における対応措置も設けられています。

◇東日本大震災に伴う「住宅取得等資金の贈与税の特例」に係る入居要件等の緩和をまとめると以下のとおりとなります。

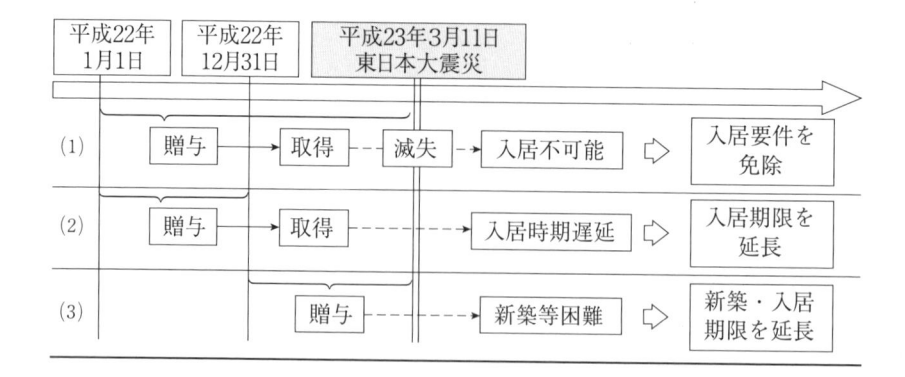

	平成22年1月1日	平成22年12月31日	平成23年3月11日 東日本大震災		
(1)	贈与	→ 取得	--- 滅失 → 入居不可能	⇨	入居要件を免除
(2)	贈与	→ 取得	→ 入居時期遅延	⇨	入居期限を延長
(3)		贈与	--- → 新築等困難	⇨	新築・入居期限を延長

10 住宅取得等資金の贈与を受けている場合の取扱い

A 　平成22年1月1日から平成23年12月31日までの間にその直系尊属（父母、祖父母等）から住宅用家屋の新築、取得または増改築等に充てるための金銭（以下「住宅取得等資金」といいます）の贈与を受けた一定の受贈者（以下「特定受贈者」といいます）が、住宅用家屋の新築、取得または増改築等についてそれぞれ一定の要件を満たすときには、その贈与により取得した住宅取得等資金のうち一定の額（平成22年：1,500万円、平成23年1,000万円）までの金額については、贈与税が非課税とされています（措法70の2①）。

　また、一定の要件を満たす住宅取得等資金の贈与であれば、65歳未満の親からであっても相続時精算課税制度を選択することができます（措法70の3）。

　これらの適用を受けるためには、贈与の年の翌年3月15日までに住宅用家屋を新築等し、同年12月31日までにその住宅用家屋に入居することが必要です。

(1)　住宅取得等資金の贈与を受け、住宅用家屋等を新築等して未入居の人が、東日本大震災によって当該住宅用家屋を滅失してしまった場合の救済措置です。平成22年1月1日から平成23年3月10日までの間に住宅取得等資金の贈与を受けた人で、住宅用家屋の新築(注)、取得または増改築等（以下「新築等」といいます）をした人が、同日後遅滞なくその住宅用家屋に入居することが確実であると見込まれるとして「住宅取得等資産の贈与税の特例」の適用を受けた（もしくは受ける）場合において、その住宅用家屋が東日本大震災により滅失（通常の修繕によっては原状回復が困難な損壊を含みます）してしまったことにより入居できなかったときは、入居しなくても特例の適用があります。

　(注)　「新築」とは、新築に準ずる状態として、屋根を有し土地に定着した建造物と認められる時以後の状態にあるものを含みます。

(2)　住宅取得等資金の贈与を受け、住宅用家屋等を新築等して未入居の人が、

第1部　個人編

東日本大震災によって期限までに当該住宅用家屋への入居ができない場合の救済措置です。平成22年1月1日から同年12月31日までの間に住宅取得等資金の贈与を受けた人が、住宅用家屋の新築等をし、平成23年3月15日後遅滞なくその住宅用家屋に入居することが確実であると見込まれるとして「住宅取得等資金の贈与税の特例」の適用を受けた（もしくは受ける）場合において、東日本大震災によるやむを得ない事情で、その住宅用家屋に平成23年12月31日までに入居できなかったときは、その入居の期限が平成24年12月31日まで延長されます。

(3)　住宅取得等資金の贈与を受け、これから住宅用家屋等を新築等しようとする人が、東日本大震災によって当該住宅用家屋の新築等が期限までにできない場合の救済措置です。平成23年1月1日から3月10日までの間に贈与により住宅取得等資金の贈与を受けた人が、その金銭を対価に充てて住宅用家屋の新築等をする場合において、東日本大震災によるやむを得ない事情で、平成24年3月15日までに新築等ができなかったときは、その新築等の期限が平成25年3月15日まで延長され、その入居の期限が平成25年12月31日まで延長されます。

　なお、上記(1)～(3)のいずれのケースにおいても、特例の適用を受けるためには贈与税申告が必要です。

11　相続財産を寄附する場合の取扱い

Q122　平成22年12月の父の相続により取得した金銭を、東日本大震災で被災された方々のためにお役立ていただきたく、日本赤十字社に寄附することにしました。寄附を行う場合、税金が減額されることがありますが、相続税についてもそのような特例があるのでしょうか。

11 相続財産を寄附する場合の取扱い

◆ポイント
　◇相続によって取得した財産を国や地方公共団体、一定の法人等に寄附する場合には、相続税の一部が減額される特例があります。もちろん、日本赤十字社も特例の適用対象となる寄附先です。
　◇この特例の適用を受けるためには、相続税の申告書に日本赤十字社に寄附を行ったことが確認できる書類を添付する必要がありますので、それらを保存しておくことが必要です。

A　相続等によって財産を取得した人が、その相続税の申告書の提出期限までに、その取得した財産を、国もしくは地方公共団体または公益社団法人もしくは公益財団法人その他の公益事業を行う法人のうち教育もしくは科学の振興、文化の向上、社会福祉への貢献その他公益の増進に著しく寄与する特定のもの（以下「特定の公益法人」といいます）に対して贈与をした場合には、その贈与した財産の価額は、その相続や遺贈についての相続税の計算に含まれません。したがって、日本赤十字社に寄附したその相続財産には相続税がかからないことになります。ただし、その寄附が、その寄附者またはその親族その他これらの人と特別の関係にある人の相続税や贈与税の負担を不当に減少させる結果となると認められる場合には、この特例の適用は認められません。

　また、この特例の適用を受けるためには、相続税の申告書等にこの特例の適用を受ける旨およびその寄附に関する事項を記載し、かつ、ご質問の場合は日本赤十字社の「東日本大震災義援金」口座等に支払ったことが確認できる書類（郵便振替で支払った場合の半券や銀行振込で支払った場合の振込票の控えなど）を添付しますので、寄附をした証拠となる書類は申告期限まで保管しておくことが必要です。

　なお、日本赤十字社以外に上記相続税の特例の適用を受けられる寄附先について、東日本大震災に関連すると思われる先を次ページにまとめましたので、ご参考になさってください。

相続税が非課税となる寄附先（東日本大震災関連）

① 国・地方公共団体		青森県、岩手県、宮城県、福島県、茨城県、栃木県、千葉県、長野県、その他被災地の市区町村等
② 特定の法人	a．独立行政法人	国立病院機構　等
	b．国立大学法人	弘前大学、岩手大学、東北大学、宮城教育大学、秋田大学、山形大学、福島大学　等
	c．地方独立行政法人	北海道立総合研究機構（津波災害復興対策調査）、宇宙航空研究開発機構（JAXA）、防災科学技術研究所情報通信研究機構（NICT）、農業・食品産業技術研究機構　等
	d．公立大学法人	青森県立保健大学、青森公立大学、岩手県立大学、宮城大学、東北福祉大学、秋田県立大学、国際教養大学、山形県立保健医療大学、会津大学、福島県立医科大学　等
	e．事業団	日本私立学校振興、共済事業団
	f．振興会	日本赤十字社
③ 公益社団法人 公益財団法人		日本ユニセフ協会　等
④ 学校法人		私立学校法第3条に規定する学校法人
⑤ 社会福祉法人		中央共同募金会、テレビ朝日福祉文化事業団（テレビ朝日ドラえもん募金）、その他保育園や老人ホーム等を設置する社会福祉法人
⑥ 認定NPO法人		下記のHPに記載のNPO法人 http://www.nta.go.jp/tetsuzuki/denshi-sonota/npo/meibo/01.htm

column 相続人が行方不明の場合、同時死亡の場合

●相続人が行方不明の場合

　東日本大震災で地震や津波の被害にあわれた人が行方不明となり、死亡したという証拠がなく、また認定死亡（水難・火災・震災等による死亡が確実だが遺体の確認ができない場合、取調べをした警察等から、原則として死亡地の市町村長への死亡報告により本人の戸籍に死亡の記載を行うこと）の制度も利用しづらい場合、行方不明の人をいつまでも生存者として取り扱うのは、その人の遺産相続等が長い間放置されることになり、家族には資金面等で問題が生じます。

　そこで東日本大震災の行方不明者の状況を鑑み、法務省は、死亡届の受理を簡素化する特例措置を設けました。具体的には、東日本大震災で被災した人で、遺体が発見されていない人についても、以下の書類（①は必須、②〜⑤は可能な限り）を提出すれば死亡届を市区町村に受理してもらえます。

① 届出人の申述書
② 死亡したと考えられる方の被災状況を現認した者等の申述書
③ 在勤証明書または在学証明書等の死亡したと考えられる方が東日本大震災の発生時に被災地域にいたことを強く推測させる客観的資料
④ 死亡したと考えられる方の行方が判明していない旨の公的機関からの証明書等
⑤ 僧侶等が葬儀をした旨の証明書等のその他参考となる書面

　死亡届が受理されると相続が発生しますので、死亡届を提出するにあたってはご家族と十分に相談する必要があります。

　また、生死不明の状態が一定の期間（失踪期間）継続した場合、一定の条件の下でその不在者を死亡とみなし、その人をめぐる法律関係を処理する失踪宣告という制度もあります。東日本大震災で行方不明となっている人の場合は、地震や津波等の危難が去った後生死が１年間明らかでないときに、家庭裁判所に対して失踪宣告を申し立てることができます（民法30②）。

●同時死亡の場合

　2人以上の方が亡くなられた場合において、そのうちの1人がもう1人の死亡後に生存していたかどうか明らかでないときは、これらの方々は同時に死亡したものと推定されます（民法32の2）。

　東日本大震災発生時に同じ家にいて、津波等の被害を受けた父と子について、次図のように、本人の死亡が確認されており、父が行方不明になっている場合に、上記「相続人が行方不明の場合」のように死亡届が受理されるか、失踪宣告によって死亡とみなされたときには、2人は同時に死亡したと考えられます。

　相続人は被相続人の死亡の時に生存していなければなりませんので、次図の父と本人との間にはお互いに相続が開始しませんが、相続人が相続の開始「以前」に死亡しているときには代襲相続が開始しますから（民法887②）、父と子が同時死亡の推定を受ける場合に、本人に子（孫）があれば、その子は本人を代襲相続することになります。

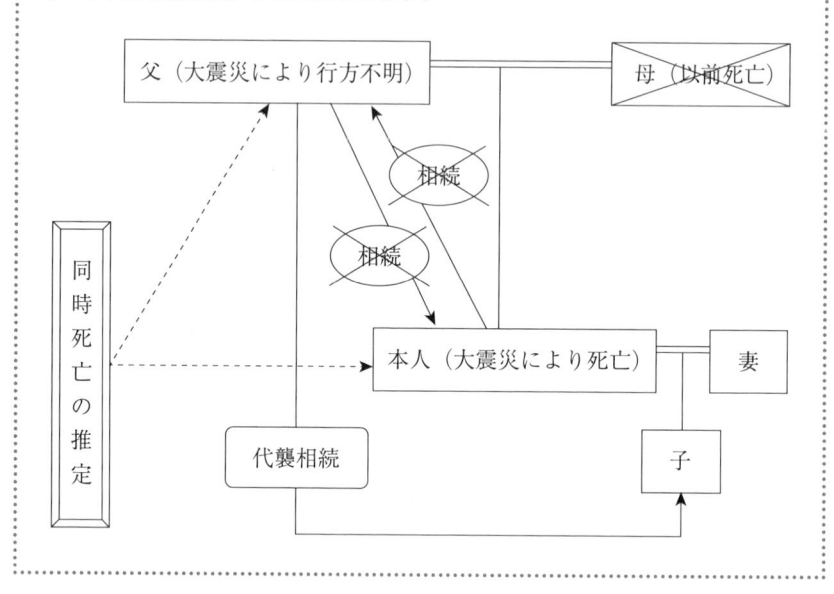

第2部　法人編

第1編　概要編

第2部　法人編

I　震災損失の繰戻しによる法人税額の還付

震災損失の繰戻しによる法人税額の還付

Q1　東日本大震災により被害を受けた法人については、法人税額の還付が受けられる特例があるそうですが、その制度の概要を教えてください。

A　① 東日本大震災に係る震災損失により生じた欠損金額がある場合は、震災前2事業年度において納付した法人税額のうち、その欠損金額に対応する部分の金額（次ページの計算式）の還付を受けることができます。

② この特例の適用を受けるためには、被災事業年度（平成23年3月11日から平成24年3月10日までの間に終了する事業年度または平成23年3月11日から平成23年9月10日までの間に終了する中間期間）に係る確定申告書または中間申告書および還付請求書を提出する必要があります。

③ 「東日本大震災」とは、東北地方太平洋沖地震およびこれに伴う原子力発電所の事故による災害をいいます。また「震災損失」とは、棚卸資産、固定資産または繰延資産（固定資産を利用するために支出されたもの）について生じた下表に掲げる損失の合計額（保険金等で補てんされる金額は除きます）をいいます。

④ 詳細はQ21をご参照ください。

【震災損失の範囲】

資産に係る損失	その資産の滅失、損壊または価値の減少により帳簿価額を減額したことにより生じた損失の額（その資産の取壊し費用等を含みます）
原状回復費用等	被災日から1年以内に支出する修繕費、土砂等の障害物の除去費用等（損壊または価値の減少を防止するための費用を含みます）に係る損失の額

Ⅰ　震災損失の繰戻しによる法人税額の還付

【還付税額の計算式】

$$\text{前期または前々期の法人税額} \times \frac{\text{前期または前々期に繰り戻す震災損失により生じた欠損金額}}{\text{前期または前々期の所得金額}} = \text{還付税額}$$

※　震災損失による欠損金額の繰戻しは、前期分、前々期分のいずれから適用しても構いません。

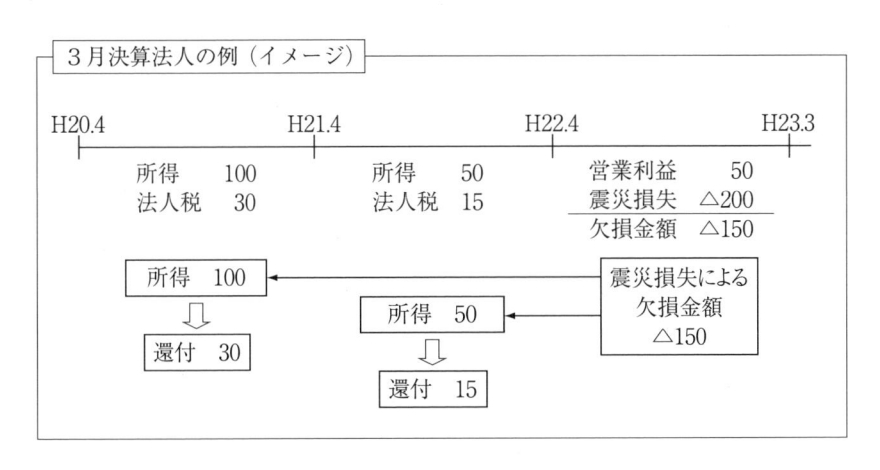

┌─3月決算法人の例（イメージ）─────────────────────┐
│   │
│ H20.4   H21.4   H22.4   H23.3   │
│ ├──────────────┼─────────────┼────────────┤   │
│   所得　　100   所得　　50   営業利益　 50   │
│   法人税　 30   法人税　15   震災損失　△200   │
│   欠損金額　△150   │
│   │
│   ┌─────┐   ┌─────┐   │
│   │所得 100│◄──────────────┐   │震災損失による│   │
│   └─────┘   ┌─────┐◄─│欠損金額   │   │
│   ⇩   │所得 50│   │△150   │   │
│   ┌─────┐   └─────┘   └─────┘   │
│   │還付 30│   ⇩   │
│   └─────┘   ┌─────┐   │
│   │還付 15│   │
│   └─────┘   │
└───────────────────────────────────┘

239

第2部　法人編

Ⅱ　資産が被災した場合の救済措置

1　被災資産に係る修繕費等の支出の取扱い

Q2 災害により半壊した当社の事務所を修繕しました。この修繕にかかった費用は税務上全額損金として認められますか。

A
① その修繕が被災資産を被災前の原状に回復するためのものである場合は、税務上損金算入されます。また、資産の被災前の効用を維持するための耐震工事等の補強工事の費用も、損金経理している場合は損金算入されます。
② 被災資産に係る工事費用でも、拡張工事のように被災前の原状と比べ明らかに価値を高めるものまたは使用可能期間が延長するもの（上記①に該当するものを除きます）は、新たな資産の取得として取り扱われ、損金となりません。
③ 被災資産以外の資産について耐震工事等を行った場合は新たな資産の取得として取り扱われ、損金となりません。
④ 詳細はQ36、Q37をご参照ください。

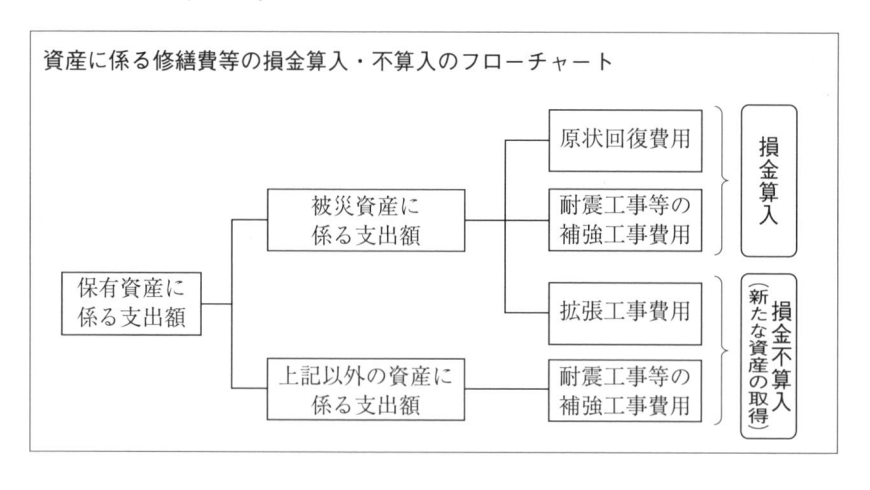

資産に係る修繕費等の損金算入・不算入のフローチャート

保有資産に係る支出額	被災資産に係る支出額	原状回復費用	損金算入
		耐震工事等の補強工事費用	
	上記以外の資産に係る支出額	拡張工事費用	損金不算入（新たな資産の取得）
		耐震工事等の補強工事費用	

※　原状回復工事と拡張工事を同時に行う場合などで損金算入部分と損金不算入部分の区分が合理的に行えないときは、支出費用の30％相当を損金算入とし、残額を損金不算入（新たな資産の取得）として処理することができます。

※　東日本大震災により被災した賃借資産（補修義務のない資産）について原状回復工事を行った場合、その工事費用を修繕費として経理したときは損金算入が認められます。また、その後賃貸人からその工事費用の支払いがあった場合には、その支払いを受けた金額は益金とされます。

2　災害損失特別勘定の損金算入

Q3　東日本大震災により当社の工場が半壊しました。大規模な修繕が必要ですが、当期中には完了しそうにありません。何か特別な取扱いはありますか。

A　① 下記イ被災資産の価値の減少額とロ修繕費等の見積り額を比べ、いずれか大きい金額（保険金等で補てんされる金額は除きます）を「災害損失特別勘定」として被災事業年度の損金に算入することができます。

　イ　被災資産の価値の減少額
　　被災事業年度末における被災資産の帳簿価額 － 被災資産の時価
　ロ　修繕費等の見積り額
　　被災資産について、被災事業年度の翌期以後かつ被災日から1年以内に支出すると見込まれる修繕費等の見積り額（被災事業年度に支出した修繕費等はそのまま損金となります）

② 被災事業年度で損金に算入された「災害損失特別勘定」は原則として翌期（被災日から1年を経過する日の属する事業年度）に取り崩し、益金に算入します。ただし、やむを得ない事情により1年以内に修繕等が完了しない場合には、所轄税務署長の確認を受けて修繕等の完了日の属する事業年度の益金とすることができます。

③ 上記①でいう「修繕費等」とは、被災資産について支出が見込まれる次ページの表に掲げる費用の見積り額をいいます。

④ 詳細はQ31～Q35をご参照ください。

Ⅱ 資産が被災した場合の救済措置

【災害損失特別勘定の対象となる修繕費等の範囲】

取壊し費用等	被災資産の取壊しまたは除去のために要する費用
原状回復費用等	被災資産の原状回復費用、土砂等の障害物の除去費用等（被災資産の損壊または価値の減少を防止するための費用を含みます）

※ 被災資産とは、東日本大震災により被害を受けた法人が有する棚卸資産および固定資産（修繕義務のない保有資産は除かれ、修繕義務のある賃借資産は含まれます）をいいます。

※ 修繕費等の見積り額および被災事業年度末の時価については、建設業者、製造業者等の専門知識を有する者が行った見積りによるなど合理性があれば認められます。また、修繕費等の見積り額については、損壊の程度がおおむね50％以上である資産に限り、被災資産の再取得価額を基礎に被災事業年度末まで償却を行ったものとした場合の未償却額と被災事業年度末の時価との差額によることも認められています。

※ 被災事業年度において評価損を計上した被災資産については、原則として災害損失特別勘定を計上することはできません。

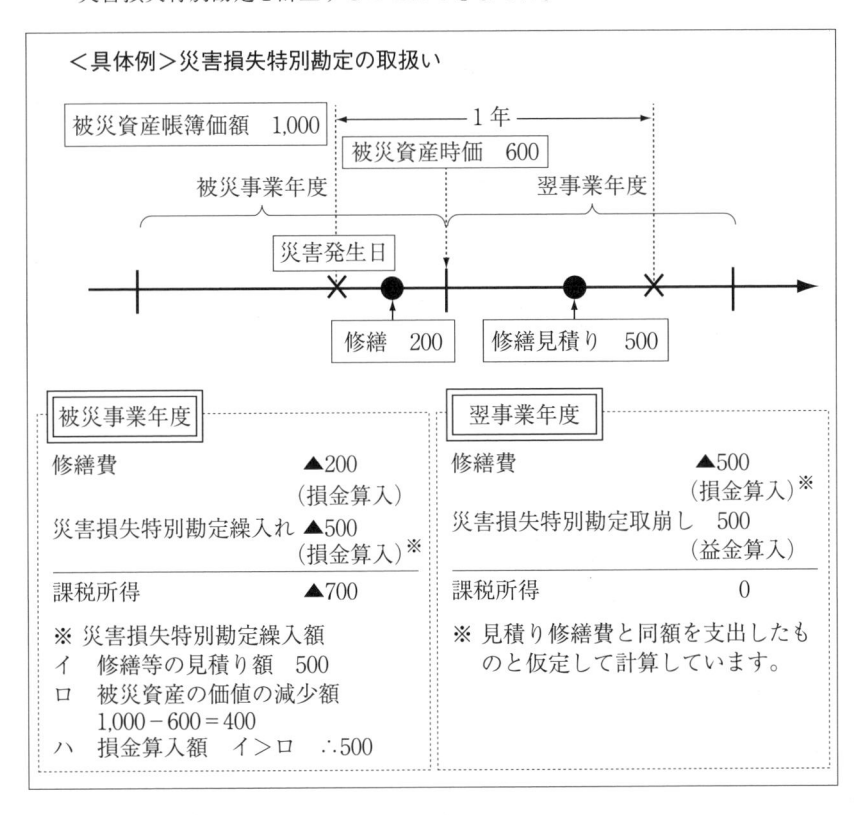

＜具体例＞災害損失特別勘定の取扱い

被災資産帳簿価額　1,000
被災資産時価　600
被災事業年度　｜　1年　｜　翌事業年度
災害発生日
修繕　200　　修繕見積り　500

【被災事業年度】

修繕費　　　　　　　　　　▲200
　　　　　　　　　　　　（損金算入）
災害損失特別勘定繰入れ　▲500
　　　　　　　　　　　　（損金算入）※
課税所得　　　　　　　　　▲700

※ 災害損失特別勘定繰入額
　イ　修繕等の見積り額　500
　ロ　被災資産の価値の減少額
　　　1,000 − 600 ＝ 400
　ハ　損金算入額　イ＞ロ　∴500

【翌事業年度】

修繕費　　　　　　　　　　▲500
　　　　　　　　　　　　（損金算入）※
災害損失特別勘定取崩し　　500
　　　　　　　　　　　　（益金算入）
課税所得　　　　　　　　　　0

※ 見積り修繕費と同額を支出したものと仮定して計算しています。

243

3 災害損失特別勘定を利用する際の留意点

Q4 災害損失特別勘定の計上に当たり、留意すべき点があれば教えてください。

A ① 災害損失特別勘定繰入時の留意点

この特例は、被災事業年度において災害損失特別勘定繰入額を損金経理することが要件です。したがいまして、税務上の申告調整による損金算入は原則として認められません。ただし、3月決算法人でこの特例の公表前に決算手続きが終了していた等やむを得ない事情がある場合には申告調整での損金算入が認められます。また、申告の際は繰入額の計算明細書を添付する必要があります。

② 災害損失特別勘定取崩し時の留意点

災害損失特別勘定は、原則として被災事業年度の翌事業年度(災害のあった日から1年を経過する日の属する事業年度)において、全額が取り崩され益金に算入されます。ただし、修繕等がやむを得ない事情により翌事業年度中に完了しなかった場合には、所轄税務署等に届出し、確認を受ければ、修繕等が完了すると見込まれる事業年度まで取崩しを延ばすことができます。

③ 災害損失特別勘定を計上すべきか否か

災害損失特別勘定への繰入れは、翌事業年度の修繕費等を被災事業年度に一期前倒しで損金算入する特例です。翌事業年度には同額を取り崩し、益金算入することになりますので、この特例を適用すべきか否かは、会社ごとの所得の状況によって異なります。

被災事業年度において黒字が見込まれるようであれば、災害損失特別勘定を繰り入れることによって当期の所得が減少し、税額を少なくする(納税を先送りする)ことができるのでこの特例を活用すべきといえます。また、被災事業年度が赤字であってその前期・前々期が黒字である場合もこ

の特例を活用すべきケースが多いと思われます。すなわち、震災に係る損失の金額に対応する欠損金については、これを前期・前々期に繰り戻し、納付済みの法人税の還付を受けられますので（Q1参照）、被災事業年度の赤字よりも前期・前々期の黒字の方が大きい場合には、災害損失特別勘定を繰り入れることにより、還付金額を増加させることができます。

　一方、被災事業年度が赤字で、かつ、前期・前々期も赤字であるような場合、あるいは被災事業年度の赤字が前期・前々期の黒字より大きい場合には、災害損失特別勘定を計上すべきではありません。すなわち、赤字＝欠損金（青色欠損金または災害損失欠損金）を繰越控除できる期間は7年間であり、損金の前倒しは結果として欠損金の有効期間を縮めることになってしまいます。

④　詳細はQ31～Q35をご参照ください。

4 被災資産の種類別の救済措置

(1) 建物が被災した場合

Q5-1 東日本大震災により当社事務所が被害を受けました。建物が被災した場合の税務上の取扱いを教えてください。

A
(1) 建物が滅失・全壊した場合
① 滅失資産に係る損失の損金算入

被災した建物が滅失・全壊した場合、その建物の帳簿価額相当額およびその建物の取壊し、除去費用等が損金の額に算入されます。

② 災害損失特別勘定の損金算入

被災した建物の取壊し、除去費用等で被災日から1年以内に支出することが見込まれるもの（被災事業年度で支出したものは除きます）については、災害損失特別勘定として被災事業年度の損金に算入できます（Q3参照）。

③ 被災建物に係る固定資産税等の免除

東日本大震災に係る津波により大部分の家屋が滅失、損壊した区域または大部分の土地が浸水等により従前の使用ができなくなった区域並びに警戒区域（福島第一原子力発電所から半径20キロメートル圏内の区域）等の避難や屋内避難が指示された区域のうち市町村長が指定した区域内の土地および建物については、平成23年度分の固定資産税および都市計画税が免除されます。

④ 代替資産を取得した場合

被災した建物に代えて新たに建物を取得した場合には、特別償却や不動産取得税・登録免許税の免除、固定資産税等の減額などの特例措置が設けられています。詳しくは「Q7 代替資産を取得した場合の特例」をご覧ください。

(2) 建物が損傷・半壊した場合
① 原状回復費用等の損金算入

被災した建物が損傷・半壊した場合、原状回復のために要した修繕費や

Ⅱ　資産が被災した場合の救済措置

被災前の効用を維持するために行う耐震工事等の補強工事費用は損金となります。また、被災した建物を取り壊した場合には上記(1)の取扱いになります。

　※　被災建物の修繕に係る工事請負契約については、平成33年3月31日までに作成された契約書に係る印紙税は非課税とされています（Q13参照）。

② 　災害損失特別勘定の損金算入

　被災した建物に係る原状回復費用等で被災日から1年以内に支出することが見込まれるもの(被災事業年度で支出したものは除きます)については、災害損失特別勘定として被災事業年度の損金にすることができます(Q3参照)。

③ 　耐用年数の短縮

　地盤が隆起または沈下したこと等の事由により、実際の使用可能期間が、法定耐用年数に比べおおむね10％以上短くなる場合には、国税局長の承認を受けることを条件に、使用可能期間を耐用年数として減価償却することができます。

④ 　被災した建物に係る固定資産税等の免除

　東日本大震災に係る津波により大部分の家屋が滅失、損壊した区域または大部分の土地が浸水等により従前の使用ができなくなった区域並びに警戒区域（福島第一原子力発電所から半径20キロメートル圏内の区域）等の避難や屋内避難が指示された区域のうち市町村長が指定した区域内の土地および建物については、平成23年度分の固定資産税および都市計画税が免除されます。

⑤ 　評価損の損金算入

　資産の評価損は原則として損金の額に算入されませんが、建物などの固定資産について次に掲げる事実が生じた場合において、その資産の期末時の時価が帳簿価額を下回ることとなったときは、損金経理を要件として、時価と帳簿価額との差額の範囲内で評価損を計上することができます。

　　イ　その資産が災害により著しく損傷したこと
　　ロ　その資産が1年以上にわたり遊休状態にあること
　　ハ　その資産が本来の用途に使用することができないため他の用途に使用されたこと

ニ　その資産の所在する場所の状況が著しく変化したこと
ホ　イからニまでに準ずる特別の事実

　ただし、評価損を計上した資産については、その後に支出した修繕費等（土砂等の除去費用等は除きます）は原則として資本的支出に該当するものとされ、支出時に損金扱いすることができなくなります（当該修繕費等を災害損失特別勘定の繰入対象とすることもできません）ので、固定資産に係る評価損の計上については慎重に検討してください。
⑥　詳細はQ18～Q20、Q49をご参照ください。

(2) 土地が被災した場合

Q5-2　今回の地震により本社が地盤沈下し、さらに津波で建物も全壊してしまいました。被災した土地に関する税務上の取扱いを教えてください。

A
①　地盛り費用の損金算入
　地盤沈下または地割れした土地につき地盛りを行った費用は、原状回復のために要した費用として支出した事業年度の損金に算入されます。また、土砂等の障害物を除去するために要した費用についても同様です。
②　災害損失特別勘定の損金算入
　被災した土地に係る上記①の原状回復費用等で被災日から1年以内に支出することが見込まれるもの（被災事業年度で支出したものは除きます）については、災害損失特別勘定として被災事業年度の損金に算入できます（Q3参照）。
③　被災した土地に係る固定資産税等の免除
　東日本大震災に係る津波により大部分の家屋が滅失、損壊した区域または大部分の土地が浸水等により従前の使用ができなくなった区域並びに警戒区域（福島第一原子力発電所から半径20キロメートル圏内の区域）等の避難や屋内避難が指示された区域のうち市町村長が指定した区域内の土地および建物については、平成23年度分の固定資産税および都市計画税が免

除されます。

　※　従業員社宅など被災した土地が住宅用地であった場合において、市町村長が住宅用地として使用することができないと認める場合には、平成24年度から平成33年度まで最大10年間は住宅用地とみなし、固定資産税等が軽減する措置が設けられています。

④　評価損の損金算入

　災害により著しく損傷した場合等において、その資産の期末時の時価が帳簿価額を下回ることとなったときは、損金経理を要件として、時価と帳簿価額との差額の範囲内で評価損を計上することができます。詳しくはQ5-1を参照してください。

⑤　特定資産の買換え特例

　被災区域である土地を譲渡して代替資産（国内にある土地または国内にある減価償却資産）を取得し、事業の用に供したときは、譲渡利益の範囲内で圧縮記帳（課税繰延割合100％）が認められ、土地の売却利益に対する課税を繰り延べることができます（Q6参照）。

　※　被災区域である土地の売却に係る売買契約については、平成33年3月31日までに作成された契約書に係る印紙税は非課税とされています（Q13参照）。

⑥　詳細はQ19、Q49、Q50をご参照ください。

(3)　棚卸資産が被災した場合

Q5-3　災害により棚卸資産が滅失、損傷してしまいました。被災した棚卸資産に係る税務上の取扱いを教えてください。

A　①　滅失資産に係る損失の損金算入

　災害により棚卸資産が滅失した場合には、その棚卸資産の帳簿価額相当額が被災事業年度の損金の額に算入されます。

②　評価損の損金算入

　資産の評価損は原則として損金の額に算入されませんが、棚卸資産について次に掲げる事実が生じた場合に、その資産の期末時の時価が帳簿価額

土地・建物が被災した場合の税務上の手当て＜イメージ図＞

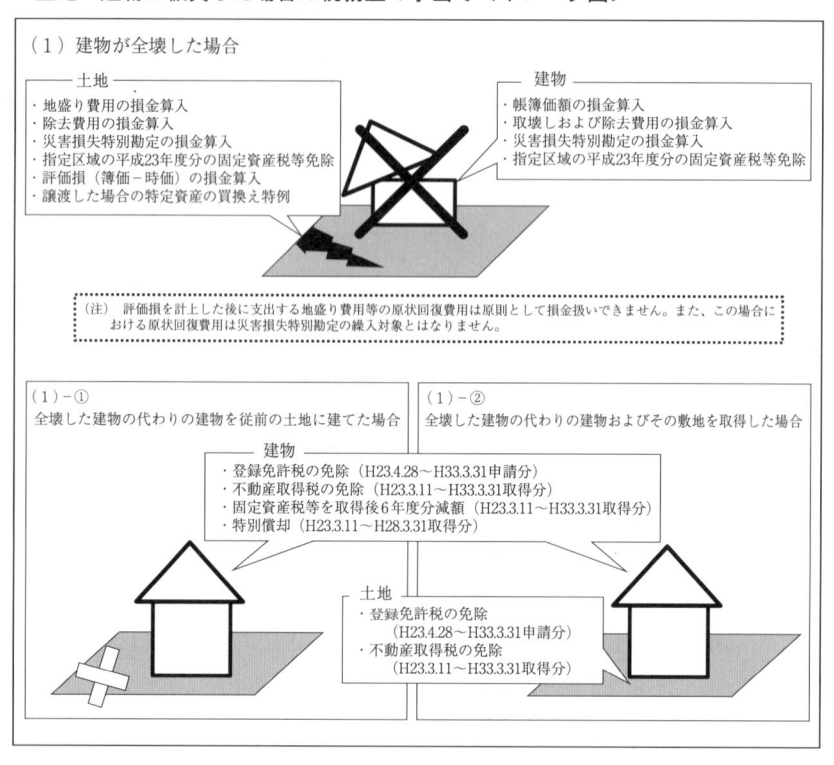

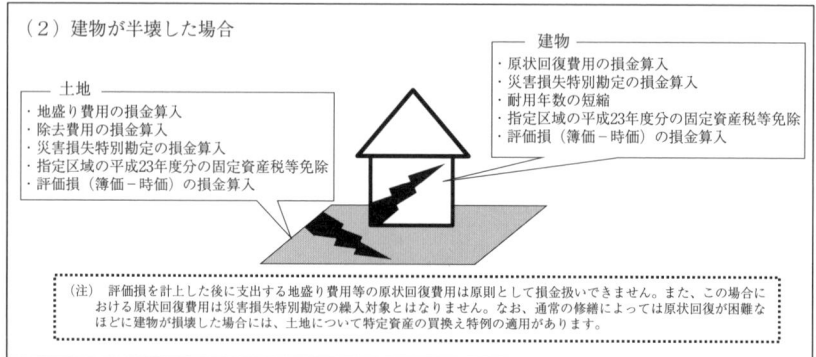

（1）建物が全壊した場合

― 土地 ―
- 地盛り費用の損金算入
- 除去費用の損金算入
- 災害損失特別勘定の損金算入
- 指定区域の平成23年度分の固定資産税等免除
- 評価損（簿価－時価）の損金算入
- 譲渡した場合の特定資産の買換え特例

― 建物 ―
- 帳簿価額の損金算入
- 取壊しおよび除去費用の損金算入
- 災害損失特別勘定の損金算入
- 指定区域の平成23年度分の固定資産税等免除

（注）評価損を計上した後に支出する地盛り費用等の原状回復費用は原則として損金扱いできません。また、この場合における原状回復費用は災害損失特別勘定の繰入対象とはなりません。

（1）－① 全壊した建物の代わりの建物を従前の土地に建てた場合

― 建物 ―
- 登録免許税の免除（H23.4.28～H33.3.31申請分）
- 不動産取得税の免除（H23.3.11～H33.3.31取得分）
- 固定資産税等を取得後6年度分減額（H23.3.11～H33.3.31取得分）
- 特別償却（H23.3.11～H28.3.31取得分）

（1）－② 全壊した建物の代わりの建物およびその敷地を取得した場合

― 土地 ―
- 登録免許税の免除
（H23.4.28～H33.3.31申請分）
- 不動産取得税の免除
（H23.3.11～H33.3.31取得分）

（2）建物が半壊した場合

― 土地 ―
- 地盛り費用の損金算入
- 除去費用の損金算入
- 災害損失特別勘定の損金算入
- 指定区域の平成23年度分の固定資産税等免除
- 評価損（簿価－時価）の損金算入

― 建物 ―
- 原状回復費用の損金算入
- 災害損失特別勘定の損金算入
- 耐用年数の短縮
- 指定区域の平成23年度分の固定資産税等免除
- 評価損（簿価－時価）の損金算入

（注）評価損を計上した後に支出する地盛り費用等の原状回復費用は原則として損金扱いできません。また、この場合における原状回復費用は災害損失特別勘定の繰入対象とはなりません。なお、通常の修繕によっては原状回復が困難なほどに建物が損壊した場合には、土地について特定資産の買換え特例の適用があります。

を下回ることとなったときは、損金経理を要件として、時価と帳簿価額との差額の範囲内で評価損を計上することができます。

　イ　その資産が災害により著しく損傷したこと

ロ　その資産が著しく陳腐化したこと
　ハ　イまたはロに準ずる特別の事実
③　詳細はＱ19をご参照ください。

(4) 機械装置等が被災した場合

Q5-4 東日本大震災により機械装置の一部が破損、滅失してしまいました。機械装置等が被災した場合の税務上の取扱いを教えてください。

A 被災した機械装置等に係る税務上の取扱いは、被災建物に係る取扱いとおおむね同様です（Ｑ５-１参照）。
　滅失した場合は帳簿価額相当額が、修繕する場合にはその原状回復費用等が損金に算入されます。また、災害損失特別勘定の計上や使用可能期間が短くなった場合の耐用年数短縮の特例が受けられます。ただし、固定資産税等の免除については、対象資産が土地・建物に限定されており、機械装置等には適用がありません。

(5) 自動車が被災した場合

Q5-5 津波で社用車の大部分が流されてしまいました。自動車が被災した場合の税務上の取扱いを教えてください。

A 自動車が被災した場合には、建物や機械装置等、他の固定資産と同様に被災資産に係る減失損や除却損、修繕費等が損金となるほか、災害損失特別勘定、耐用年数の短縮特例などを適用することができます（これらについて詳しくはＱ５-１をご参照ください）。
　また、東日本大震災に伴い、自動車税等の自動車特有の税金に関して次の特例が設けられました。

① 自動車重量税の還付の特例

所有自動車が車検証の有効期間内に被災したことにより廃車となった場合には、被災後の車検残存期間に対応する自動車重量税の還付が受けられます（下記計算式参照）。

還付を受けるためには、被災した自動車の抹消登録、滅失・解体の届出手続きを行った上で、「還付申請書」を平成25年3月31日までに運輸支局または軽自動車検査協会に申請する必要があります。

なお、この特例は警戒区域（福島第一原子力発電所から半径20キロメートル圏内の区域。以下②において同じ）にある自動車で抹消登録等を行ったものについても適用されます。

（計算式）

還付額＝納付した自動車重量税の額÷車検証有効期間×車検残存期間※

※　車検残存期間　平成23年3月11日から自動車検査証の有効期間満了日までの月数（1月未満切捨て）

② 代替自動車を取得した場合の特例

東日本大震災により滅失または損壊した自動車の代わりの自動車（以下「代替自動車」といいます）を一定の期間内に取得した場合には「自動車取得税」、最初の車検時の「自動車重量税」並びに平成23年度から平成25年度までの「自動車税・軽自動車税」が非課税となります。

なお、警戒区域にある自動車で抹消登録等を行ったものの代わりの自動車を一定期間内に取得した場合にも、「自動車取得税」、平成23年度から平成25年度までの「自動車税・軽自動車税」が非課税となります。

また、新車である代替自動車（貸付用を除きます）を平成23年3月11日から平成28年3月31日までの間に取得し、被災前と同一の用途に供した場合には、事業供用開始事業年度に限り、通常の償却限度額に一定額（特別償却額）を加算した金額を損金の額に算入できます。

〔特別償却額〕

特別償却額は、取得価額に次表の取得時期に応じ定められた割合を乗じた金額となります。

Ⅱ　資産が被災した場合の救済措置

取得時期	中小企業者等以外	中小企業者等
平成23年3月11日〜平成26年3月31日	30%	36%
平成26年4月1日〜平成28年3月31日	20%	24%

※　この制度の適用を受けるためには、確定申告書または仮決算による中間申告書に減価償却の計算に関する明細書を添付する必要があります。また、この制度の適用を受けた固定資産については、租税特別措置法に規定する他の特別償却制度等の適用を受けることはできません。

③　詳細はQ23、Q48をご参照ください。

自動車が被災した場合に適用される規定＜イメージ図＞

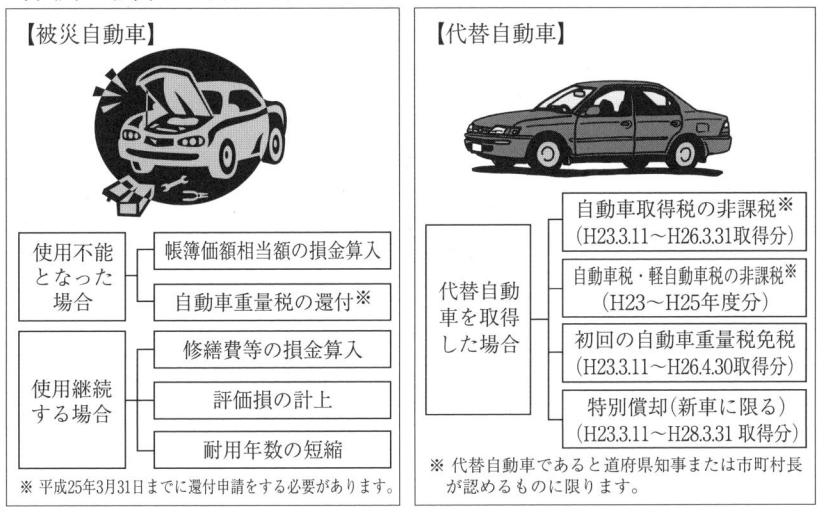

【被災自動車】

使用不能となった場合
- 帳簿価額相当額の損金算入
- 自動車重量税の還付※

使用継続する場合
- 修繕費等の損金算入
- 評価損の計上
- 耐用年数の短縮

※　平成25年3月31日までに還付申請をする必要があります。

【代替自動車】

代替自動車を取得した場合
- 自動車取得税の非課税※（H23.3.11〜H26.3.31取得分）
- 自動車税・軽自動車税の非課税※（H23〜H25年度分）
- 初回の自動車重量税免税（H23.3.11〜H26.4.30取得分）
- 特別償却（新車に限る）（H23.3.11〜H28.3.31取得分）

※　代替自動車であると道府県知事または市町村長が認めるものに限ります。

(6)　船舶が被災した場合

Q5-6　津波で漁船が破損してしまいました。船舶が被災した場合の税務上の取扱いを教えてください。

A　船舶が被災した場合においても、建物や機械装置等、他の固定資産と同様に被災資産に係る滅失損や除却損、修繕費等が損金となるほか、災害損失特別勘定、耐用年数の短縮特例などを適用することができ

253

ます（これらについて詳しくはＱ５-１をご参照ください）。

　また、東日本大震災に伴い、滅失または損壊した船舶に代わる船舶（以下「代替船舶」といいます）を取得した場合には、次の特例が受けられます。

① 代替船舶に係る登録免許税の免除

　代替船舶の所有権の保存・移転の登記で、平成23年４月28日から平成33年３月31日までの間に申請するものについては登録免許税が免除されます。また、この特例の適用を受ける代替船舶の取得のための資金の貸付に係る抵当権の設定登記についても、所有権の保存・移転の登記と同時に申請するものに限り、登録免許税が免除されます。

　※　この特例の適用を受けるためには、登記の際の申請書に被災証明書類（被災船舶の登録が抹消されたことを証する書類など）を添付する必要があります。

② 代替船舶に係る償却資産税の軽減

　平成23年３月11日から平成28年３月31日までの間に取得した代替船舶のうち市町村長が認めるものについては、最初に償却資産税を課すること

船舶が被災した場合に適用される規定＜イメージ図＞

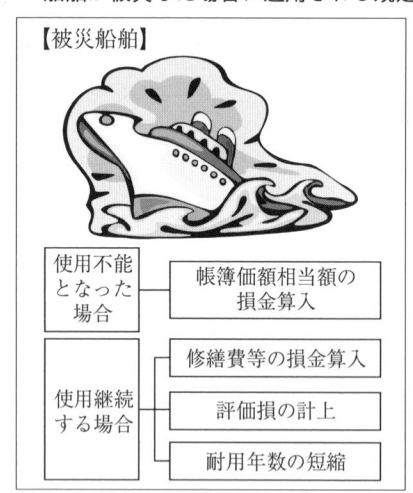

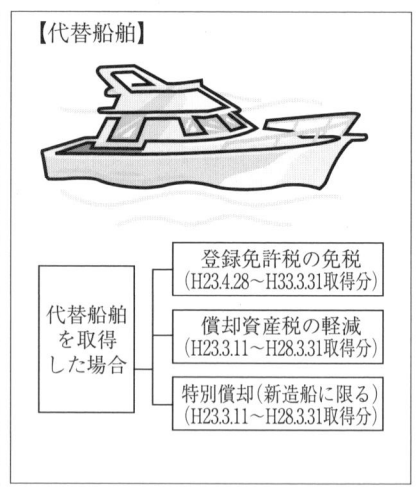

【被災船舶】

- 使用不能となった場合 → 帳簿価額相当額の損金算入
- 使用継続する場合 → 修繕費等の損金算入／評価損の計上／耐用年数の短縮

【代替船舶】

代替船舶を取得した場合
- 登録免許税の免税（H23.4.28～H33.3.31取得分）
- 償却資産税の軽減（H23.3.11～H28.3.31取得分）
- 特別償却（新造船に限る）（H23.3.11～H28.3.31取得分）

なった年度から4年度分の税額が2分の1に軽減されます。
③　代替船舶に係る特別償却
　新造船である代替船舶を平成23年3月11日から平成28年3月31日までの間に取得し、被災前と同一の用途に供した場合には、事業供用開始事業年度に限り、通常の償却限度額に一定額（特別償却額）を加算した金額を損金に算入できます。特例償却額の計算は、代替自動車の場合と同様ですのでQ5-5を参照してください。
④　詳細はQ23、Q51をご参照ください。

5 特定資産の買換えの特例

Q6 被災区域である土地を売却して他の資産を取得した場合には、当該土地の売却益について課税の特例があるそうですが、その制度の内容を教えてください。

A
① 制度の概要

資産の譲渡により生じた譲渡利益に対しては法人税等が課税されるのが原則ですが、平成23年3月11日から平成28年3月31日までの期間内に、次のイまたはロに該当する買換えにより譲渡利益が生じた場合には、その譲渡利益の範囲内で買換え資産を圧縮記帳（課税繰延割合100％）し、課税を繰り延べることができます。

	譲渡資産	買換え資産
イ	被災区域※である土地等（土地の上に存する権利を含む。以下同じ。）またはこれらとともに譲渡をするその土地等にある建物または構築物	国内にある土地等または減価償却資産
ロ	被災区域※である土地以外の区域内にある土地等、建物または構築物	被災区域※である土地等またはその土地等にある減価償却資産

※ 「被災区域」とは、東日本大震災により滅失または通常の修繕によっては原状回復が困難な損壊をした建物または構築物の敷地であった土地の区域をいいます。

② 圧縮記帳の計算例

イ 被災区域である甲土地（帳簿価額1,000万円）を3,000万円（時価）で譲渡し、国内にある乙土地を2,400万円（時価）で取得した場合

Ⅱ 資産が被災した場合の救済措置

	圧縮記帳しない場合	圧縮記帳する場合
a 甲土地の譲渡利益	2,000万円	2,000万円
b 圧縮記帳による損金算入額	0円	1,600万円※
c 差引所得金額（a－b）	2,000万円	400万円
d 乙土地の帳簿価額（2,400万円－b）	2,400万円	800万円

※ 損金算入額 ＝ 圧縮基礎取得価額 × $\dfrac{譲渡対価－（譲渡直前の帳簿価額＋譲渡経費）}{譲渡対価}$

   ＝ 2,400万円 × $\dfrac{3,000万円－（1,000万円＋0円）}{3,000万円}$

   ＝ 1,600万円

※ 圧縮基礎取得価額：取得資産（乙土地）の取得価額2,400万円と譲渡資産（甲土地）の対価の額3,000万円のいずれか少ない金額 ∴2,400万円
※ 譲渡経費の額：0円と仮定

 ロ　被災区域である甲土地（帳簿価額1,000万円）を、3,000万円（時価）で譲渡し、国内にある丙土地を3,600万円（時価）で取得した場合

	圧縮記帳しない場合	圧縮記帳する場合
a 甲土地の譲渡利益	2,000万円	2,000万円
b 圧縮記帳による損金算入額	0円	2,000万円※
c 差引所得金額（a－b）	2,000万円	0万円
d 丙土地の帳簿価額（3,600万円－b）	3,600万円	1,600万円

※ 損金算入額 ＝ 圧縮基礎取得価額 × $\dfrac{譲渡対価－（譲渡直前の帳簿価額＋譲渡経費）}{譲渡対価}$

   ＝ 3,000万円 × $\dfrac{3,000万円－（1,000万円＋0円）}{3,000万円}$

   ＝ 2,000万円

※ 圧縮基礎取得価額：取得資産（丙土地）の取得価額3,600万円と譲渡資産（甲土地）の対価の額3,000万円のいずれか少ない金額 ∴3,000万円
※ 譲渡経費の額：0円と仮定

③ その他の適用要件および留意点
　イ　棚卸資産は対象外
　　販売用の土地、建物等、棚卸資産の譲渡は、買換え特例の対象になりません。
　ロ　買換え資産の取得時期
　　買換え資産の取得は、原則として、譲渡資産の譲渡を行った事業年度中に行う必要がありますが、届出等を行うことを要件に、譲渡を行った事業年度の前事業年度または翌事業年度の取得も認められます。
　ハ　買換え資産の事業供用要件
　　買換え資産は取得日から１年以内に事業の用に供しまたは供する見込みであることが要件となります。
　ニ　買換え資産の面積制限
　　買換え資産である土地等の面積が、譲渡資産である土地等の面積の５倍を超える場合には、その超える部分の面積に対応する土地等は買換え資産に該当しないこととされます。
　ホ　申告要件
　　買換え特例を受けるためには、確定申告書に損金算入に関する記載を行い、かつ明細書を添付する必要があります。
　ヘ　その他の留意点
　　買換え特例の税効果はあくまでも課税の繰延べであり、課税の免除・軽減ではありません。圧縮記帳により当面の譲渡利益に対する課税はなくなりますが、損金算入した金額分だけ買換え資産の税務上の帳簿価額が圧縮されることになります。すなわち買換え資産を再度譲渡し、あるいは減価償却資産である買換え資産の償却を行う際に、損金となる譲渡原価あるいは減価償却費が減少し、その分将来において課税所得が発生することになります。また、圧縮記帳の適用を受けた買換え資産については特別償却（Ｑ７参照）を適用することはできません。

④　詳細はＱ24～Ｑ29をご参照ください。

6　代替資産を取得した場合の特例

Q7　東日本大震災で被害を受けた資産に代えて取得した資産に係る税務上の優遇措置について教えてください。

A　① 被災代替資産等の特別償却

平成23年3月11日から平成28年3月31日までの間に、東日本大震災により滅失・損壊した資産に代えて次のイまたはロの資産を新品で取得した場合には、事業供用開始事業年度に限り、通常の償却限度額に一定額（特別償却額）を加えた金額を損金算入することができます。

イ　東日本大震災により滅失、損壊した建物、構築物、機械装置、船舶、航空機または車両運搬具に代わって取得した固定資産で被災前と同一の用途に供される資産

ロ　建物、構築物または機械装置で被災区域内において法人の事業の用に供される資産

※　機械装置、船舶、航空機および車両運搬具にあって貸付の用に供されるものは被災代替資産には該当しません。

〔特別償却額の計算〕

特別償却額は、取得価額に取得資産の区分および取得時期に応じ以下の割合を乗じた金額となります。

取得資産	取得時期	中小企業者等以外	中小企業者等
建物または構築物	平成23年3月11日～平成26年3月31日	15%	18%
	平成26年4月1日～平成28年3月31日	10%	12%
機械装置、船舶、航空機または車両運搬具	平成23年3月11日～平成26年3月31日	30%	36%
	平成26年4月1日～平成28年3月31日	20%	24%

【特別償却の適用上の留意点】

　この制度を適用するためには、確定申告書または仮決算による中間申告書に減価償却の計算に関する明細書を添付する必要があります。また、この制度の適用を受けた固定資産については、租税特別措置法に規定する他の特別償却の適用を受けることはできません。

　② 被災代替家屋・被災代替土地に係るその他の特例措置
　　イ　登録免許税の免除
　　　平成23年4月28日から平成33年3月31日までの間に申請する被災代替家屋およびその敷地である代替土地の所有権の保存または移転の登記については登録免許税が免除されます。また、この特例の適用を受ける代替家屋および代替土地の取得のための資金の貸付に係る抵当権の設定登記についても、所有権の保存・移転の登記と同時に申請するものに限り、登録免許税が免除されます。
　　　※　この特例の適用を受けるためには、登記の際の申請書に市町村長が発行する被災証明書類を添付する必要があります。
　　　※　代替土地に係る免税措置は次の(1)又は(2)のいずれか大きい面積が限度となります。
　　　　(1)　滅失建物等の敷地の用に供されていた土地の面積
　　　　(2)　被災代替建物の種類に応じて計算した次の面積
　　　　　　a　個人の住宅用建物（居宅、寄宿舎、共同住宅（これらの種類に類するもの及びこれらの種類とこれら以外の種類がともに記載されているものを含みます））
　　　　　　　滅失建物等の床面積の合計の2倍の面積
　　　　　　b　イ以外の建物
　　　　　　　滅失建物等の床面積の合計の6倍の面積
　　ロ　不動産取得税の免除
　　　平成23年3月11日から平成33年3月31日までの間に取得する被災代替家屋およびその敷地である代替土地として道府県知事が認めるものについては、被災家屋の床面積相当分および被災土地の面積相当分に限り、不動産取得税が免除されます。
　　　※　この特例の適用を受けるためには、市町村長が発行するり災証明書を添

付した不動産取得税の減免申請書を道府県税事務所に提出する必要があります。

ハ　固定資産税等の減額

平成23年3月11日から平成33年3月31日までの間に、被災代替家屋として市町村長が認めるものを取得しまたは被災家屋を改築した場合は、固定資産税・都市計画税（以下「固定資産税等」）が次のとおり減額されます。

取得または改築後4年度分…特例適用額^(注)の2分の1相当額を減額
その後2年度分………………特例適用額^(注)の3分の1相当額を減額

(注)　特例適用額：代替家屋に係る固定資産税等の額 × 被災家屋の床面積 ÷ 代替家屋の床面積

※　固定資産税等の課税上、住宅用地と区分されていた土地が被災し、それに代わる土地として市町村長が認めるものを平成23年3月11日から平成33年3月31日までの間に取得した場合には、土地取得後3年度分は住宅の建設がされていなくても住宅用地とみなされ固定資産税が軽減されます。

※　被災代替家屋の取得に係る「建設工事の請負に関する契約書」等については印紙税が非課税となります。詳しくはQ13をご覧ください。

※　平成23年3月11日から平成28年3月31日までの間に被災代替資産として市町村長が認める償却資産を一定の区域内^(注)に取得しまたは被災した償却資産を改良した場合には、その取得または改良後、最初に償却資産税を課すこととなった年度から4年度分の償却資産税が2分の1に軽減されます。

(注)　一定の区域とは、東日本大震災に際し災害救助法が適用された区域（東京都を除きます）をいいます。

③　詳細はQ23、Q50～Q52をご参照ください。

Ⅲ 被災者支援に係る税務上の取扱い

1 寄附金および不特定多数の者に対する支援の取扱い

Q8 東日本大震災に伴い、日本赤十字社に義援金を支出しました。その他の団体に対する寄附金や被災地への自社製品の提供なども検討しています。これらの支援に係る税務上の取扱いを教えてください。

A
① 寄附金や義援金（以下「義援金等」といいます）のうち、国等に対する寄附金や指定寄附金に該当するものは、支出額全額を損金に算入できます。また、特定公益増進法人に対する寄附金に該当するものについては、特別損金算入限度額の範囲内で損金に算入することができます。

② 日本赤十字社に対する義援金等については「東日本大震災義援金」口座へ直接寄附したものは国等に対する寄附金として全額損金に算入できます。ただし、日本赤十字社に対する義援金等であっても、日本赤十字社の事業資金に充てられるなど最終的に地方公共団体に拠出されないものは、特定公益増進法人に対する寄附金に該当し、損金に算入されるのは特別損金算入限度額の範囲内の金額となります。

③ 義援金等を損金に算入するためには、確定申告書に明細書を添付し、義援金等を寄附したことが確認できる証明書類を保存する必要があります。なお、日本赤十字社の「東日本大震災義援金」など義援金の専用受付口座に郵便振替や銀行振込で支払った場合は、半券（受領証）や振込票の控えを証明書類とすることができます。

④ 被災した不特定または多数の者を支援するため、緊急に自社製品等を提供する場合に要する費用の額は、広告宣伝費に準ずるものとして損金に算入できます。また、他社から購入した物品の提供であっても、企業

のイメージアップなど実質的に宣伝効果が生じるものは同様に取り扱われます。
⑤ 詳細はQ38、Q39、Q41をご参照ください。

【国等に対する寄附金・指定寄附金の例】
- 国または地方公共団体に直接寄附した義援金等
- 日本赤十字社の「東日本大震災義援金」口座へ直接寄附した義援金
- 社会福祉法人中央共同募金会の「東日本大震災義援金」や「災害ボランティア・NPO活動サポート募金」として直接寄附した義援金
- 募金団体を経由する国等に対する寄附金
- 東日本大震災の被災者支援活動を行う認定NPO法人が募集する、国税局長の確認を受けた寄附金など

【特定公益増進法人に対する寄附金の例】
- 日本赤十字社に対する義援金等のうち、事業資金など最終的に地方公共団体に拠出されるものでないもの（指定寄附金に該当するものを除きます）
- 公益社団法人・公益財団法人に対する義援金（その法人の主たる目的である業務に関連するものに限ります）など

※ 支出先が、認定NPO法人でないNPO法人、職場の有志で組織した団体などの人格のない社団等の場合は、原則として一般の寄附金に該当し、損金算入限度額の範囲内で損金に算入できます。
※ 同一の連合会傘下の異なる下部組織の構成員に対する災害見舞金に充てるために拠出した分担金は、構成員相互の扶助等を目的とするものであれば、その支出した事業年度に損金算入されます。

2　自社従業員等および取引先に対する支援の取扱い

Q9　被災した自社従業員や取引先に対する支援をした場合の取扱いを教えてください。

A　① 被災した自社従業員に対し慶弔規定等に基づき支給した災害見舞金は、原則として損金に算入できます。また、生活資金を無償または低利で貸し付けた場合、通常収受すべき利息との差額は給与に該

【自社従業員等や取引先に対する支援の取扱い】

対象者	内　容	税務上の取扱い	要　件
自社従業員	災害見舞金	福利厚生費	・慶弔規定等の一定の基準により支給していること※1。
自社従業員	無償または低利の融資に係る利息	通常収受すべき利子との差額は処理不要（給与に該当しない）	・被災した従業員に生活に必要な資金を貸し付けたこと。 ・損害の程度に応じた返済期間を定めていること。
取引先	災害見舞金	交際費以外の費用	・被災前の取引関係の維持、回復が目的であること※2。
取引先	無償または低利の融資に係る利息	通常収受すべき利子との差額は処理不要（寄附金に該当しない）	・取引先の復旧過程における復旧支援が目的であること。 ・融資額や融資期間が被災の程度、取引先の状況等を勘案し合理性を有するものであること。
取引先	売掛金等の免除	寄附金・交際費以外の費用	・取引先の復旧支援が目的であること。 ・取引先が通常の営業を再開するための復旧過程である期間内に行っていること。

※1　退職者、内定者、専属下請先の従業員に対する災害見舞金については、自社従業員と同一の基準で支給した場合は、福利厚生費として損金に算入できます。
※2　取引先の役員等に個別に災害見舞金を支出した場合は、交際費に該当します。

当せず、その差額に係る税務処理は必要ありません。いずれの場合も源泉徴収は不要です。
② 被災取引先に対して支出した災害見舞金や、復旧過程にある被災取引先に復旧支援を目的として行った売掛金等の免除は、原則として損金に算入できます。また、復旧過程にある被災取引先に復旧支援を目的として無償または低利融資を行った場合、通常収受すべき利息との差額は寄附金に該当せず、その差額に係る税務処理は必要ありません。
③ 詳細はQ40、Q42をご参照ください。

第 2 部　法人編

Ⅳ　申告期限の延長等

1　申告・納付等の期限延長

Q10　東日本大震災で被害を受け、期限内に確定申告書を提出できそうにありません。申告期限、納付期限の延長について教えてください。

A　① 納税地が岩手県、宮城県、福島県の場合
　　次の市町村を除き、平成23年3月11日以降に到来する国税に関する申告・納付等の期限は、平成23年9月30日とされました。

	延長期間が指定されていない地域※
岩手県	宮古市、大船渡市、陸前高田市、釜石市、住田町、大槌町、山田町
宮城県	石巻市、気仙沼市、多賀城市、東松島市、女川町、南三陸町
福島県	田村市、南相馬市、川俣町、広野町、楢葉町、富岡町、川内村、大熊町、双葉町、浪江町、葛尾村、飯舘村

　※　これらの地域の申告・納付等の期限は、執筆日時点（平成23年8月20日）において定められておりませんので、官報や国税庁ホームページ等でご確認ください。

② 納税地が青森県、茨城県の場合
　平成23年3月11日以降に到来する国税に関する申告・納付等の期限は、平成23年7月29日とされました。
③ 納税地が上記地域にない場合
　イ　災害等の理由により、申告・納付等をその期限までにすることができない場合には、申請書を所轄税務署へ提出し個別指定による期限の延長を求めることができ、申請を受けた所轄税務署長は、期日を指定して申告等の期限を延長することができます（通法11）。

ロ　上記イの個別指定により期限延長される場合を除き、災害等の理由で決算が確定しないため、期限までに申告書を提出できない場合には、所轄税務署長は納税者の申請により期日を指定し期限延長できることとされています（法法75）。ただし、この規定による延長期間については利子税がかかりますのでご注意ください。

　※　地方税に係る申告期限の延長等については、各地方自治体のホームページ等でご確認ください。
　※　上記①、②または③イにより期限が延長されたため、延長後の確定申告期限と中間申告期限が同一の日となる場合は中間申告書の提出は不要です。

④　詳細はＱ14をご参照ください。

2　納税の猶予

Q11 災害により被害を受けた場合、納税を猶予してくれる制度があると聞きました。制度の概要を教えてください。

A　①　災害による納税の猶予

　災害により財産に相当な損失（積極財産のおおむね20％以上の損失）を受けた場合には、対象国税の全部または一部の納税猶予を受けることができます。猶予される期間は１年以内（やむを得ない理由があるときは最長で３年以内）とされています。

　適用を受けるためには、災害のやんだ日から２カ月以内に税務署へ申請書を提出する必要があります。

②　通常の納税の猶予

　災害による損失が上記①の「相当な損失」に該当しない場合でも、災害により納付が困難であるときは、申請により１年以内（やむを得ない理由があるときは最長で２年以内）の納税猶予が受けられます。

③　詳細はＱ15をご参照ください。

第 2 部　法人編

V　その他の救済措置

1　消費税の届出書等提出期限の緩和

Q12　震災からの復興を目指し、多額の設備投資を予定しています。当社は消費税に関して免税事業者となっていますが、設備投資に係る消費税の還付は受けられないのでしょうか。

A　① 免税事業者の場合、消費税の還付を受けるためには本来は課税期間の初日の前日までに課税事業者選択届出書を提出して課税事業者となる必要があります。しかし、今回の震災に係る被災事業者にあっては、指定日までに課税事業者選択届出書を提出すれば被災日を含む課税期間以後の課税期間から課税事業者となり、消費税の還付を受けることができます。

② また、簡易課税制度の適用を受けている場合も還付を受けるためには原則課税に戻る必要があり、課税期間の初日の前日までに簡易課税制度選択不適用届出書を提出しなければなりませんが、今回の震災に係る被災事業者にあっては、指定日までに簡易課税制度選択不適用届出書を提出すれば被災日を含む課税期間以後の課税期間から原則課税となり、消費税の還付を受けることができます。

　指定日は、事業者の区分に応じ、次のとおりとなります。

　イ　青森県、岩手県、宮城県、福島県、茨城県内に納税地を有する事業者（ロの被災事業者を除く）

　　青森県、茨城県に納税地を有する事業者の指定日は、平成23年7月29日となります。岩手県、宮城県、福島県に納税地を有する事業者は、一部地域を除き、平成23年9月30日となります。詳細はQ44をご参照ください。

　ロ　個別指定の適用を受けた被災事業者

V その他の救済措置

個別指定により税務署長が指定した日となります。

ハ　イ、ロ以外の被災事業者

平成23年7月29日となります。

※　課税事業者選択不適用届出書、簡易課税制度選択届出書についても上記と同様の提出期限の特例があります。各届出書には、参考事項欄または余白に「東日本大震災の被災事業者である」旨を記載してください。

※　この特例により課税事業者となった場合等は、2年間の継続適用義務はありません。

③　詳細はQ44、Q45をご参照ください。

＜例＞1月決算の免税事業者の場合

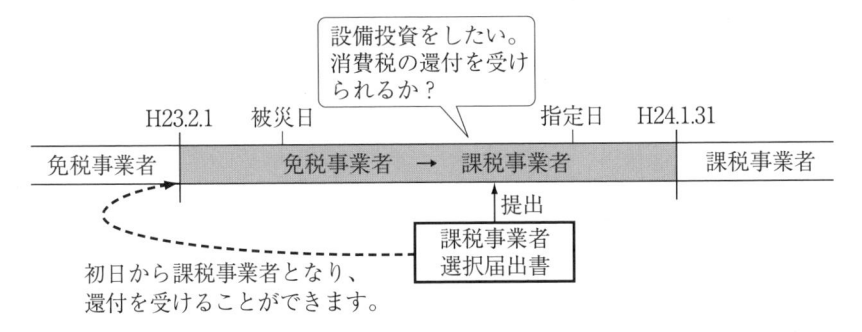

```
                                設備投資をしたい。
                                消費税の還付を受け
                                られるか？

         H23.2.1    被災日              指定日      H24.1.31
免税事業者 │  免税事業者 → 課税事業者  │ 課税事業者
         │                   ↑提出
         │              課税事業者
         │              選択届出書
     ↖_____↗
  初日から課税事業者となり、
  還付を受けることができます。
```

269

2 印紙税の取扱い

Q13 東日本大震災に係る印紙税の特例を教えてください。

A 平成23年3月11日から平成33年3月31日までの間に作成される次の契約書に係る印紙税は非課税となります。

① 地方公共団体または政府系金融機関等が行う災害特別貸付に係る「消費貸借に関する契約書」（金銭借用証書など）

② 被災者が作成する「不動産の譲渡に関する契約書」および「建設工事の請負に関する契約書」で次のいずれかの場合に作成する契約書（り災証明書等の添付が必要）

イ 東日本大震災により滅失した建物または損壊したため取り壊した建物（滅失等建物）が所在した土地を譲渡する場合

ロ 東日本大震災により損壊した建物（損壊建物）を譲渡する場合

ハ 滅失等建物に代わる建物（代替建物）の敷地のための土地を取得する場合

ニ 代替建物を取得する場合

ホ 代替建物を新築する場合

ヘ 損壊建物を修繕する場合

※ 「被災者」とは、東日本大震災によりその所有する建物に被害を受けた者であることにつき、当該建物の所在地の市町村長から証明を受けた者をいいます。なお、被災者が個人である場合には、その相続人等も含まれます。

※ 代替建物については、滅失等建物に代わるものであることを、契約書その他の書面において明らかにしておく必要があります。

※ 被災者と被災者以外の者（不動産業者等）が共同して契約書を作成する場合、被災者が保存するものは非課税となりますが、被災者以外の者が保存するものは印紙税が課税されます。

Ⅴ　その他の救済措置

　※　上記の適用を受けることができる契約書について、既に印紙税を納付してしまった場合は、税務署長の過誤納確認を受けることにより、還付を受けることができます。

③　詳細はQ47をご参照ください。

第2編　解説編

Ⅰ 申告期限等の延長

1 申告・納付等の期限延長

Q14 当社は東日本大震災や福島第一原子力発電所の事故の影響で、申告や納付等をその期限までにできそうにありません。このような場合は一体どのようにすればよろしいのでしょうか。

◆ポイント

◇東日本大震災で被災した場合は、以下のとおり、申告・納付等の期限が延長できます。

(1) 納税地が青森県、岩手県、宮城県、福島県、茨城県にある納税者に対しては、申告・納付等の期限が自動的に延長されています（手続きは不要で、利子税も免除）。

(2) 納税地が上記地域にない場合は、所轄税務署長に個別に申請をし、期限延長の承認を受けることができます。この申請には、次の２つがあります。

① 「災害による申告、納付等の期限延長申請書」を提出します。これが承認されると、税務署長の指定する期日まで期限が延長されます。利子税は免除されます。

② 「申告期限の延長申請書」を提出します。これが承認されると、決算が確定するまでの期間、申告期限が延長されます。ただし、この手続きによる場合は利子税が課せられます。

A **(1) 申告・納付等の期限の延長について**

申告や納付等をその期限までにできない場合、何もしなければ、ペナルティとして加算税や延滞税が課せられます。これらを回避するためには、期限の延長手続きをする必要がありますが、この手続きには、国税通則

法による期限の延長と、法人税法による期限の延長があります。

(2) 国税通則法による期限の延長について

　災害等のやむを得ない理由により、申告・納付等をその期限までにすることができないと認められる場合には、所轄税務署長等は、申告・納付等の期限を延長することができます（通法11、通令3①、②）。この期限の延長の適用を受けた場合、上記に該当する納税者が通常の提出期限に申告書を提出できないからといって提出義務違反にはなりません。また、納期限も延長されますので利子税は免除されます（通法63②、64③）。

　この期限延長には、地域指定と個別指定がありますが、違いは手続きが必要となるか否かです。

① 地域指定（通令3①）

　災害等の理由により、都道府県の全部または一部にわたり期限までに申告・納付等を行うことができないと認められる場合には、国税庁長官は地域および期日を指定して、その期限を延長できることとされています。よって、指定地域に納税地がある納税者は、特段の手続きをすることなく、申告等の期限が延長されています。

　今回、指定された地域は次のとおりです。

> 青森県、岩手県、宮城県、福島県、茨城県

　ここで留意すべき事項は、地域指定が適用されるか否かは納税地で判定される点です。東日本大震災では、例えば工場が青森県にあったとしても納税地が東京都であれば地域指定の適用外となりますので、このような場合には、次の「② 個別指定」を参照してください。

　また、新たな期限についてですが、これは後日、国税庁告示で定めることになっています。平成23年8月31日現在では、以下のとおりです。

- 青森県、茨城県…平成23年3月11日から7月28日までの間に到来する申告期限等は、平成23年7月29日が新たな期限とされました。
- 岩手県、宮城県、福島県…次表に掲げる市町村以外の市町村では、平成

23年3月11日から9月29日までの間に到来する申告期限等は、平成23年9月30日が新たな期限とされました。なお、次表に掲げる市町村は、未だ新たな期限は告示されておりませんので、官報や国税庁ホームページ等の確認を怠らないようにしてください。

申告等の新たな期限が告示されていない市町村（平成23年8月20日現在）

岩手県	宮古市、大船渡市、陸前高田市、釜石市、住田町、大槌町、山田町
宮城県	石巻市、気仙沼市、多賀城市、東松島市、女川町、南三陸町
福島県	田村市、南相馬市、川俣町、広野町、楢葉町、富岡町、川内村、大熊町、双葉町、浪江町、葛尾村、飯舘村

なお、地域指定により延長された期限内に申告できない場合で、さらに再延長を受けたい場合には、次の個別指定を利用することが可能です（通令3②）。

② 個別指定（通令3②）

災害等の理由により、期限までに申告・納付等を行うことができないと認められる場合には、地域指定がされている場合を除き、所轄税務署長は納税者の申請により、期日を指定して申告・納付等の期限を延長することができます。

よって個別指定を受けようとする納税者は、災害等がやんだ後相当の期間内に、「災害による申告、納付等の期限延長申請書」を所轄税務署長に提出する必要があります（通令3③）。なお「災害等がやんだ」とは、申告・納付等をするのに差し支えないと認められる程度の状態になったことをいいます。

災害により期限までに申告をすることができない場合とは、例えば次のような場合をいいます。

- 本社事務所が損害を受け、帳簿書類等の全部または一部が滅失する等、直接的な被害を受けたことにより申告等を行うことが困難な場合
- 交通・通信手段の遮断や停電（計画停電を含む）などのライフラインの遮断により申告等を行うことが困難な場合
- 会計処理を行っていた事業所が被災し、帳簿書類の滅失や会計データが

破損したことから、決算が確定しないため、申告等を行うことが困難な場合
- 工場、支店等が被災し、合理的な損害見積り額の計算を行うのに相当の期間を要し、決算が確定しないため、申告等を行うことが困難な場合
- 連結納税の適用を受けている場合において、連結子法人が被災し、連結所得の計算に必要な会計データの破損があったことなどから、申告等を行うことが困難な場合
- 災害の影響により、株主総会が開催できず、決算が確定しないため、申告等を行うことが困難な場合
- 税理士が、交通・通信手段の遮断、停電（計画停電を含む）などのライフラインの遮断、納税者から預かった帳簿書類の滅失、申告書作成に必要なデータの破損等の理由で、関与先法人の申告等を行うことが困難な場合

(3) 法人税法による期限の延長について

災害などの理由により決算が確定しないため、法人税の確定申告書をその提出期限までに提出することができない場合には、地域指定や個別指定により期限延長された場合を除き、所轄税務署長は納税者の申請により、期日を指定してその提出期限を延長することができます（法法75①）。ただし、利子税が課される点に留意が必要です（法法75⑦）。

この規定によって申告期限の延長を求める納税者は、事業年度終了の日の翌日から45日以内に、その決算が確定しない理由等を記載した「申告期限の延長申請書」を所轄税務署長に提出する必要があります（法法75②）。

また、上記申請期限後に災害等が生じた場合であっても、発生後直ちに申請書を提出すれば、この規定の適用を受ける余地があります（法通17-1-1）。なお、中間申告については、この方法での期限延長はできません（申告期限までに提出がない場合には、前年度実績による中間申告（「予定申告」といいます）があったものとみなされるため（法法73）、決算が確定しないことはないからです）。

2　納税の猶予等

Q15 当社は被災したため、資金の確保ができず納期限までに納税することができません。このような場合には、一体どのようにすればよろしいのでしょうか。

◆ポイント

◇納期限までに納税できない場合、何もしなければ滞納となってしまいペナルティとして延滞税が課せられます。また、滞納を放置すると、原則として差押えや財産の換価等により強制的に徴収されます（滞納処分）。

◇災害により被害を受けた場合には、納税の猶予を受けることができます。その概要は次表のとおりです。

ケース	要　件	猶予期間	担保・延滞税
(1) 相当な損失を受けた場合	・災害により全資産額のおおむね20％以上の額の損失を受けたこと ・災害がやんだ日から2カ月以内に申請があること	納期限から1年以内（下記「(2) 納付が困難な場合」と併せて、最長3年まで延長可）	・担保不要 ・延滞税は全額免除
(2) 納付が困難な場合	・災害等やむを得ない理由により、国税を一時に納付することが困難なこと ・申請があること	納期限から1年以内（申請により最長2年まで延長可）	・担保は原則必要 ・延滞税は全部または一部免除

◇換金できる財産を所有していても、それを直ちに換金すると事業継続や生活維持が困難になるおそれがある場合等には、その財産の換価の猶予を受けることができます。

◇国税を滞納していても、滞納処分を執行することができる財産がない場合や滞納処分をすると生活が著しく困難になるおそれがある場合等には、滞納処分の停止を受けることができ、これが3年間継続した場合には、延滞税を含め納税義務は消滅します。

A **(1) 納税の猶予**

災害により被害を受けた場合には、納税の猶予を受けることができます。

① **災害により財産に相当な損失を受けた場合**

災害により財産に被害を受け、その被害額が全資産額のおおむね20％以上である場合には、担保不要、延滞税の全額免除という条件で、納税の猶予を受けることができます（通法46①）。ただし、以下の点にご留意ください。

- 対象となる国税は、災害のやんだ日以前に納税義務が成立しており（法人税であれば、納税義務の成立は事業年度終了時です）、かつ、災害により財産に損失を受けた日以降1年以内に納期限が到来するものです。ですから、被災時点で延滞していた場合には、この規定を適用することはできませんので、次の「② 納付が困難な場合」をご確認ください。
- 被害額は、保険金等により補てんされる金額を控除して計算します。
- 災害のやんだ日から2カ月以内に、「被災明細書」を添付の上、「納税の猶予申請書」を所轄税務署に提出してください。ただし、被災状況が判明するまでに日時を要する場合には、被災明細書を後日提出してもよく、被災明細書に代えて市町村が発行するり災証明書または申請者に対する聴き取りによる確認でも対応してくれます。
- 納税が猶予される期間は、納期限から1年以内です（地域指定または個別指定により納期限が延長されている場合（通法11）は、延長後の納期限から1年以内です）。具体的には、被害額が全資産の額の50％を超える場合には原則1年、被害額が全資産の額の20〜50％である場合には原則8カ月となっています。なお、中間申告に係る法人税・消費税は、最長で確定申告期限までの猶予となります（通令13②）。

② 納付が困難な場合

　災害による被害を受けたことが原因で、納期限を過ぎた国税を一時に納付することが困難と認められる場合、または「①　災害により財産に相当な損失を受けた場合」の納税猶予（通法46①）を受けてもなお納付することが困難と認められる場合にも、納税の猶予を受けることができます（通法46②）。ただし、原則として担保が必要です。

　この納税猶予を受ける際には、以下の点にご留意ください。
- 「納税の猶予申請書」を税務署へ提出する必要があります。
- 担保は原則必要です（猶予金額が50万円以下、または特別な事情がある場合には不要です）。
- 猶予期間は１年以内です。ただし、やむを得ない理由があると認められる場合には、申請に基づき最長２年まで延長することも可能です。なお、猶予期間に対応する延滞税は、その全部または一部が免除されます。
- 猶予される納税金額は、災害等により被害を受けたことに基づき一時に納付することが困難と認められる金額です。

(2) 換価の猶予

　納税の猶予の適用を受けることができないことや納税の猶予（延長を含みます）の適用を受けてもなお納付することができないために滞納している納税者で、納税についての誠実な意思が認められる場合には、仮に換金できる財産があっても、その財産を換金すると事業継続や生活の維持が困難になるおそれがあるならば、税務署長は、１年以内の期間、その財産の換価を猶予することができるとされています（徴法151）。

　また、この猶予期間内にやむを得ない理由によって納付することができなかった場合は、さらに１年間の猶予期間の延長ができるとされています（徴法152）。

(3) 滞納処分の停止

　税務署長は、滞納処分を執行することができる財産がない場合や滞納処分

を執行することによって生活を著しく窮迫させるおそれがある場合等には、滞納処分を停止することができるとされています（徴法153）。

なお、滞納処分の停止が３年間継続すると、延滞税を含め、納税義務は消滅します。一方で、滞納処分の停止後３年以内に納付資力が回復するなど滞納処分を停止していた理由がなくなった場合は、滞納処分の停止が取り消されます。

3 中間申告書の提出不要

Q16 当社は地域指定による申告等の期限の延長を受けています。この延長後の期限内に中間申告の申告期限を迎えますが、この場合、いつまでに中間申告をしなければならないのでしょうか。

◆ポイント

◇地域指定による申告等の期限の延長を受けている場合、中間申告の申告期限は延長後の期限となります。

◇地域指定による申告等の期限の延長を受けた結果、中間申告の申告期限と、その中間申告が属する事業年度の確定申告の申告期限が同じ日となった場合には、当該中間申告書の提出は不要です（震法17、25、43）。

◇なお、上記は、個別指定による申告等の期限の延長を受けている場合も同様です。

A 地域指定もしくは個別指定による申告等の期限の延長を受けている場合（通法11）、中間申告の申告期限も延長されますので、中間申告の申告期限は延長後の期限となります。

地域指定等による申告等の期限の延長を受けた結果、延長された中間申告の申告期限が、その中間申告が属する事業年度の確定申告の申告期限と同一の日になることがあります。中間申告とは、年間の税額が確定する前にその

一部を納付する、税金の前払い的性格を有しているものですから、このような場合においては、中間申告と確定申告を同時に行う必要性がありません。そのため、地域指定等により中間申告期限が確定申告期限と同一の日になる場合には、中間申告書の提出は不要とされています。

なお、消費税の中間申告を年3回または11回行う必要がある事業者においては、類似するケースとして、消費税の中間申告の申告期限が、単に別の中間申告の申告期限とだけ同一の日となり、これら中間申告が属する事業年度の確定申告の申告期限とは同一にならないケースがあります。

このようなケースでは、延長後の申告期限に最も近い申告期限の中間申告でまとめて申告すればよいようにも思われますが、中間申告の申告期限が確定申告の申告期限とは同一の日ではないので、申告期限が同一となった複数の消費税の中間申告について、それぞれ中間申告書を提出する必要があります。これは仮決算による中間申告書を提出する場合であっても同様です。

〈例〉 消費税の中間申告を年3回行っている場合

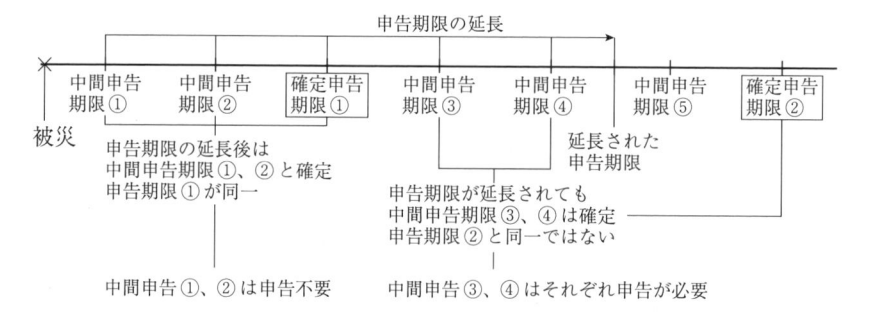

被災
中間申告期限①
中間申告期限②
確定申告期限①
申告期限の延長
中間申告期限③
中間申告期限④
中間申告期限⑤
確定申告期限②
延長された申告期限

申告期限の延長後は中間申告期限①、②と確定申告期限①が同一
→ 中間申告①、②は申告不要

申告期限が延長されても中間申告期限③、④は確定申告期限②と同一ではない
→ 中間申告③、④はそれぞれ申告が必要

Ⅱ　震災時の法人税に係る手当

1　災害損失の繰越控除

Q17　当社は東日本大震災により相当程度の損失が生じました。震災前は納税をしておりましたので、震災損失の繰戻しによる法人税の還付を受けるつもりですが、それでも震災による損失の額が大きく、欠損金額が残ります。当社は白色申告ですが、震災損失の繰越しは可能でしょうか。

◆ポイント

◇白色申告法人であっても、災害により棚卸資産、固定資産等に生じた損失については、その事業年度から7年間にわたって繰越控除できます。

A

(1)　概要

　　白色申告であっても、災害により生じた損失の一部については、青色申告と同様にその事業年度から7年間にわたって繰越控除できます（法法58）。

　この制度の適用を受けるためには、災害による損失が生じた事業年度において、その損失の額の計算に関する明細を記載した確定申告書を提出し、かつ、その後連続して確定申告書を提出していることが必要です（青色申告である必要はありません）（法法58④）。

(2)　災害による損失金の範囲

　災害による損失金の範囲は、欠損金額のうち、棚卸資産、固定資産、または繰延資産のうち他者が所有する固定資産を利用するために支出したものについて生じた、以下の損失の額（保険金、損害賠償金等により補てんされるものを除きます）の合計額に達するまでの金額となります（法令116）。

- 災害により資産が滅失や損壊したこと、または災害により資産価値が減少したことに伴いその資産の帳簿価額を減額したことによって生じた損失の額（災害による滅失や損壊、価値の減少が生じた資産の取壊し費用や除去費用、その他付随費用もこの損失の額に含まれます）。
- 災害により損壊や価値が減少し、または事業の用に供することが困難となった資産を、当該資産の原状回復のために、その災害のやんだ日の翌日から1年を経過した日の前日までに支出する修繕費、土砂その他の障害物の除去に要する費用その他これらに類する費用（その損壊または価値の減少を防止するために支出する費用を含みます）に係る損失の額（なお、災害損失特別勘定に繰入れた金額がある場合は、繰越控除ができる災害損失の範囲に含まれます（震通6））。

(3) 対象となる繰延資産

繰延資産のうち他者が所有する固定資産を利用するために支出したものとは、例えば以下のようなものです。

- 自己が便益を受ける公共的施設または共同的施設の設置または改良のために支出した費用
- 固定資産を賃借しまたは使用するために支出した権利金、立退料その他の費用
- 広告宣伝の用に供する固定資産を贈与したことにより生じた費用

2 減価償却資産の耐用年数の短縮

Q18 工場の機械が被災したので、応急処置を施して今後も使用するつもりでいます。しかしながら、修理業者の話では、この機械は法定耐用年数までもたないとのことです。このような場合でも、法定耐用年数により減価償却を行う必要があるのでしょうか。

◆ポイント

◇建物や工場、機械設備、車両、什器備品等の減価償却資産の使用可能期間が、災害等に基因して、これまで減価償却計算で使用していた法定耐用年数より著しく短くなったことが明らかな場合には、国税局長の承認を得ることで、承認を受けた使用可能期間に基づいて減価償却をすることができます。

A

(1) 概要

建物や機械設備、什器備品等の減価償却資産の取得価額は、通常は、法定耐用年数にわたる規則的な按分計算により費用化されます。この法定耐用年数は、標準的な資産の通常の稼働状況等を前提に想定される使用可能期間に基づいて定められていることから、災害等の被害を受けたために実際の使用可能期間が著しく短くなった場合にまで、法定耐用年数による減価償却を行うのは、実態に即しません。そのため、その資産のある地盤が隆起または沈下したこと等特別の事実が生じたことにより、実際の使用可能期間が法定耐用年数に比べおおむね10％以上短くなったときは、所轄国税局長に実際の使用可能期間を耐用年数とする申請をし、その承認が下りた場合はその承認を受けた資産に限り、承認日を含む事業年度以後の減価償却計算はこの使用可能期間を耐用年数として行うことができます（法令57、法規16、法通7-3-18）。

(2) 使用可能期間

耐用年数の短縮の申請で留意すべきことは、使用可能期間が法定耐用年数に比べ著しく短くなった事実を申請者自身が明らかにしなければならない点です。そのため、技術者等の意見をとる等、根拠となる資料を整備する必要があります。

(3) 補修をした場合

被災した減価償却資産について補修をした後に、耐用年数の短縮の申請を

行う場合は、補修後の状況を踏まえた使用可能期間で申請を行う必要があります。一方、申請承認後に補修を行い、資産の使用可能期間の延長や価額の増加をもたらした場合には、補修に要した支出金額は資本的支出に該当します。その場合、被災した減価償却資産や資本的支出を、短縮した耐用年数により償却するときは、改めて国税局長の承認を受ける必要があります（法通7－3－23）。

3　資産の評価損

Q19 当社は食品製造業ですが、東日本大震災の影響で震災前に製造していた食品の出荷が一時滞ったことにより、賞味期限切れ寸前の在庫が倉庫にあります。この在庫は販売するまで、税務上何も処理できないのでしょうか。なお、現時点で販売すると原価割れすることはわかっています。

◆ポイント

◇災害により、棚卸資産や固定資産または一定の繰延資産に著しい損傷が生じたため、その時価が帳簿価額を下回ることになった場合には、帳簿価額と時価との差額（評価損）を損金経理することにより損金算入することができます（法法33②、法令68①）。

◇評価損を計上した資産に関しては、土砂その他の障害物の除去に要する費用等および被災資産の損壊または価値の減少を防止するために要する費用の見積り額に限り、災害損失特別勘定の繰入れの対象とすることができます。

A （1）概要

　資産の評価損は原則として損金の額に算入されませんが、災害による著しい損傷等の事実が生じたことにより、資産の時価がその資産の帳簿価額を下回ることとなった場合には、損金経理により期末時価までの評価損

を計上することが認められます（法法33、法令68①）。

なお、災害による著しい損傷等により評価損の計上が認められる資産は、以下のものです。売掛金等の債権、株式等の有価証券については、災害による著しい損傷を理由とする評価損の計上はできません。

- 原材料や製商品、消耗品などの棚卸資産
- 建物やソフトウェア、水利権、家畜、果樹などの固定資産
- アーケードの設置負担金等の繰延資産（支出の対象となった固定資産が災害により著しく損傷した場合に限ります）

(2) **評価損の判定単位**

評価損の額を判定するための単位は、以下の資産についてはおおむね次の区分によるものとし、その他の資産についてはこれらに準ずる合理的な基準によるものとされています（法通9-1-1）。

- 土地（土地の上に存する権利を含む）　一筆ごと
- 建物　一棟ごと
- 棚卸資産　種類等の異なるものごと、かつ、評価損計上の事実の異なるものごと

なお、破損・型崩れ・棚ざらし・品質変化等により通常の方法では販売できない棚卸資産や、1年以上にわたり遊休状態にあるか所在場所の状況に著しい変化が存在する固定資産、および支出の対象となった固定資産に同様の状況が存在する繰延資産についても、時価が帳簿価額より低い場合には評価損が計上できます（法令68①、法通9-1-5）。

(3) **損金算入される金額**

損金算入される評価損の金額は、「その資産の帳簿価額 － 時価」が限度額となります。ここでいう時価とは、その資産がそのままの状態において使用収益されるものと仮定した場合の通常の譲渡価額のことです（法通9-1-3）。したがって、資産が災害により著しく損傷した場合には、評価損を計上する事業年度末時点の状態のままで当該被災資産が使用収益されると仮定

(4) 評価損を計上した被災資産に係る修繕費用の災害損失特別勘定への繰入れの可否

評価損を計上した資産に対して修繕等を予定している場合、この修繕等により発生するであろう費用の見積りをしても、原則としてその見積り額を見積り時の損金にすることはできません。しかしながら、評価損を計上した資産が被災資産である場合には、災害のあった日から1年以内に支出すると見込まれる以下の費用の見積り額については、災害損失特別勘定への繰入れが認められますので、被災した事業年度の損金に算入することができます（震通2(2)注2）。

- 評価損を計上した被災資産の土砂その他の障害物の除去に要する費用等
- 評価損を計上した被災資産の損壊または価値の減少を防止するために要する費用

4 資産の有姿除却

Q20 当社は製造業ですが、顧客の大半が被災したことにより、事業を継続することができなくなりました。そこで、所有している製造設備を近いうちに廃棄する予定ですが、廃棄していない現時点で除却損を計上することは可能でしょうか。なお、製造設備の現在の帳簿価額は2,000万円であり、この製造設備の処分見込価額は150万円、除去費用の見積り額は100万円です。

◆ポイント

◇今後通常の方法により事業の用に供する可能性がないと認められる固

定資産については、実際にその資産を廃棄していない場合であっても、その資産の帳簿価額からその資産の処分見込価額を控除した金額を除却損として損金算入することができます（法通7-7-2）。これを「有姿除却」といいます。

◇有姿除却する被災資産に関して、被災資産の取壊しまたは除去に要する費用と土砂その他の障害物の除去に要する費用等を見積った場合のその見積り額に限り、災害損失特別勘定の繰入れの対象とすることができます。

A (1) 概要

　　使用を中止し、今後通常の方法により事業の用に供する可能性がないと認められる固定資産については、実際にはその資産を廃棄していない場合であっても、その資産の帳簿価額から処分見込価額を控除した金額を除却損として損金算入することができます。これを「有姿除却」といいます（法通7-7-2）。

(2) **有姿除却した被災資産に係る除去費用の災害損失特別勘定への繰入れの可否**

　有姿除却した資産について、取壊しや除去をする際に生じるであろう費用を見積った場合、通常はこの除去見積り額を見積り時の損金に算入することはできません。

　しかしながら、有姿除却の対象が被災資産である場合には、災害のあった日から1年以内に支出すると見込まれる以下の費用の見積り額については、災害損失特別勘定への繰入れが認められますので、被災した事業年度の損金に算入することができます（震通2(2)注2）。

・有姿除却した被災資産の取壊しまたは除去に要する費用
・有姿除却した被災資産の土砂その他の障害物の除去に要する費用等

(3) **会計処理**

　設問においては、被災事業年度に次のような仕訳を切ります。

(借方)機械装置除却損　　1,850万円
　　　　(貸方)機械装置　　1,850万円（＝2,000万円－150万円）
(借方)災害損失特別勘定繰入れ額　100万円
　　　　(貸方)災害損失特別勘定　　100万円

帳簿価額 2,000万円	除却損 1,850万円	
	処分見込価額 150万円	災害損失特別勘定（除去費用見積り額）100万円

5　震災損失の繰戻しによる法人税額の還付

Q21 当社は、被災地に支店を有する12月決算法人です。支店が被災したことにより、平成23年12月期の中間仮決算および確定決算ともに多額の欠損金が生じる見込みです。法人税額の還付の特例制度が受けられるそうですが、その制度の内容、留意点を教えてください。

◆ポイント

◇前期または前々期に納付した法人税額がある場合には、震災損失の繰戻しによる法人税額の還付の特例制度を利用することにより、当該法人税額の還付を受けることができます。

◇還付請求が認められるのは、以下の期間に限定されています。

①　平成23年3月11日から平成24年3月10日までの間に終了する事業年度

②　平成23年3月11日から9月10日までの間に終了する中間期間

よって、貴社では、平成23年12月期に係る中間申告または確定申告においてこの特例を利用できます。

◇この特例の適用を受けるためには、確定申告書または中間申告書に還付請求書を添付する必要があります。

◇平成23年7月1日までに確定申告書等を提出した法人については、提出期限の特例が設けられており、平成23年7月31日までに還付請求書を提出することにより還付を受けることができます。3月決算法人については、平成23年3月期のみ適用可能な特例であり、適用漏れのないよう注意が必要です。

A

(1) 制度の概要

① 確定申告による還付

法人が平成23年3月11日から平成24年3月10日までの間に終了する事業年度において(2)に記載する一定の震災損失により生じた欠損金額がある場合には、当該事業年度開始の日前2年以内に開始したいずれかの事業年度において納付した法人税額から、(3)に記載する算式により計算した金額の還付を受けることができます（震法15①）。

② 中間申告による還付

平成23年3月11日から9月10日までの間に終了する中間期間についても、仮決算による中間申告書を提出することを条件に、①と同様に還付を受けることができます。仮決算に手間を要するというデメリットはありますが、中間申告を行うことにより、還付を受ける時期を早めることができるため、資金繰り上、早期に還付を受けたい場合には、中間申告を行うことが有効です（震法15①）。

また、前期の法人税額が0である場合など、中間申告書の提出義務がない法人であっても、仮決算による中間申告書の提出により前々期に納付した法人税額から還付することも可能ですので、この点も踏まえて仮決算をするか否かを検討してください（震通15-1）。

(2) 一定の震災損失

「一定の震災損失」とは、東日本大震災により、商品などの棚卸資産や工場、機械装置、車両などの固定資産について生じた損失をいい、具体的には、次の損失をいいます（震令16②、震通15-3、15-4）。

① 東日本大震災により資産が滅失し、もしくは損壊したことまたは東日本大震災による価値の減少に伴いその資産の帳簿価額を減額したことにより生じた損失の額

② 東日本大震災により、その資産が損壊し、またはその価値が減少し、その他その資産を事業の用に供することが困難となった場合において、これらの被害があった日から1年以内にその資産の原状回復のために支出する修繕費、土砂その他障害物の除去費用などに係る損失

③ 著しく損傷した棚卸資産や固定資産の譲渡損のうち震災による被害を受けたことに起因するもの

④ 原状回復費用の見積りにより災害損失特別勘定に繰り入れた金額

なお、けが人への見舞金、被災者への弔慰金は、滅失または損壊した資産に直接関連しないため、当該損失には含まれません（震通15-5）。

また、上記損失のうち、保険金等により補てんされる金額は除かれることとなります。

(3) 還付税額の計算

還付税額は、次の算式により計算します。

$$\text{前期または前々期の納付法人税額}^{※} \times \frac{\text{一定の震災損失により生じた欠損金額}}{\text{前期または前々期の所得金額}} = \text{還付税額}$$

※ 還付の対象となる法人税額は、所得税額控除や外国税額控除の規定により控除した税額がある場合には、それを加算した金額となります。

(4) 数値例

① 中間仮決算を行わないケース

貴社の前期、前々期および当期の状況が以下のとおりと仮定します。

> 前々期（平成21年12月期）：課税所得150、納付法人税額45
> 前期（平成22年12月期）：課税所得150、納付法人税額45
> 当期確定決算：欠損金額300（うち震災損失金額200）

当期確定決算において、震災損失金額200について、仮に、前々期に150を、前期に50を繰り戻すこととします。

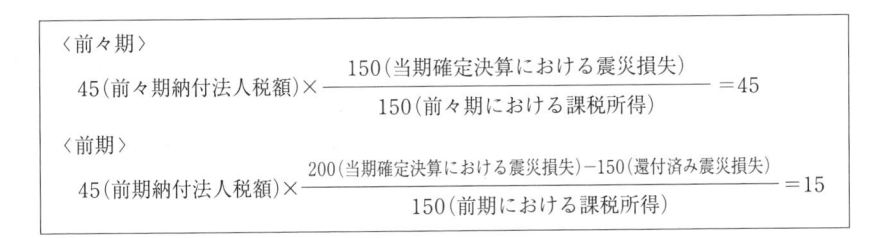

> 〈前々期〉
> $45（前々期納付法人税額）\times \dfrac{150（当期確定決算における震災損失）}{150（前々期における課税所得）}=45$
>
> 〈前期〉
> $45（前期納付法人税額）\times \dfrac{200（当期確定決算における震災損失）-150（還付済み震災損失）}{150（前期における課税所得）}=15$

以上の結果、当期において60の還付を受けることができます。

【繰戻還付のイメージ】

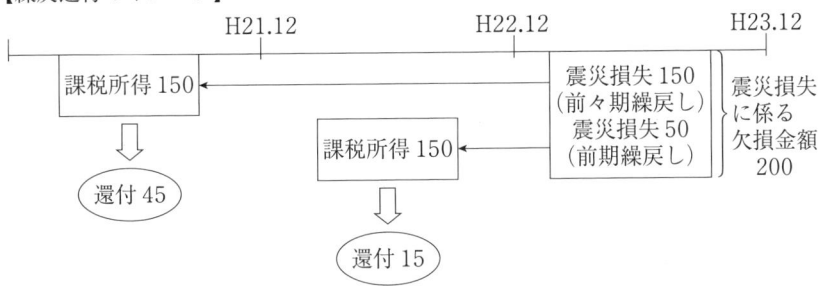

```
                H21.12              H22.12              H23.12
─────┬─────────────┬─────────────┬─────
  課税所得150 ←──────────────────── 震災損失 150      震災損失
       │                              （前々期繰戻し）   に係る
       ▼                           震災損失 50       欠損金額
    還付 45        課税所得150 ←──  （前期繰戻し）      200
                        │
                        ▼
                     還付 15
```

② 中間仮決算を行い還付を受けるケース

上記①のケースについて、中間期において仮決算を行い、震災損失金額200（欠損金額250）が生じていたと仮定しますと、確定申告を待たずして中間申告において前期または前々期の納付法人税額から還付を受けることができます（計算方法は①参照）。資金繰り等の観点から早期に還付を受けたい

場合には、有効な手段となります。

(5) **手続関係**

この特例の適用を受けるためには、原則として、還付の対象とする期から東日本大震災の生じた期の前期まで連続して確定申告書を提出し、かつ、確定申告書または中間申告書に還付請求書を添付する必要があります（震法15③、④、法法80⑤）。

なお、平成23年7月1日までに確定申告書等を提出した法人については提出期限の特例が設けられており、平成23年7月31日までに還付請求書を提出することにより還付を受けることができます。したがって、既に確定申告が済んでいる法人についても、平成23年7月末までは還付請求が可能です（震附則5）。

(6) **留意点**

① **青色欠損金の繰戻しによる還付との併用**

中小法人に該当し、一定の震災損失により生じた欠損金以外に、青色欠損金が生じた法人については、本則の取扱いである青色欠損金の繰戻還付との併用が可能であり、どちらを適用するか選択できます（震通15-6）。欠損金の繰戻還付を最大限に活用するためには、まず、青色欠損金のうち一定の震災損失以外の部分について、前期の納付法人税額から還付を受けることが望ましいでしょう。

すなわち、(4)①の数値例を用いると、震災損失により生じた欠損金以外の青色欠損金100（欠損金額300から震災損失金額200を控除した残額）について、前期の納付法人税額から還付を受け、次に震災損失金額200については、下記の②に留意して前期または前々期のいずれかの納付法人税額から還付を受けるという手順が望ましいと考えられます。

② **還付の対象となる事業年度が2以上ある場合**

前期、前々期と法人税を納付した法人が、一定の震災損失により生じた欠損金を有する場合に、いずれの期から還付を受けるかは、その法人の選択に

よるため（震通15-7）、どのように適用するかの検討が必要となります。

　検討する際には、税負担割合（法人税額÷所得金額）がポイントになると考えられます。例えば中小法人等の場合、平成21年4月1日以後終了事業年度における軽減税率の変更（22％から18％への変更）や、軽減税率が800万円までしか適用されないという点を考慮する必要があります。また、還付対象となる法人税額は、試験研究が行われた場合や情報基盤強化設備を取得した場合などの法人税額の特別控除などが適用された後の金額となりますので、これら特別控除の適用がない期から還付を受ける方が、還付金額は増える点も考慮する必要があります。

6　中間申告における源泉税還付

Q22 当社は、平成23年12月期において、震災による被害が原因で、例年に比べ利益が落ち込む見通しです。なお、当社は、上半期に子会社からの配当により、多額の源泉所得税を納付しています。この源泉所得税について、早期に還付を受けられる制度があるそうですが、その内容を教えてください。

◆ポイント
◇仮決算による中間申告書を提出した中間期間において、法人税額の計算上、控除しきれなかった源泉所得税額がある場合には、震災損失金額を限度として、その納付した源泉所得税額の還付を受けることができる特例があります。

A　(1)　制度の概要
　法人が平成23年3月11日から9月10日までの間に終了する中間期間について、仮決算による中間申告書を提出した場合において、法人税額の計算上、控除しきれなかった源泉所得税額があるときは、その中間期間において生じた震災損失金額を限度として、その納付した源泉所得税額の還付を

受けることができます(震法16①)。還付額の限度となる震災損失金額の範囲は、震災損失の繰戻しによる法人税額の還付と同様となりますので、Q21(2)をご参照ください。

なお、この制度の適用を受ける場合には、課税所得の計算上、その源泉所得税額を損金算入することはできません。

(2) 留意点
① 手続関係
この制度は、還付を受ける所得税額など記載した仮決算による中間申告書をその期限内に提出した法人が受けられる特例です(震法16①、②)。

② 外国税額控除がある場合の控除順序
外国税額と源泉所得税額がある場合には、まず、外国税額を法人税額から控除します。その残額から源泉所得税額を控除し、控除しきれない源泉所得税額のうち、震災損失金額に達するまでの金額が還付の対象となります(震法16①)。

③ 期末の取扱い
仮決算による中間申告で還付を受けた金額は、確定申告において、再度、所得税額控除をすることはできません(震法16③)。

7 被災代替資産等の特別償却

Q23 当社は、被災地に工場を有する法人です。東日本大震災により、工場が全壊したため、生産拠点を東北地方から他へ移すことを検討しております。新工場の建設にあたって減価償却の特例制度が受けられるそうですが、その制度の内容、留意点を教えてください。

◆ポイント
◇被災代替資産等の特別償却の制度を利用することにより、普通償却限

度額に一定額を加えた金額を損金算入の限度額として減価償却ができます。それにより、通常よりも早期に減価償却費を損金算入できます。
◇対象となる資産は、平成23年3月11日から平成28年3月31日までの間に、東日本大震災により被害を受けた固定資産の代替資産、および被災区域内において事業の用に供するために取得した資産です。

A (1) 制度の概要

　法人税の計算上、建物等の固定資産については、会計上、費用処理した減価償却費のうち損金算入限度額の範囲内で損金算入が認められています。この損金算入限度額について、平成23年3月11日から平成28年3月31日までの間に以下の資産を新品取得（製作や建設も含みます）した場合には、その拡大が認められています。すなわち、普通償却限度額に(2)に記載の特別償却額を加えた金額を損金算入限度額とすることができます（震法18①）。

① 東日本大震災により滅失、損壊した建物、構築物、機械装置、船舶、航空機または車両運搬具に代わって取得した固定資産で被災前と同一用途（貸付用を除きます）に供されるもの

② 建物、構築物または機械装置で被災区域（詳細はQ29参照）内において法人の事業の用（貸付用は除きます）に供されるもの

(2) 特別償却額

　取得価額に取得資産の区分および取得時期に応じ、次ページの表の割合を乗じた金額となります。

取得資産	取得時期	原則	中小企業者
建物または構築物	平成23年3月11日～平成26年3月31日	15%	18%
	平成26年4月1日～平成28年3月31日	10%	12%
機械装置、船舶、航空機または車両運搬具	平成23年3月11日～平成26年3月31日	30%	36%
	平成26年4月1日～平成28年3月31日	20%	24%

※ 「中小企業者」とは、資本金の額もしくは出資金の額が1億円以下の法人のうち次に掲げる法人以外の法人または資本もしくは出資を有しない法人のうち常時使用する従業員の数が1,000人以下の法人をいいます（措法42の4⑫五、措令27の4⑩）。
① 発行済株式または出資の総数または総額の2分の1以上が同一の大規模法人（資本金の額が1億円を超える法人）に所有されている法人
② 発行済株式または出資の総数または総額の3分の2以上が大規模法人に所有されている法人

(3) **数値例**

貴社が、被災した工場の代替資産として工場（建築価額1億円、償却方法：定額法、耐用年数24年、償却率0.042）を被災地以外の場所に建設し、平成25年3月期の期首から事業の用に供した場合の初年度の減価償却費の損金算入限度額は以下のとおりとなります。

① 普通償却限度額：1億円 × 0.042 = 420万円
② 特別償却限度額：1億円 × 15% = 1,500万円
③ 合計（損金算入限度額①＋②）：1,920万円

また、貴社が中小企業者に該当する場合、特別償却限度額は1,800万円（1億円 × 18%）となり、普通償却とあわせた償却限度額合計は、2,220万円となります。普通償却限度額のみの場合と比べ、課税所得を圧縮することができ、早期に投下資本の回収を図れるという効果があります。

(4) **留意点**
① **手続関係**

この制度の適用を受けるためには、確定申告書または仮決算による中間申

告書に減価償却の計算に関する明細書を添付する必要があります（震法18③）。

② 他規定との併用の可否

この制度の適用を受けた固定資産については、租税特別措置法に規定する他の特別償却や圧縮記帳等の特例の適用を受けることはできません（震法18⑤、措法53①）。

そのため、(1)②のケースのように、被災区域内に建物等を建設する場合において、被災区域外の建物を譲渡し、譲渡益が生じているときは、Q24の買換えの特例制度との選択を検討する必要があります。

③ 「同一用途」の判定区分

「同一用途」に供されているか否かの判定については、例えば、建物の場合には、店舗または事務所の用、工場の用、倉庫の用といった区分で行うこととなります（震通18-1）。

8　買換えの特例制度の概要
（被災区域内の土地等を取得する買換えのケース）

Q24 当社は今後東北地方において事業を行っていくために、被災地の土地を購入し、事業所を開設しようと考えています。当該土地の購入資金に充てるために、保有している遊休地を売却することを検討しています。買換えにあたって受けることができる税制上の特例制度の内容を教えてください。

◆ポイント

◇買換えの特例制度を利用することにより、遊休地の売却の際に生じた売却益に対する課税を繰り延べることができます。

◇買換えの特例制度は、遊休地の売却により生じた売却益と同額の損金を計上することによって、売却益に対する課税の繰延べを行う制度です。繰り延べられた金額は買換え資産の取得価額から減額されます。

◇買換えの特例制度は、平成23年3月11日から平成28年3月31日までの

期間内に行われた買換えについて利用できます。

A

(1) 制度の趣旨

　法人が所有している土地、建物等を売却し、売却益が生じた場合には、当該売却益に対して法人税等が課されるのが原則です。しかし、売却益に対する課税は、被災区域の土地、建物等の取得のために行う買換えの障害となるおそれがあります。そこで、被災区域の土地、建物等の取得を促進するため、被災区域の土地、建物等を取得する法人が行う土地、建物等の譲渡については、譲渡益に対する課税を繰り延べるという特例制度が設けられています。

(2) 制度の概要

　平成23年3月11日から平成28年3月31日までの期間内に、以下に掲げる買換えを行ったことにより売却益が生じた場合には、届出等の一定の要件のもと、譲渡益相当額を損金の額に算入し、課税の繰延べを行うことができます（震法19①）。

① 被災区域内の土地等を手放す買換え

　平成23年3月11日以前に取得※した被災区域内の土地等（土地の上に存する権利を含みます。以下同じ）、建物または構築物を譲渡し、国内にある土地等または減価償却資産を取得する取引

② 被災区域内の土地等を取得する買換え

　被災区域外の土地等、建物または構築物を譲渡し、被災区域内の土地等または減価償却資産を取得する取引

　※　取得：建設および製作を含みます。合併、分割、贈与、交換、出資、適格現物分配、所有権移転外リース取引、代物弁済によるものを除きます。

　買換えの特例制度を利用できるかどうか検討する際には、譲渡または購入する土地等が「被災区域」内の土地等に該当するかどうかが、1つのポイントとなります。被災区域の定義についてはQ29をご参照ください。

(3) 数値例

被災区域外の遊休地であるA土地（帳簿価額1,000万円、時価3,000万円）を譲渡し、被災区域内のB土地（時価3,000万円）を取得した場合、特例を利用するか否かにより、次表のような相違が生じます。

	特例を利用しない場合	特例を利用する場合
A土地の譲渡益	2,000万円	2,000万円
B土地の圧縮損	0円	※2,000万円
所得への影響額	2,000万円	0円
B土地の取得価額	3,000万円	1,000万円

※　圧縮限度額
　　＝ 圧縮基礎取得価額 × 差益割合
　　＝ 圧縮基礎取得価額 × $\dfrac{譲渡対価の額 －（譲渡直前の帳簿価額 ＋ 譲渡経費の額）}{譲渡対価の額}$
　　＝ 3,000万円 × $\dfrac{3,000万円 －（1,000万円 ＋ 0円）}{3,000万円}$ ＝ 2,000万円

圧縮基礎取得価額：買換え資産の取得価額と譲渡資産の対価の額のいずれか少ない金額（震法19⑬、措法65の7⑮三）
譲渡経費の額：0円と仮定

買換えの特例制度を利用しない場合には、A土地の譲渡益2,000万円に対して課税が生じます。これに対して特例制度を利用する場合には、圧縮限度額の範囲内で圧縮損を計上することによって、課税を全額繰り延べることができます。

なお、この繰り延べられた課税は、B土地の売却時に実現します。すなわち、圧縮損は買換え資産の取得価額から減額するため、特例を利用する場合のB土地の取得価額は1,000万円となります。仮に数年後にB土地を3,000万円で売却する場合、特例を利用していなければ譲渡損益は生じませんが、特例を利用している場合には、2,000万円の譲渡益が生じます。

9　買換えの特例制度の概要
（被災区域内の土地等を手放す買換えのケース）

Q25 事業所として利用していた建物が、東日本大震災により全壊しました。当該事業所の敷地を売却し、別の地域の土地を購入して事業を行うことを検討しています。買換えにあたって、どのような税務上の優遇措置があるのか教えてください。

◆ポイント
◇買換えの特例制度を利用することにより、被災区域内の土地等を売却した際の売却益に対する課税を繰り延べることができます。
◇買換えの特例制度の内容はQ24と同じですので、詳細はQ24をご参照ください。

A 　平成23年3月11日以前に取得した被災区域内の土地等を譲渡し、国内にある土地等または減価償却資産を取得する取引についても、Q24に記載した買換えの特例制度の対象となります（Q24(2)①参照）。すなわち、震災により建物等が滅失し、従前の地域では事業の継続が困難となり移転する法人を救済するために、買換え時の譲渡益に対する課税の繰延べが認められています。

　全壊した建物の敷地は被災区域内の土地に該当します（被災区域の定義についてはQ24参照）。よって取得する土地等が被災区域外であっても、国内の土地等であれば、買換えの特例制度を利用することができます。買換えの特例制度の取扱いはQ24と同じですので、詳細についてはQ24をご参照ください。

10　買換えの特例制度を適用する際の留意点

Q26　Q24、Q25における買換えの特例制度の適用を受けたいと考えています。特例の適用を受けるにあたって、どのような点に留意すべきか教えてください。

◆ポイント

◇買換えの特例制度を利用するには、決算において損金経理または積立金経理を行った上で、確定申告書に明細書を添付して提出する必要があります。

◇買換えの特例制度は課税の繰延べの制度であり、課税の免除の制度ではありません。取得資産が土地であれば売却の際に、建物であれば減価償却および売却の際に、取得時に繰り延べた課税は実現します。

◇買換え資産の取得は、原則として譲渡資産の譲渡を行った事業年度中に行うことが必要ですが、一定の要件を満たす場合には、譲渡を行った事業年度の前後の事業年度の取得の場合でも特例の適用を受けることができます。

◇買換えの特例制度を利用するには、買換え資産を取得した日から1年以内に事業の用に供する必要があります。

◇取得した土地等の面積が、譲渡した土地等の面積の5倍を超える場合には、超える部分の面積に対応する金額については、買換えの特例制度を利用することはできません。

◇譲渡資産が棚卸資産の場合には、買換えの特例制度を利用することはできません。

◇買換えの特例制度は特別償却と併用することはできません。

A　(1)　**手続要件**

この制度を利用するためには、決算において以下のいずれかの処

理を行う必要があります（震法19①）。

① 繰り延べる金額を費用または損失処理し、取得資産の帳簿価額の減額を行う。
② 繰り延べる金額を積立金として積み立てる。

また、確定申告書に損金算入に関する記載を行い、かつその確定申告書に、「特定の資産の買換えにより取得した資産の圧縮額等の損金算入に関する明細書(別表13(5))」を記載して添付する必要があります（震法19⑤、措法65の7⑤）。

(2) 課税の繰延べ

この特例は、課税の繰延べを行う制度です。繰り延べられた金額は、買換え資産の取得価額から減額されます。課税の繰延べを行った場合には、課税の繰延べを行わなかった場合と比べて買換え資産の取得価額が低くなるため、買換え資産が土地であれば売却時に売却益が大きくなります。また、買換え資産が建物であれば毎期の減価償却費の金額が小さくなり、売却時には売却益が大きくなります。よって、土地であれば売却により、建物であれば毎期の減価償却および売却により、繰り延べられていた課税が実現します。

(3) 買換え資産の取得時期

この特例を利用するためには、原則として買換え資産の取得を譲渡資産の譲渡を行った事業年度中に行うことが必要となります。しかし、Q27やQ28に記載するように一定の要件を満たす場合には、譲渡を行った事業年度の前後の事業年度に買換え資産の取得を行った場合でも、この課税の繰延べが認められます。

(4) 事業供用要件

この特例は、買換え資産を取得した日から1年以内に、当該買換え資産を事業の用に供したとき、または供する見込みであるときに適用を受けることができます。そのため、取得の日から1年以内に事業の用に供しない場合または供しなくなった場合には、この特例を利用して課税の繰延べを行うこと

はできないため、留意が必要です（震法19④、震令19⑦、⑧）。

(5) **面積制限**

必要以上の広い土地を取得する等の土地の投機を防止するため、取得した土地等の面積が、譲渡した土地等の面積の5倍を超える場合には、超える部分の面積に対応するものは買換え資産に該当せず、この特例を利用できないという面積制限措置が設けられています（震法19②、震令19③）。

(6) **棚卸資産**

譲渡資産からは棚卸資産は除かれています。よって販売用の土地、建物等を譲渡した場合には、特例の利用は認められません。

(7) **特別償却との併用**

この特例を利用した買換え資産については、特別償却を適用することはできません（震法19⑥）。

11　譲渡事業年度後の取得

Q27 当社は買換えの特例制度の適用を受けたいと考えていましたが、土地の造成および建物の建設に時間を要するため、譲渡を行った事業年度中に買換え資産を取得することが困難となる見込みです。譲渡益の課税を繰り延べるためには、いつまでに買換え資産を取得する必要があるか教えてください。

◆ポイント

◇譲渡した事業年度の翌期に買換え資産の取得の見込みがあり、取得から1年以内に取得資産を事業の用に供する見込みがある場合には、特別勘定を設けることにより、課税の繰延べを行うことができます。

◇やむを得ない場合には、譲渡を行った事業年度終了の日の翌日から3

第2部　法人編

年を経過する日までの取得予定があれば、税務署長の承認を受けることによって、課税の繰延べを行うことができます。

A　平成23年3月11日から平成28年3月31日までの期間内に資産の譲渡を行い、譲渡をした日を含む事業年度終了の日の翌日から1年を経過する日までの期間内に、買換え資産を取得する見込みがある場合には、譲渡を行った事業年度の決算において特別勘定を設ける方法（または積立金を積み立てる方法）により、課税を繰り延べることができます（震法20①）。なお、課税の繰延べを行うためには、取得の日から1年以内に、取得資産を事業の用に供する見込みであることも併せて必要となります。

　また、工場等の敷地の用に供するための宅地の造成や、工場等の建設、移転に要する期間が通常1年を超えると認められる場合のように、やむを得ない事情がある場合も想定されます。そのため所轄税務署長の承認を受けたときには、譲渡を行った事業年度終了の日の翌日から1年を経過する日後2年以内の税務署長が認定した日までの期間内に取得が予定されている場合についても、課税の繰延べを行うことができるという措置が設けられています（震法20①、震令19④）。

12　譲渡事業年度前の取得（先行取得）

Q28　当社は当期に被災区域内の土地を購入しました。翌期に別の地域の土地を売却する予定があり、その際に多額の売却益が生じる見込みです。買換えの特例制度の適用を受けることができるか教えてください。

◆ポイント
　◇譲渡に先行して取得する場合でも、届出を行うことによって、買換えの特例制度の適用を受けることができます。
　◇やむを得ない場合には譲渡の3期前に先行して取得する場合であって

も、買換えの特例制度の適用を受けることができます。

A 　譲渡を行った事業年度開始の日前1年以内に資産の取得をした場合であっても、取得をした事業年度終了の日の翌日から2カ月以内に届出を行った場合には、取得資産を買換え資産とみなして、買換えの特例制度の適用を受け、課税を繰り延べることができます（震法19③、震令19⑤）。なお、課税の繰延べを行うためには、取得の日から1年以内に、取得資産を事業の用に供することまたは供する見込みがあることも併せて必要となります。

　また、工場等の敷地の用に供するための宅地の造成や工場等の建設、移転に要する期間が通常1年を超えると認められる場合のように、やむを得ない事情がある場合も想定されます。そのため譲渡を行った事業年度開始の日前3年以内に資産の取得を行った場合でも、取得資産を買換え資産とみなして買換えの特例制度の適用を受けることができるという措置が設けられています（震令19④）。

13　被災区域とは

Q29 　特別償却の特例制度や買換えの特例制度における被災区域とは、具体的にどのような地域のことをいうのか教えてください。

◆ポイント

　◇被災区域として市町村等の具体的な地域の指定はなく、東日本大震災により滅失した建物または構築物の敷地が被災区域となります。

　◇滅失した建物または構築物と一体的に事業の用に供される付属施設の用に供されていた土地の区域は、たとえ付属施設が滅失していない場合でも、被災区域となります。

　◇滅失には、相当の修繕を行わなければ今後の事業の用に供することができないと認められるほどの損害を受けている場合を含みます。

A 被災区域とは、東日本大震災により滅失した建物または構築物の敷地、および当該建物または構築物と一体的に事業の用に供される付属施設の用に供されていた土地の区域をいいます（震法18①）。

被災区域の定義における滅失には、建物または構築物が、今後取壊しもしくは除去せざるを得ないほどの損壊を受けている場合、または相当の修繕を行わなければ今後の事業の用に供することができないと認められるほどの損壊を受けている場合が含まれます（震通18-7）。

「相当の修繕が必要な場合」とは、通常の修繕では原状回復が困難な場合をいいます。具体的には過去の判例から、損壊の程度が大きく、完全に修復するには多額の費用を要し、その将来の耐用年数を考慮すると損壊部分を修復するよりも新築した方が経済的な場合は、相当の修繕が必要な場合に該当すると考えられます（最高裁昭和41年(オ)第687号・昭和42年6月22日判決）。

また、滅失した建物または構築物と一体的に事業の用に供される付属施設（守衛所、詰所、滅失した建物に隣接する駐車場等の施設など）については、滅失していない場合であっても、付属施設の用に供されていた土地の区域は被災区域に該当します（震通18-8）。

14　収用・買換えの特例における代替資産等の取得期間延長の特例

◇◇

Q30 収用・買換えの特例における代替資産等の取得期間の延長の特例があるそうですが、その制度の内容を教えてください。

◇◇

◆ポイント

◇この特例により、収用・買換えの特例における代替資産等の取得期間について最大で2年間の延長が認められます。

◇延長された期間内に代替資産等を取得することが見込まれており、かつ、所轄税務署長の承認を受けた法人について、延長が認められることとなります。

Ⅱ 震災時の法人税に係る手当

A (1) 制度の概要

収用や特定資産の買換えの圧縮記帳の適用を受けるためには、収用等のあった日または買換え資産の譲渡をした日を含む事業年度に代替資産等を取得することが必要です。ただし、当該事業年度内の取得が困難な場合、一定期間内に取得することを条件に、特別勘定を設けてその課税を繰り延べることができます（措法64の2①、65の8①）。

東日本大震災により、その一定期間内（その期限が平成23年3月11日から平成24年3月31日までの間にある場合に限ります）における取得さえも困難となった場合については、一定の要件のもとに、2年間の範囲で所轄税務署長が認める期間まで延長されることとなります（震法22）。

なお、特定資産の買換えにおける取得期間について、既に税務署長に3年間の延長を認められている法人であっても、この特例の適用を受けられます。

特定資産の買換えにおける取得期間の延長

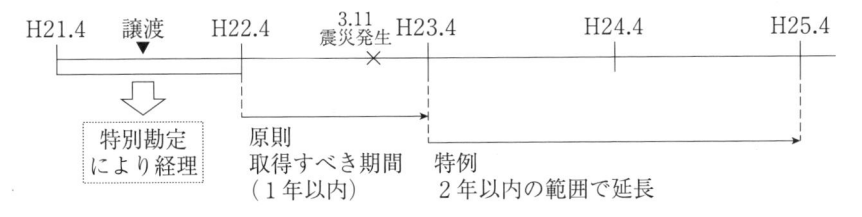

```
H21.4    譲渡    H22.4    3.11    H23.4         H24.4         H25.4
                         震災発生
          ▼                ×
      特別勘定          原則
      により経理        取得すべき期間      特例
                      （1年以内）       2年以内の範囲で延長
```

(2) 一定の要件

延長される期間内に代替資産等を取得することが見込まれており、かつ、所轄税務署長に繰り延べる特別勘定の金額、代替資産等の取得年月日などを記載した申請書を提出し、承認を受けた法人について、延長が認められることとなります。

15　災害損失特別勘定の概要・趣旨

Q31　災害損失特別勘定の概要と趣旨について教えてください。

◆ポイント
◇被災資産の修繕費用で、災害のあった日から1年以内に支出すると見込まれ、見積ることができるものは、災害損失特別勘定に繰り入れ、被災事業年度に損金算入できます。

A　災害により被害を受けた資産を引き続き事業の用に供する場合に、法人税の所得の金額の計算上、損金の額に算入されるものとしては、次の①、②があります。

①　その資産の価値が減少したことによる評価損

②　原状回復のための修繕費用等

①の評価損は被災事業年度で計上できます。しかし、②の修繕費用等は、法人税法上、修繕等を行った事業年度で損金の額に算入するのが原則です。

しかし、東日本大震災の被害は甚大で、早期に修繕が完了しない等の事情から、決算期によっては、実際に修繕費用等を支出する事業年度が被災事業年度の翌期以降となる場合があります。このような場合に、被災法人が早期に損金算入できるようにするため、修繕費用等の金額を合理的に見積ることができる場合、被災事業年度に当該修繕費用を損金の額に算入できるという特例が設けられました。

すなわち、法人税法上、災害により被害を受けた棚卸資産、固定資産等の修繕費用で、災害のあった日から1年以内に支出すると見込まれるものとして適正に見積ることができるものは、被災事業年度の損金の額に算入（災害損失特別勘定繰入額）できます（法費通2）。これは、被災事業年度等終了の日の翌日以後に支出すると見込まれるものに限ります。当該繰入額は、原則

翌期に取り崩して、益金の額に算入されます（法費通4）。

16　災害損失特別勘定の損金算入限度額

Q32　災害損失特別勘定の損金算入限度額を教えてください。

◆ポイント
◇災害損失特別勘定の損金算入限度額は、被災資産の価値の減少額と修繕費用等の見積り額のいずれか大きい金額です。

A　災害損失特別勘定には繰入限度額が定められています。具体的には次の(1)価値の減少額または(2)修繕費用等の見積り額に掲げる金額のうち、いずれか大きい金額とされています。なお、被災資産のうち保険金、損害賠償金、補助金等により補てんされる金額がある場合には、その保険金等の合計額を控除した残額が損金算入限度額となります（法費通2）。

(1)　価値の減少額
　…　被災資産（法人の有する棚卸資産、固定資産等をいいます。以下このQにおいて同じ）の帳簿価額から被災資産の被災事業年度等終了の日における時価を控除した金額。

　なお、上記の被災資産から、「資産の評価損の損金算入（法法33②）」の規定の適用を受けたものを除くとされています。これは、評価損の計上を行った資産については、既に価値の減少による損失が計上済みであり、損失の二重計上を防止するためと考えられます。

　被災資産の被災事業年度等終了の日における時価の算定方法は、被災資産の構造検査等を行った上での厳格な評価が困難な場合には、専門的な知識を有する者が行った見積りによるなど、合理性があると認められる金額であれば、上記の時価と認められます（質疑応答事例Q12）。

(2) 修繕費用等の見積り額

　…　被災資産について、災害のあった日から1年を経過する日までに支出すると見込まれる次に掲げる費用の見積り額(被災事業年度等終了の日の翌日以後に支出すると見込まれる金額に限ります)。

　① 　被災資産の取壊しまたは除去のために要する費用
　② 　被災資産の原状回復のために要する費用(被災資産の被災前の効用を維持するために行う補強工事、排水または土砂崩れの防止等のために支出する費用を含みます)
　③ 　土砂その他の障害物の除去に要する費用その他これらに類する費用
　④ 　被災資産の損壊または価値の減少を防止するために要する費用

　修繕費用等の見積り方法については、次のQ33をご参照ください。

　「資産の評価損の損金算入(法法33②)」の規定の適用を受けた被災資産については、③、④の費用に限り、繰入れの対象となります。

　なお、「災害のあった日から1年を経過する日までに支出すると見込まれる」とは、災害のあった日から1年を経過する日までに修繕等を完了することを予定する計画に基づく見積り額であれば、認められます(質疑応答事例Q10)。

17　災害損失特別勘定(修繕費用等の見積り方法)

Q33　災害損失特別勘定に繰り入れる修繕費用等はどのように見積ればいいですか。

◆ポイント

　◇修繕費用等の見積り額は、建設業者等による見積りなど、合理的な方法で見積ることが必要となります。
　◇相当部分が損壊等をした被災資産については、再調達価額等に基づく未償却残高から時価を差し引いた差額をもって、修繕費用等の見積り額とする方法も認められます。

A 　修繕費用等の見積り額の計算は、例えば以下の方法のように、合理的な方法で行う必要があります（法費通3）。

① 　建設業者、製造業者等から被災資産に係る修繕費用等の見積り額をとる方法
② 　相当部分が損壊等をした被災資産について、再調達価額等に基づく未償却残高から時価を差し引いた差額をもって、修繕費用等の見積り額とする方法

①の修繕費用等の見積りについて、自社において行った見積りは認められないとの規定はありませんので、例えば、自社の専門家が合理的な算定方法によって見積りを行う場合には認められます（質疑応答事例Q13）。

なお、被災資産の修繕費用等の見積り額等を算定するための判定単位は、原則として個々の資産ごとに計算しますが、工場建物一式や製造設備一式などの単位でも問題ありません（質疑応答事例Q9）。

また、②の「相当部分が損壊等をした被災資産」とは、損壊等の程度がおおむね50％以上であるものが該当します（質疑応答事例Q15）。相当部分が損壊等した被災資産に限定されている理由として、この方法は、災害による被害とは関係のない物価上昇等の要因を考慮する点で、合理的な見積り方法ではないため、災害による被害の程度が極めて少ない資産にはなじまないからであると考えられます。

18　災害損失特別勘定の繰入れ

Q34 　災害損失特別勘定の繰入れを行う際の税務上の手続きおよび会計処理について教えてください。

◆ポイント

◇災害損失特別勘定の繰入れは、原則として損金経理が要件とされています。ただし、やむを得ない事情がある場合には、特例的に申告調整での損金算入が認められます。

◇損金算入にあたって、明細書の添付が必要となります。
◇災害損失特別勘定の経理処理において、勘定科目の指定はなく、災害損失特別勘定の内容であれば、税務上損金算入が認められます。

A 　災害損失特別勘定の繰入額について、災害損失特別勘定として損金経理し、同取扱いに係る明細書を添付すれば、税務上も損金算入できます（法費通2）。

　災害損失特別勘定は法人内部での見積り計算であり、法人の認識を明確にするため、その繰入れにあたっては会計上の損失処理（損金経理）が要件となっています。そのため、申告調整による災害損失特別勘定の繰入れは認められないのが原則です。ただし、2011年3月が決算期の法人で、費用通達公表時に、既に決算手続きが終了し、損金経理できなかった等やむを得ない事情がある場合には、特例的に申告調整での損金算入が認められます（質疑応答事例Q3）。

　災害損失特別勘定は、必ずしも災害損失特別勘定という勘定科目を用いて経理処理する必要はありません。災害損失引当金や災害損失引当金繰入額などの科目で、負債や特別損失に計上した場合であっても、明細書を添付していれば、災害損失特別勘定として繰入額を税務上損金算入できます（質疑応答事例Q4）。

19　災害損失特別勘定の取崩し

Q35 　計上した災害損失特別勘定は、どのように取り崩せばよろしいでしょうか。

◆ポイント
◇災害損失特別勘定は、原則として、災害のあった事業年度の翌事業年度において、全額取り崩され、益金に算入されます。

A 災害のあった日から1年を経過する日の属する事業年度等(以下「1年経過事業年度等」)終了の日に、災害損失特別勘定の取崩未済残額を取り崩す(益金の額に算入する)のが原則です(法費通4)。

 ただし、修繕等が、やむを得ない事情により1年経過事業年度等終了の日までに完了しなかった場合、所轄税務署等に届出し、その確認を受ければ、1年経過事業年度等の翌事業年度以降で、修繕等が完了すると見込まれる事業年度(修繕完了事業年度等)まで、取崩しを延ばすことができます(法費通5)。

20　修繕費と資本的支出

Q36 私は、電子部品の製造会社を経営しております。東日本大震災により、製造用の機械が壊れ、工場建物も損害を受けました。復旧にあたり、改良工事を行いましたが、修繕費として計上できますか、それとも資本的支出に該当しますか。

◆ポイント

◇被災資産の原状回復費用や被災前の効用を維持するために行う補強工事等の費用は、修繕費に該当します。
◇修繕費用のうち、資本的支出か修繕費か、区分を合理的に行うことが困難な場合、支出額の30％を修繕費として経理できます。
◇災害時においても、明らかに耐久性を増し、または価値を高めるものは、資本的支出に該当します。

A 法人が、被災資産について支出する次のような費用に係る資本的支出と修繕費の区分については、次のとおりとなります(法通7-8-6、災害FAQ Q3)。

(1) 原状回復費用

　被災資産について、その原状を回復するための費用は、修繕費となります。なお、被災前の効用を維持するための原状回復費用は修繕費に該当しますが、原状回復と併せて、拡張工事等を行った場合には、その拡張工事部分は、原則として資本的支出となり、新たな減価償却資産を取得したものとされます（法令55、132）。この場合の資本的支出と修繕費の区分については、新たに拡張した部分のみを資本的支出として差し支えありません。ただし、その区分を合理的に行うことが困難な場合、工事に要した費用の30％相当額を修繕費とし、残額を資本的支出とする経理をしているときは、その処理が認められます（法通7-8-6(3)、災害FAQ　Q7）。

(2) 被災資産の補強工事等に要する費用

　被災資産の被災前の効用を維持するために行う補強工事、排水または土砂崩れの防止等のために支出する費用について、修繕費として経理している場合、この処理が認められます。

　二次災害を回避するなどの目的で、被災した建物について耐震性を高めるために行った補強工事は、同規模の地震や余震の発生を想定し、被災建物の崩壊等の被害を防止するなど、被災前の効用を維持するためのものが多いと考えられます。このため、法人が、被災資産（評価損（法法33②）を計上したものを除きます）の被災前の効用を維持するために行う補強工事、排水または土砂崩れの防止等のために支出した費用について、修繕費として経理したときは、その処理が認められます（法通7-8-6(2)、災害FAQ　Q5）。

(3) 資本的支出かどうかが不明な被災資産への支出

　被災資産について支出する費用（(1)または(2)に該当するものを除きます）の額のうち、資本的支出か修繕費か明らかでないものがある場合、その金額の30％相当額を修繕費とし、残額を資本的支出とする経理をしているときは、この処理が認められます。

(4) 被災資産以外の資産の補強工事等に要する費用

被災資産以外の資産について、耐震性を高めるための工事を行った場合、原則として、その工事に要した費用は、その資産の使用可能期間の延長または価額の増加をもたらすものとして資本的支出に該当し、その支出金額が新たな減価償却資産の取得価額となります（法令55、132、災害FAQ　Q8）。

(5) 代替資産の取得に要する費用

法人が、被災資産の修繕に代えて、新規に資産を取得した場合には、新たな資産の取得に該当し、その取得のために支出した金額は、資産の取得価額となります（法通7-8-6（注)1）。したがって、その取得費用を修繕費として処理することは認められません。なお、この場合、被災した建物等を取り壊しているときには、その建物等の帳簿価額を、除却損として計上することになります（災害FAQ　Q9）。

21　修繕費と資本的支出（賃借資産等の補修費用）

Q37 当社は、精密機械の製造会社で、製造機械の一部を親会社から賃借しております。東日本大震災で、この機械が損傷し、修理する必要があります。修理を行う義務は原則親会社にあります。当社負担で修理を行うと、税務上寄附金に該当するなど、問題はありませんか。

◆ポイント
　◇法人が補修義務のない賃借資産について補修費を負担した場合、修繕費として経理できます。
　◇ただし、この修繕費は、災害損失特別勘定の繰入れの対象とはなりません。

A 原則として、賃貸資産の修繕は、賃貸人の負担で行います（民法606）。また、賃借人が賃借資産の補修を行った場合、賃貸人にその補修のために要した費用を請求できるため（民法608）、賃借人が補修費用を支払ったときは、通常その金額を仮払金等として計上します。

ただし、修繕等の補修義務がない賃借資産について、賃貸人による早急な補修ができない等の事情により、賃借人がやむを得ず自ら原状回復工事を行い、その補修に要した費用を賃貸人から実際に回収できるか明らかでない場合、賃借人が、賃借資産の補修のために要した費用を修繕費として経理したときには、この処理が認められます（法費通9、質疑応答事例Q28）。

この修繕費は、災害損失特別勘定の繰入れの対象とはなりません（法費通9（注）1）。つまり、賃貸人と賃借人とが災害損失特別勘定の繰入れを重複して適用することは認められません。したがって、補修義務のない賃借人が補修をした場合には、実際にその補修をした日の属する事業年度等において、修繕費として損金の額に算入することになります（質疑応答事例Q30）。

賃借人が、修繕費として経理した相当額について、賃貸人から支払を受けた場合には、その支払を受けた日の属する事業年度等の益金の額に算入することになります（法費通9（注）2）。

22 義援金等に関する法人税法上の取扱い

Q38 今回の震災に対し、法人として寄附を行いたいと考えております。税務上どのような取扱いとなりますか。

◆ポイント

◇法人が義援金等を寄附した場合、その義援金等が、国等に対する寄附金、指定寄附金に該当するものであれば、支出額全額が、損金算入されます。

◇法人が、認定NPO法人に対する寄附金として支払った義援金は、「特定公益増進法人に対する寄附金」に含めて損金算入限度額を計算し、

その範囲内で損金に算入されます。

(1) 制度の概要

法人が義援金等を寄附した場合、その義援金等が①「国または地方公共団体に対する寄附金」（国等に対する寄附金）、②「指定寄附金」に該当するものであれば、支出額の全額が、損金の額に算入されます（法法37③）。

① 「国等に対する寄附金」には、下記に掲げる義援金等が該当します。
- 国または地方公共団体に対して、直接寄附した義援金等
- 日本赤十字社の「東日本大震災義援金」口座へ直接寄附した義援金、新聞・放送等の報道機関に対して直接寄附した義援金等で、最終的に国または地方公共団体に拠出されるもの
- 社会福祉法人中央共同募金会の「各県の被災者の生活再建のための基金」として直接寄附した義援金等
- 募金団体を経由する国等に対する寄附金

また、災害の緊急性に鑑み、同業者団体等が募集した義援金等について、税務署が、新聞報道等により国等に対して寄附することが明らかにされていることを確認できれば、国等に対する寄附金として取り扱います。

② 「指定寄附金」には、下記に掲げる義援金等が該当します。
- 東日本大震災の被災者支援活動を行う認定NPO法人が募集する、国税局長の確認を受けた寄附金
- 社会福祉法人中央共同募金会の「災害ボランティア・NPO活動サポート募金」（平成23年3月15日財務省告示第84号）として直接寄附した義援金等

義援金等を寄附した法人が、損金算入するための手続きとして、確定申告書の別表14(2)「寄附金の損金算入に関する明細書」の「指定寄附金等に関する明細」に、寄附した義援金等に関する事項を記載し、義援金等を寄附したことが確認できる書類を保存する必要があります。

日本赤十字社や中央共同募金会の「東日本大震災義援金」への寄附を、郵

便振替で行った場合、郵便窓口で受け取る半券（受領証）をもって寄附したことを証する書類として差し支えありません。

(2) 認定NPO法人に対する寄附金の取扱い

法人が、「認定NPO法人に対する寄附金」として支払った義援金は、「特定公益増進法人に対する寄附金」に含めて損金算入限度額を計算し（特別損金算入限度額）、その範囲内で損金に算入されます（法法37④、法令77、措法66の11の2②）。

なお、認定NPO法人以外の法人等に対する寄附金の取扱いは以下のとおりです。

- 公益社団法人・公益財団法人に対する寄附金（その法人の主たる目的である業務に関連するものに限ります）は、特定公益増進法人に対する寄附金として、特別損金算入限度額の範囲内で損金に算入されます。
- 認定NPO法人でないNPO法人、職場の有志で組織した団体などの人格のない社団等に対する寄附金は、一般の寄附金として、損金算入限度額の範囲内で損金に算入されます。

ただし、上記の認定NPO法人以外の法人等に対する寄附金には、「国等に対する寄附金」および「指定寄附金」に該当するものを支払った場合を除きます。

23　指定寄附金等の取扱い
（災害見舞金品に充てるために同業団体等へ拠出する分担金等）

Q39 各都道府県に設置した同業団体を構成員とする全国組織の連合会です。東日本大震災によって、大阪府団体の構成員から分担金を集め、大阪府団体として、宮城県団体に所属する構成員へ、災害見舞金品を拠出する場合、この分担金は損金に算入できますか。

◆ポイント

◇同一の連合会傘下の、異なる下部組織の構成員に対する災害見舞金品に充てるための分担金について、構成員相互の扶助等を目的として実施するものである場合、拠出した分担金等は、その支出した事業年度の損金に算入されます。

A 同一の連合会傘下の、異なる下部組織の構成員に対する災害見舞金品に充てるための分担金について、分担金を負担する構成員が属する同業団体等と、被災した構成員が属する他の団体との事業関連性などからみて、構成員相互の扶助等を目的として実施するものである場合、拠出した分担金等は、その支出した日の属する事業年度の損金に算入されます（法通9-7-15の4、義援金FAQ　Q6）。

24　被災した役員・従業員への援助

Q40 東日本大震災により、被災した自社の役員・従業員に対して、災害見舞金品の支給や無償貸付などの援助を行おうと考えています。これらの費用は、税務上どのように取り扱われますか。

◆ポイント

◇被災した自社の役員・従業員に対して支給した災害見舞金品は、原則として、福利厚生費となります。
◇災害見舞金の支給を受けた役員・従業員側に課税は生じません。
◇自社の従業員と同様の事情にある専属下請先の従業員に対しても同様です。
◇被災した自社の役員・従業員に対して、生活資金等を無償または低利で貸し付ける場合、その経済的利益について、給与課税はなされません。

A (1) **自社の役員または従業員に対する災害見舞金品の支給**

　法人が、災害により被害を受けた従業員等に対して、災害見舞金品を支給した場合、一定の基準に従って支給するものであれば、福利厚生費として損金の額に算入されます。一定の基準とは、各被災者に対する支給が合理的な基準によっていること、支給を受ける者の社会的地位等に照らし被災に対する見舞金として社会通念上相当な金額であることが必要です（措通（法）61の4(1)-10(2)）（例：被災した全従業員に対して被災した程度に応じて支給される）。

　また、一定の基準は、あらかじめ社内の慶弔規程等に定めていたもののほか、東日本大震災を機に新たに定めた規程等であっても、これに該当するものとして取り扱われます（災害FAQ　Q13）。

　既に退職した従業員または採用内定者に対する災害見舞金品であっても、被災した自己の従業員等と同一の基準に従って支給するものは、福利厚生費として損金の額に算入されます（災害FAQ　Q14）。

　なお、災害見舞金の支給を受けた役員、従業員側にも課税は生じません。個人が心身または資産に加えられた損害につき支払を受ける相当の見舞金（役務の対価を除きます）について、所得税は課されないとされているためです（所法9①十七、所令30三）。そのため、法人が、一定の基準に従って見舞金の支給額を定めている場合には、相当の見舞金に該当し、給与として源泉徴収する必要はありません（災害FAQ　Q33）。

(2) **専属下請先の従業員等に対する災害見舞金品の支給**

　法人が、自己の従業員等と同等の事情にある専属下請先の従業員等またはその親族等に対して一定の基準に従って支給する災害見舞金品についても、同様に損金の額に算入されます（措通（法）61の4(1)-18(4)）。

　ただし、取引先の従業員等に対して、直接支給した災害見舞金品は交際費に該当するため、注意が必要です。取引先に支給し、取引先が福利厚生の一環として、従業員等に支給する場合は、交際費に該当しません。

Ⅱ　震災時の法人税に係る手当

(3)　**低利または無利息による貸付**

　災害により臨時的に多額な生活資金を要することとなった従業員等が、その資金に充てるために低利または無利息で使用者から貸付を受けた場合に、その返済に要する期間として合理的と認められる期間内に受ける利息相当額の経済的利益は、課税されません（所通36-28(1)）。

25　自社製品等の提供

Q41　法人が、自社製品を被災者に提供する場合、税務上損金に算入できますか。

◆ポイント

　◇法人が、不特定多数の被災者を救援するために緊急に行う自社製品の提供に要する費用は、広告宣伝費に準ずるものとして損金に算入されます。

A　法人が、不特定または多数の被災者を救援するために緊急に行う自社製品等の提供に要する費用は、寄附金または交際費等に該当せず、広告宣伝費に準ずるものとして損金の額に算入されます（法通9－4－6の4、措通（法）61の4(1)-10の4）。

　また、法人名が表示されていない物品や他から購入した物品であっても、その提供にあたって、企業のイメージアップなど実質的に宣伝的効果を生じさせるようなものであれば、自社製品等と取り扱って差し支えないとされています（災害FAQ　Q24）。

26　被災した取引先に対する援助

Q42 震災により被害を受けた取引先に対し、災害見舞金品の支出、売掛金の減免、低利の融資等の援助を考えております。これらの支出は、税務上交際費や寄附金に該当しますか。

◆ポイント

◇取引関係の維持・回復のため、被災した取引先に対し行った災害見舞金品の支出等は、交際費や寄附金に該当せず、損金算入されます。

◇被災した取引先に対し、その復旧支援のため売掛債権を減免した場合、それにより生じた損失は、交際費や寄附金に該当せず、売上値引等の費用となります。

◇被災した取引先に対し、復旧支援のために行った低利融資は、正常な取引条件に従って行われたものとされ、交際費や寄附金とされません。

A　(1)　取引先に対する災害見舞金品の支出

　法人が、被災前の取引関係の維持・回復を目的として、取引先の復旧過程において、その取引先に対して行った災害見舞金の支出、事業用資産の供与等のために要した費用は、交際費等に該当せず、損金の額に算入されます（措通（法）61の4(1)-10の3）。

　取引先には、得意先、仕入先、下請工場、特約店、代理店等のように直接取引を行うもののほか、商社等を通じた取引であっても自ら価格交渉等を行っている場合の商品納入先など、実質的な取引関係にあると認められる者も含まれます（法通9-4-6の2（注））。

　また、当該取引先の被災の程度、取引先との取引の状況等を勘案した相応の災害見舞金品であれば、その金額の多寡は問いません。

　法人が災害見舞金を支出したときに、取引先から領収書の発行を求め難い場合、法人の帳簿書類に支出先の所在地、名称、支出年月日を記録しておく

ことが必要です（災害FAQ　Q17）。

(2)　取引先に対する売掛金等の免除等

　法人が、災害を受けた取引先の復旧過程において、復旧支援を目的として売掛金、貸付金等の債権を免除する場合、復旧過程にある期間内に行われた当該免除の損失は、寄附金または交際費に該当せず、損金の額に算入されます。

　また、既契約のリース料、貸付利息、割賦代金の減免を行う場合および災害発生後の取引につき従前の取引条件を変更する場合も、同様に取り扱われます（法通9-4-6の2、措通（法）61の4(1)-10の2）。

(3)　取引先に対する低利または無利息による融資

　法人が、災害を受けた取引先の復旧過程において、復旧支援を目的として低利または無利息による融資を行った場合、通常収受すべき利息と実際に収受している利息との差額は、寄附金に該当しません（法通9-4-6の3）。

　その融資が被災した取引先の復旧支援を図るものであり、かつ、その取引先の被災の程度、取引の状況等を勘案した合理性を有するものであれば、その融資期間や融資額に制限はありません。

　既に行っている貸付に係る貸付金の利子を減免した場合も同様の取扱いとなります（法通9-4-6の2、措通61の4(1)-10の2）。

27　被災企業が受け取った災害義援金・見舞金

Q43　震災により被害を受けた法人が、災害義援金・見舞金を受け取った場合、税務上どのように処理しますか。

◆ポイント

　◇被災した法人が受け取った災害義援金・見舞金は、税務上益金となります。

A 被災した個人が受け取った災害義援金・見舞金が、所得税・贈与税とも非課税となることと異なり、被災した法人が受け取った災害義援金・見舞金は、税務上益金となります（法法22②）。そのため、災害義援金・見舞金を受領する法人において、義援金等に伴う益金計上によって、益金が損金を上回る場合には、課税が生じることになります。

なお、受領後直ちに福利厚生の一環として被災した従業員等に供与する物品、使用可能期間が1年未満である減価償却資産および取得価額が10万円未満の減価償却資産については、益金と損金の両建計上は、不要とされています（措通（法）61の4(1)-10の3（注）3）。これは、益金の額と損金の額が同じ期に計上され、益金と損金の計上をしないとしても課税上の弊害がないため認められている取扱いです。

Ⅲ　震災時のその他の税目に係る手当

1　被災法人の消費税申告の留意点（簡易課税を適用している法人）

Q44　岩手県にある当社は飲食店を営んでいますが、東日本大震災で店舗や備品など相当な被害を受けました。当社は3月決算（1年決算法人）で、以前より簡易課税制度により消費税の申告を行っています。平成22年3月期の課税売上高は4,000万円です。被害復旧のために平成24年3月期において多額の修繕や備品の購入を予定しています。今後の消費税申告に係る留意点および特例措置について教えてください。

◆ポイント

◇簡易課税制度を選択している被災事業者※が、震災の影響で多額の臨時支出を行う場合等には、簡易課税制度の選択をやめるための届出書を提出しなければ、消費税の還付を受けることができません。

◇被災事業者が提出する簡易課税制度の選択をやめるための届出書等について、提出期限の特例が設けられました。

◇この特例により、指定日までに届出書を提出した場合には、被災した日を含む課税期間から簡易課税制度をやめること等ができます。

※　「被災事業者」とは東日本大震災の被災者である事業者をいい、具体的には次に該当する事業者をいいます。
- 青森県、岩手県、宮城県、福島県、茨城県に納税地を有する事業者
- 税務署長から個別に申告等の期限の延長につき期日を指定された事業者
- 東日本大震災により被災した事業者のうち指定地域外の地域に納税地を有し、個別に申告等の期限を延長されていない事業者（例えば、納税地は東京にあるが、指定地域内にある事務所が東日本大震災により被災を受けた場合など）

(1) 簡易課税制度の留意点について

A 震災の影響で多額の修繕や備品の購入などを行う場合、簡易課税制度を選択していると不利となるケースがあります。

簡易課税制度は、課税売上高が5,000万円以下の比較的規模の小さな事業者に認められた事務負担を軽くするための制度です。簡易課税制度においては、仕入れに係る消費税を、実際に支払った消費税と関係なく、売上等により預かった消費税（売上に係る消費税等）に一定割合（みなし仕入率）を乗じて計算します。

したがって、預かった消費税に基づき計算した金額が、実際に支払った消費税に基づき計算した金額（原則課税制度により計算した金額）を上回る場合には、簡易課税制度を選択した方が有利となり、実際に支払った消費税に基づき計算した金額が、預かった消費税に基づき計算した金額を上回る場合には、簡易課税制度を選択していると不利となります。

また、実際に支払った消費税の合計額が、預かった消費税の合計額を超えるような場合もあります。この場合、原則課税制度の場合には消費税の還付を受けることができますが、簡易課税制度を選択している場合には、還付を受けることができません。したがって、多額の修繕や備品の購入等を行う場合には、いずれの課税制度を選択すべきか事前に検討する必要があります。

(2) 届出書の提出期限の特例について

簡易課税制度による計算が不利となるため、簡易課税制度の選択をやめようとするときは、所轄税務署長に「消費税簡易課税制度選択不適用届出書」を提出しなければなりません。当該届出書の効力は、提出日の属する課税期間の翌課税期間以後に生じます。このため、貴社において、平成24年3月期に簡易課税制度の選択をやめる場合、原則として、平成23年3月31日までに所轄税務署長へ当該届出書を提出しなければなりません。

しかし、東日本大震災により当初予定していなかった多額の設備投資が生じた場合や、震災により届出書を提出できない状況にあった場合等も考えられます。このような被災事業者に対し課税制度の柔軟な変更を可能にするた

め、原則の提出期限を過ぎている場合であっても、被災事業者が指定日※までに「消費税簡易課税制度選択不適用届出書」を提出したときは、届出期限内に提出したものとみなすという措置が講じられました（震法42⑧）。

　したがって、貴社の場合、平成23年3月31日後であっても、指定日までに「消費税簡易課税制度選択不適用届出書」を提出すれば、平成24年3月期に簡易課税制度の選択をやめ、原則課税制度に戻ることができます。なお、届出書の提出の際は、「参考事項」欄または余白に「東日本大震災の被災事業者である」旨の記載が必要です。

　※　「指定日」とは、事業者の区分に応じ、次のとおりとされています。
　　①　青森県、岩手県、宮城県、福島県、茨城県内に納税地を有する事業者（②の被災事業者を除く）
　　　イ　青森県、茨城県…平成23年7月29日
　　　ロ　岩手県、宮城県、福島県
　　　　a　Q14（276ページ）の「申告等の新たな期限が告示されていない市町村」に納税地を有する事業者
　　　　　…今後指定が行われますので、官報や国税庁ホームページ等をご確認ください。
　　　　b　a以外の市町村に納税地を有する事業者
　　②　個別指定の適用を受けた被災事業者
　　　…個別指定により税務署長が指定した日
　　③　①、②以外の被災事業者
　　　…平成23年7月29日

(3)　不適用の届出の制限規定について

　原則課税制度と簡易課税制度との間の変更を無制限に認めると、課税上弊害が生じるおそれがあるため、簡易課税制度を選択した場合には、原則として2年間は原則課税制度に戻ることができないこととされています（2年間の継続適用義務）。

　しかし、被災事業者に対し、2年間の継続適用義務の規定を適用すると、それぞれの被害状況に応じた柔軟な対応ができなくなります。そこで、震災特例法により、被災事業者が当該特例により簡易課税制度を選択した場合や、

簡易課税制度を選択した事業者が被災事業者となった場合には、それぞれ2年間の継続適用義務の規定を適用しないという措置が講じられました（震法42⑦）。

　貴社の場合、この特例を活用することによって、平成24年3月期のみ原則課税制度を適用し、平成25年3月期から簡易課税制度に戻ることも可能です。また、仮に貴社が平成23年3月期から簡易課税制度を適用開始していたとしても、2年間の継続適用義務の規定の適用はなく、指定日までに所轄税務署長に「消費税簡易課税制度選択不適用届出書」を提出すれば、平成24年3月期に原則課税制度に戻ることができます。

(4)　免税事業者について

　貴社の場合とは異なりますが、免税事業者である場合にも不利となるケースがあります。免税事業者は、売上規模が小さな事業者の事務負担を配慮し、消費税の納税義務が免除されている事業者です。免税事業者が消費税の還付を受けるには、「消費税課税事業者選択届出書」を所轄税務署長に提出し、課税事業者になる必要があるため、東日本大震災により多額の修繕や備品の購入などを行う場合には注意が必要です。

　この被災事業者が提出する「消費税課税事業者選択届出書」についても、(2)における被災事業者が提出する「消費税簡易課税制度選択不適用届出書」と同様の届出期限の特例措置が設けられています（震法42①）。なお、この震災特例法により提出した「消費税課税事業者選択届出書」についても、(3)と同様に2年間の継続適用義務の規定の適用がなく、1課税期間のみの適用も可能です（震法42②）。

　　(注)　平成22年度税制改正において、調整対象固定資産の課税仕入れに関して「消費税課税事業者選択不適用届出書」の届出制限規定（消法9⑦）が設けられましたが、この規定についても震災特例法により適用しないという措置が講じられています（震法42②）。

Ⅲ　震災時のその他の税目に係る手当

2　被災法人の消費税申告の留意点（書類を消失した法人）

Q45　宮城県にある当社は東日本大震災より、請求書等を消失しました。当社は3月決算（1年決算法人）です。平成21年3月期の課税売上高は3,000万円で簡易課税制度は適用していません。平成23年3月期の消費税申告における特例措置について教えてください。

◆ポイント
◇震災により請求書等を消失した場合であっても、原則課税制度により計算した仕入れに係る消費税額を売上に係る消費税額から控除することができます。
◇届出期限の特例が設けられているため、指定日までに届出を行えば、簡易課税制度を選択することも可能です。
◇簡易課税制度を選択するか否かは事前のシミュレーションが重要です。

A

(1) **消費税の仕入税額控除**

　　原則課税制度による仕入れに係る消費税額の控除は、帳簿および請求書等の保存を要件としており、その保存がなければ、原則として売上に係る消費税額から控除することができません。しかし、災害等のやむを得ない事情により保存できなかったことをその事業者が証明した場合には、その帳簿および請求書等の保存がない場合であっても、原則課税制度による仕入れに係る消費税額の控除を行うことができます（消法30⑦）。

　したがって、震災により請求書等を消失した場合であっても、原則課税制度による仕入れに係る消費税額の控除は可能です。

(2) **簡易課税制度の選択**

　簡易課税制度の選択により、実際に支払った消費税額の集計の手間を省き、

事務負担を軽減することができます。

　簡易課税制度を選択する届出（消費税簡易課税制度選択届出書）についても、Q44に記載している簡易課税制度の選択をやめる届出と同様に、届出期限の特例措置が講じられました。すなわち、被災事業者が、指定日までに「消費税簡易課税制度選択届出書」を提出した場合には、被災日を含む課税期間からの変更が認められます（震法42⑥）。

　したがって、貴社の場合、指定日までに「消費税簡易課税制度選択届出書」を提出することにより、平成23年3月期から簡易課税制度の適用を受けることができます。また、2年間の継続適用義務の規定の適用はないこともQ44と同様であり、1課税期間のみ簡易課税制度を選択することも可能です（震法42⑦）。

　（注）　平成22年度税制改正において、調整対象固定資産の課税仕入れに関して「消費税簡易課税制度選択届出書」の届出制限規定（消法37②）が設けられましたが、この規定についても震災特例法により適用しないという措置が講じられています（震法42②、⑤）。

(3) 原則課税制度と簡易課税制度の選択について

　簡易課税制度は、実際に支払った消費税を把握する必要がないため、原則課税制度ほど事務負担はかかりません。しかし、簡易課税制度を選択すると、多額の設備投資や修繕などを行う場合、実際に支払った消費税に基づき計算した金額が、預かった消費税に基づき計算した金額を上回るときは、原則課税制度に比べ税負担が大きくなります。

　両者を選択する際は、税負担や事務負担への影響を踏まえて、事前にシミュレーション等を行う必要があります。

3　登録免許税の特例措置

Q46 当社は、東日本大震災により建物が全壊しました。建物の建替えを行いましたが、何か登録免許税の特例措置はありますか。

◆ポイント
◇被災により滅失、損壊した建物の建替え等に際して、建物およびその敷地等の登録免許税を免除する措置が講じられました。

A 震災により建物が滅失または損壊し取壊しをした被災者が、当該建物（滅失建物等）に代わる建物の新築または取得をした場合、建物の所有権の保存または移転登記について、一定の要件を満たす場合には登録免許税が免除される措置が講じられました（震法39①）。

◇適用要件
- 東日本大震災によりその所有する建物に被害を受けた者であることにつき、その建物の所在地の市町村長から証明を受けていること（震令30①）。
- 滅失建物等に代わるものとして新築または取得をした建物であり、平成23年4月28日から平成33年3月31日までの間に登記を受けること（震法39①）。
- 登記の申請書に、り災証明書等の一定の証明書類を添付していること（震規15①、⑤）。

建物と同様に当該免税措置の適用を受ける建物の敷地についても、所有権の移転等に係る登録免許税が免除される措置が講じられました（震法40①）。

また、上記の登録免許税の免除を受ける建物やその敷地の取得資金の貸付等に係る抵当権の設定登記についても、上記の建物等の所有権の保存登記等と同時に受けるものに限り、登録免許税が免除されます（震法39②、40②）。

なお、震災により滅失または損壊し取壊しをした船舶または航空機の代わりとなる船舶または航空機を取得した場合にも同様の特例があります。

4 印紙税の特例措置

Q47 東日本大震災に伴う印紙税の特例措置の内容を教えてください。

◆ポイント
◇地方公共団体または政府系金融機関等が被災者に対して行う災害特別貸付の際の「消費貸借に関する契約書」について、印紙税を非課税とする措置が講じられました。
◇被災者が作成する「不動産の譲渡に関する契約書」および「建設工事の請負に関する契約書」について、印紙税を非課税とする措置が講じられました。

A

(1) 消費貸借に関する契約書の非課税

被災者を救済するために、地方公共団体または政府系金融機関等により、融資限度額や金利引下措置を大幅に拡充した貸付である災害特別貸付が行われています。当該災害特別貸付に係る消費貸借に関する契約書のうち、平成23年3月11日から平成33年3月31日までの間に作成されるものについて、印紙税を非課税とする措置が講じられました（震法47）。具体的には、以下の貸付機関が行う特別貸付制度（他の金銭の貸付に比し、利率または据置期間といった条件が有利な貸付制度）の下での貸付が対象となります（震令36）。

○**対象となる貸付機関**
① 地方公共団体、株式会社日本政策金融公庫、沖縄復興開発金融公庫、独立行政法人住宅金融支援機構、独立行政法人中小企業基盤整備機構、独立行政法人福祉医療機構、日本私立学校振興・共済事業団
② 預託貸付金融機関
地方公共団体から金銭の預託を受けて、当該地方公共団体の定めると

ところにより、東日本大震災の被災者に対して、金銭の貸付を行う金融機関

③　転貸者

沖縄復興開発金融公庫、株式会社商工組合中央金庫、株式会社日本政策金融公庫または独立行政法人雇用・能力開発機構（以下「沖縄振興開発金融公庫等」という）から金銭の貸付を受けて、当該沖縄振興開発金融公庫等の定めるところにより東日本大震災の被災者に対して金銭の貸付を行う者

④　指定金融機関

株式会社日本政策金融公庫法第11条第2項の規定による指定を受けた金融機関

⑤　融資機関

以下の法律に規定する融資機関（組合、連合会または農林中央金庫その他の金融機関）

- 天災による被害農林漁業者等に対する資金の融通に関する暫定措置法第3条第2項第1号、農業近代化資金融通法第2条第2項
- 漁業近代化資金融通法第2条第2項、漁業経営の改善および再建整備に関する特別措置法第8条第1項

(2) **不動産の譲渡に関する契約書の非課税**

東日本大震災の被災者が作成する以下の要件を満たす不動産の譲渡に関する契約書または建設工事の請負に関する契約書について、印紙税が非課税とされる措置が講じられました（震法48）。

◇**適用要件**

- 東日本大震災によりその所有する建物に被害を受けた者であることにつき、その建物の所在地の市町村長から証明を受けていること（震令37①）
- 契約書に、り災証明書等を添付していること（震令37③）
- 契約書が平成23年3月11日から平成33年3月31日までの間に作成されて

いること
- 次の場合に作成する「不動産の譲渡に関する契約書」または「建設工事の請負に関する契約書」であること
  ① 滅失等建物[※1]が所在した土地を譲渡する場合
  ② 損壊建物[※2]を譲渡する場合
  ③ 代替建物[※3]の敷地のための土地を取得する場合
  ④ 代替建物[※3]を取得する場合
  ⑤ 代替建物[※3]を新築する場合
  ⑥ 損壊建物[※2]を修繕する場合
  ※1 滅失等建物：東日本大震災により滅失した建物または損壊したため取り壊した建物。
  ※2 損壊建物：東日本大震災により損壊した建物。
  ※3 代替建物：滅失等建物に代わる一定の建物。滅失等建物に代わるものであることを、契約書その他の書面で明らかにしておく必要があります。

なお、非課税特例を受ける被災者と不動産業者など非課税特例を受けない被災者以外の者が共同して契約書を作成する場合、被災者以外の者が保存するものは被災者以外の者が作成したものとみなされて印紙税が課税されるため、注意が必要です（震法48②）。

また、非課税特例を受けることができる契約書に既に印紙を貼付してしまった場合、税務署長の確認を受けることにより還付を受けることができます。この場合、被災者（作成者）の所轄税務署長に「印紙税過誤納確認申請書」を提出し、過誤納となった契約書を提示することが必要です。

5　自動車諸税の特例措置

Q48 東日本大震災の際、津波により営業車が流され、使用不能となりました。事業を再開するにあたり代わりの営業車を購入しようと思いますが、何か自動車諸税の特例措置はありますか。

◆ポイント

◇被災した自動車について「自動車重量税」の還付が受けられます。
◇代わりの自動車を購入した場合、最初の「自動車重量税」が免税に、「自動車取得税」および平成25年度分までの「自動車税・軽自動車税」が非課税となります。
◇代わりの自動車は、中古車でも構いません。
◇原発事故に伴う警戒区域内にある自動車の代わりの自動車を取得した場合も同様に非課税となる特例措置があります。

A 東日本大震災を原因として自動車・軽自動車が滅失等した場合には、被災した自動車等および代わりに取得した自動車等について特例措置があります。なお特例措置を受けられるのは、被災地に登録されていた自動車等に限定されません。出張中に東日本大震災で被災したケースでも、特例措置を受けることができます。

(1) 被災自動車に関する自動車重量税の特例措置

　自動車重量税は、自動車の重量に応じて税額が決まる税です。自動車を購入して新規登録する際や車検の際に、または軽自動車の使用の届出をする際に所定の税額を納付します。通常、車検証の有効期間内に廃車となってもリサイクルを行った場合（「使用済自動車の再資源化等に関する法律」に基づいて適正に解体された場合）でなければ、自動車重量税の還付は受けられません。
　東日本大震災では、自動車が津波により流されて所在不明になり、上記の

リサイクルによる還付を受けられないケースも多いと考えられます。そこで震災特例法により例外的に自動車重量税の還付を受けられる措置が設けられました（震法45）。

なお、この特例による還付の方がリサイクルによる還付より還付金額が大きくなります。既にリサイクルによる還付の手続きを行っている人で、この特例の要件を満たす場合には、申請により特例との差額分の還付が受けられます。

イ　適用要件
- 自動車検査証に記載された有効期間の満了する日前に東日本大震災を原因として滅失し、解体または自動車の用途を廃止したもの（被災自動車）であること
- 平成25年3月31日までに運輸支局等の窓口に申請すること（震法45②）

ロ　還付金額の計算方法

$$還付金額 = \frac{納付した自動車重量税額}{車検証の有効期限} \times 車検残存期間$$

※1月未満切捨て

なお、この制度による還付金に還付加算金は加算されません（震法45③）。

(2) 代替自動車に関する自動車諸税の特例措置

被災自動車の代わりとなる自動車（代替自動車）を購入した場合には、代替自動車に課税する「自動車重量税」は免除、「自動車取得税」および平成23年度から平成25年度までの「自動車税（または軽自動車税）」は非課税とする措置が講じられました。代替自動車の新車・中古車の別や自動車の種別は問われません。

なお、平成23年3月11日以降、既に代替自動車を取得し、自動車重量税・自動車取得税を納付している場合には、同税について還付が受けられます。

① **自動車重量税の免税**（震法46）

イ　適用要件
- 被災自動車の使用者※であったこと
  ※　被災自動車の使用者であった者（被災使用者）の相続人（その者と生計を一にしていた者に限ります）、被災使用者が法人の場合には、合併存続法人、

Ⅲ 震災時のその他の税目に係る手当

新設合併法人または分割承継法人を含みます（震令35①）
- 自動車（二輪車を除く）を新たに取得すること（ローンによる取得を含む）
- 平成23年3月11日から平成26年4月30日までの間に自動車を取得し最初に受ける車検であること
- 被災自動車1台につき代替自動車1台を限度とすること

ロ　手続き

代替自動車を主に使用する地を管轄する運輸支局または軽自動車検査協会の窓口に、検査証の交付等を受ける際に必要な書類とあわせて免税届出書を提出します。

② **自動車取得税の非課税（地法附52）**

イ　適用要件
- 被災した自動車の所有者※であったこと（地令附32①）

※　被災した自動車の所有者の相続人、被災自動車の所有者が法人の場合には、合併存続法人、新設合併設立法人または分割承継法人を含みます。

- 平成26年3月31日までに自動車を新たに取得すること
- その自動車につき、都道府県知事から代替自動車として認定を受けること

ロ　手続き

必要書類を、代替自動車の主な保管場所の都道府県知事に提出します。

ハ　手続き上の注意点

代替自動車の購入価額が50万円以下の場合、自動車取得税の免税点以下となるため、非課税措置を受けるための手続きは必要ないと考える人がいるかもしれません。しかし、次の③に記載する自動車税や軽自動車税の非課税措置を受けるためには、当該手続きが必要となるため注意が必要です。

③ **平成23年度から平成25年度までの自動車税または軽自動車税の非課税（地法附54、57）**

イ　適用要件

自動車税・軽自動車税の非課税措置の適用要件は、自動車取得税の非課

税措置の適用要件とほぼ同じです。軽自動車の場合は、その軽自動車につき、市町村長から被災自動車に代わるもの（代替自動車）として認定を受ける必要があります。

ロ　手続き

　自動車税の場合、代替自動車に係る自動車取得税の非課税手続きを行っていれば、特に追加の手続きは必要ありませんが、行っていなければ②ロの手続きが必要です。軽自動車税の場合は、代替取得した軽自動車の主な保管場所の市町村に申請する必要があります。

(3)　原発事故に伴う警戒区域内自動車に関する自動車諸税の特例

　津波で流された場合のほかに、東日本大震災により起きた東京電力福島第一原子力発電所の事故に伴う警戒区域内にある一定の自動車等に代わる自動車等を取得した場合にも、自動車取得税、自動車税・軽自動車税に上記(2)同様の非課税の特例措置があります（地法附52②、③、54②、③）。

　津波等により自動車を滅失したケースとは異なり、自動車は存在するが警戒区域内にあるため使用できない自動車に対する特例ですので、適用対象は「警戒区域内にある一定の自動車で用途の廃止を事由とした永久抹消登録等がなされたものに代わる自動車」となります。

　※　「警戒区域」とは、住民の生命または身体に対する危険を防止するため、内閣総理大臣または原子力災害対策本部長の指示を受けて、市町村長または都道府県知事が設定した警戒区域をいいます。市町村長等は警戒区域の設定後、緊急事態応急対策に従事する者以外の者に対して当該区域への立入りを禁止し、または当該区域からの退去を命ずることができます。平成23年8月23日現在、福島第一原子力発電所から半径20キロメートル圏内の地域が指定されています。

　また警戒区域内にある一定の自動車で、用途の廃止を事由とした永久抹消登録等がなされたものに対しては、平成23年度の自動車税・軽自動車税を課税しない措置が講じられています（地法附54⑦）。

6　固定資産税（平成23年度分の課税免除）

Q49　東日本大震災の津波により、事務所建物が流されました。固定資産税の減免措置はありますか。

◆ポイント
◇東日本大震災による津波の被害が甚大であるとして市町村長が指定・公示した地域に所在する土地、家屋には、平成23年度分の固定資産税は課税されません。
◇原発事故に伴う警戒区域内等にある土地、家屋についても同様に平成23年度分の固定資産税は課税されません。

A　固定資産税は、毎年１月１日（賦課期日）現在の土地、家屋（住宅、店舗、工場、倉庫その他の建物をいいます）および償却資産の所有者に対し、その固定資産の所在する市町村等が課税する税金です。１月１日の現況により課税されますが、１月１日後に災害が発生した場合には、各市町村の条例により減免を受けられます。しかし東日本大震災で津波の被害の大きかった地域では、土地・家屋の多くが滅失・損壊または使用不能となったことに加え、関係市町村の行政機能も大きく損なわれています。そのため通常の災害時のように、個々の土地・家屋の被害状況に応じて減免を行うことが困難と考えられます。

そこで、東日本大震災による津波の被害が甚大であるとして市町村長が指定・公示する区域内に所在した土地および家屋について、平成23年度分の固定資産税等を免除する措置が講じられました（地法附55）。市町村長が指定した区域内の土地や家屋に対する固定資産税等は自動的に免除となるため、納税者の手続きは不要です。

また、津波で流された土地および建物と同様に、東日本大震災により起きた東京電力福島第一原子力発電所の事故に伴う警戒区域内等の一定の土地お

よび家屋についても、平成23年度分の固定資産税を課税しない特例措置があります。すなわち、警戒区域※1、計画的避難区域※2、緊急時非難準備区域※3等のうち、避難等の実施状況等を総合的に勘案して市町村長が指定する区域内に所在する土地および家屋については、平成23年度分の固定資産税は課税されません（地法附55の2）。

※1　340ページ「警戒区域」参照。
※2　「計画的避難地域」とは、内閣総理大臣または原子力災害対策本部長の指示を受けて、市町村長または都道府県知事が行った、住民に対する計画的な域外への避難指示等の対象となる地域をいいます。
※3　「緊急時避難準備区域」とは、内閣総理大臣または原子力災害対策本部長の指示を受けて、市町村長または都道府県知事が行った、住民に対して緊急時に屋内退避や域外避難ができるよう準備を求める指示等の対象となる地域をいいます。

7　固定資産税（被災住宅用地、代替住宅用地・代替家屋に対する特例）

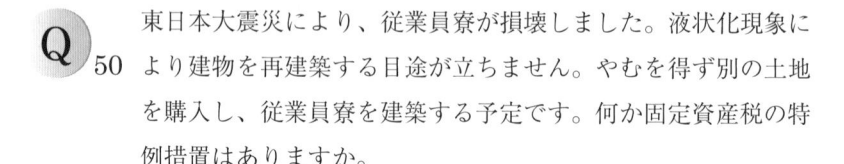

Q50　東日本大震災により、従業員寮が損壊しました。液状化現象により建物を再建築する目途が立ちません。やむを得ず別の土地を購入し、従業員寮を建築する予定です。何か固定資産税の特例措置はありますか。

◆ポイント

◇被災した住宅の土地で、住宅用地として使用することができないと市町村長が認める場合には、当該認める期間（最長被災後10年度分）、住宅用地とみなして課税されるため、固定資産税等が軽減されます。

◇被災住宅用地に代わるものと市町村長が認める土地（代替住宅用地）を取得した場合、取得後3年度分は住宅用地とみなして課税されるため、固定資産税等が軽減されます。

◇被災した家屋に代わるものとして市町村長が認める家屋（代替家屋）を取得し、または被災した家屋を改築した場合、固定資産税等が軽減されます。

Ⅲ　震災時のその他の税目に係る手当

◇代替住宅用地や代替家屋を取得した場合、不動産取得税についても特例措置があります（「Q52　不動産取得税」参照）。
◇原発事故に伴う警戒区域内にある住宅用家屋の代替資産を取得した場合も同様に、固定資産税等が軽減されます。

A　**(1)　被災住宅用地に対する特例**

　　住宅用地の固定資産税については、課税標準を6分の1（1戸あたり200m²を超える部分については3分の1）とする軽減措置があります（地法349の3の2）。この軽減措置は住宅用地に対するものですから、住宅が滅失した土地には、原則としてこの軽減措置は適用されません。東日本大震災では多くの住宅が滅失しましたが、津波による土砂等の流入や液状化現象により、短期間のうちに同じ土地に住宅を再建することが難しい状況も多々見られます。

　そこで、東日本大震災により滅失・損壊した住宅の敷地で、平成23年度分の固定資産税について住宅用地の特例の適用を受けたもののうち、平成24年度から平成33年度までの各年度において、市町村長が住宅用地として使用することができないと認める場合には、住宅用地とみなして各年度の固定資産税等が課税される措置が講じられました（地法附56）。

◇**適用要件**
- 東日本大震災により滅失・損壊した住宅の敷地で、平成23年度分の固定資産税について住宅用地の特例の適用を受けたもの（被災住宅用地）
- 賦課期日（1月1日）において、住宅用地として使用することができないと市町村長が認めるものであること
- 被災住宅用地の所有者等※が所有するものであること
　　※　「被災住宅用地の所有者等」とは、次に掲げる者をいいます（地令附33①）。
　　　①　平成23年1月1日における被災住宅用地の所有者、②　同年1月2日から3月10日までの間に被災住宅用地を取得した者、③　①、②の相続人、④　①、②の者から同年3月11日以後に被災住宅用地を取得したその者の3親等内の親族、⑤　①、②の者が法人の場合には、合併存続法人、新設合併法人または分割承継法人

(2) 代替住宅用地に対する特例

被災住宅用地の所有者等が、その被災住宅用地に代わるものと市町村長が認める土地（代替住宅用地）を取得した場合には、代替住宅用地に住宅が建設されていなくても、取得後３年度分は住宅用地とみなして課税をし、固定資産税等を軽減する措置が講じられました（地法附56⑩）。ただし、被災住宅用地の面積が限度とされます。

◇適用要件

- 被災住宅用地の所有者等※が代替住宅用地を取得すること
    ※ 「被災住宅用地の所有者等」とは、次に掲げる者をいいます（地令附33⑪）。
    ① 被災住宅用地の所有者（当該土地が共有物である場合には、その持分を有する者を含みます）
    ② ①の相続人
    ③ ①の者の３親等内の親族で代替住宅用地の上に新築される家屋に同居予定と市町村長が認める者
    ④ ①の者が法人の場合には、合併存続法人、新設合併法人または分割継承法人
- 平成23年３月11日から平成33年３月31日までの間に取得すること
- 代替住宅用地につき、市町村長から被災住宅用地に代わるものとして認定を受けること

なお、認定を受ける際に必要な手続き等については、代替住宅用地が所在する市町村にお問い合わせください。

(3) 代替家屋に対する特例

被災家屋の所有者等が、その被災家屋に代わるものと市町村長が認める家屋（代替家屋）を取得しまたは被災家屋を最初に改築した場合には、その取得または改築した家屋に対して課する固定資産税等について、取得または改築後４年度分は２分の１を減額、その後の２年度分は３分の１を減額する措置が講じられました（地法附56⑪）。ただし、被災家屋の床面積相当分が限度とされます。

Ⅲ　震災時のその他の税目に係る手当

◎**適用要件**

- 被災家屋の所有者等※であること（地令附33⑭）
  ※　被災家屋の所有者の相続人、被災住宅用地の所有者の3親等内の親族で代替家屋または改築された家屋に同居する者、合併存続法人、新設合併法人または分割承継法人を含みます。また被災家屋が共有物である場合には、その持分を有する者も含みます。

- 平成23年3月11日から平成33年3月31日までの間に取得・改築すること
- 代替家屋を取得した場合、その代替家屋につき市町村長から被災家屋に代わるものとして認定を受けること

なお、認定を受ける際に必要な手続き等については、代替家屋が所在する市町村にお問い合わせください。

(4) 原発事故に伴う警戒区域内住宅用地等に係る代替住宅用地等の特例

損壊した場合のほかに、東日本大震災により起きた東京電力福島第一原子力発電所の事故に伴う警戒区域※内の一定の住宅用地や家屋に代わるものを取得した場合にも、上記(2)(3)と同様に固定資産税を軽減する特例措置があります（地法附56⑬、⑭）。この特例は、警戒区域設定の指示があった日から指示の解除後3カ月（家屋を新築する場合は1年）以内に、警戒区域内の一定の住宅用地や家屋に代わるものを取得した場合に限り適用されます。

※　340ページ「警戒区域」参照。

8　固定資産税（償却資産に対する特例）

Q51　東日本大震災により、福島県郡山市にある工場内の機械が壊れました。機械を買い替えようと思いますが、何か固定資産税の特例措置はありますか。

◆**ポイント**

◇被災した償却資産に代わる償却資産を一定の区域内で取得した場合ま

たは被災資産を改良した場合には、固定資産税（償却資産税）の軽減措置の適用を受けることができます。
◇原発事故に伴う警戒区域内にある償却資産の代替資産を取得した場合も同様に、固定資産税（償却資産税）の軽減措置の適用を受けることができます。

A 　東日本大震災により滅失・損壊した償却資産（被災償却資産）に代わる償却資産を一定の区域内で取得し、または被災償却資産を改良した場合には、その取得または改良をした日後最初に固定資産税を課される年度から４年度分の固定資産税に限り、課税標準を２分の１の額に減額する措置が講じられました（地法附56⑫）。なお、被災償却資産を改良した場合には、改良した部分のみが減額の対象となります。

◇適用要件
- 被災償却資産の所有者※であること（地令附33⑰）
  ※　被災償却資産の所有者の相続人、被災した償却家屋の所有者が法人の場合は、合併存続法人、新設合併法人または分割承継法人を含みます。また被災した償却資産が共有物である場合には、その持分を有する者も含みます。
- 平成23年３月11日から平成28年３月31日までの間に取得・改良すること
- 代わりの償却資産を取得した場合、東日本大震災に際し災害救助法が適用された市町村の区域（東京都の区域を除きます。区域の詳細については、厚生労働省のホームページから確認できます）内での取得であること（地令附33⑱）
- 代わりの償却資産を取得した場合、その償却資産につき、市町村長から被災償却資産に代わるものとして認定を受けること

認定を受ける際に必要な手続き等については、代わりの償却資産が所在する市町村にお問い合わせください。

また、滅失・損壊した場合のほかに、東日本大震災により起きた東京電力福島第一原子力発電所の事故に伴う警戒区域※内にある一定の償却資産に代わる償却資産を取得した場合にも、同様に固定資産税（償却資産税）を軽減

する特例措置があります（地法附56⑮）。この特例は、警戒区域設定の指示があった日から指示の解除後3カ月以内に、警戒区域内の一定の償却資産に代わるものを取得した場合に適用されます。

※　340ページ「警戒区域」参照（なお、設問の福島県郡山市は警戒区域には該当しません）。

9　不動産取得税の特例措置

Q52　東日本大震災により、事務所建物が損壊しました。急きょ代わりの事務所建物を購入しましたが、何か不動産取得税の特例措置はありますか。

◆ポイント

◇被災した建物の代わりに取得した一定の建物、被災した建物の敷地の代わりに取得した一定の土地に対しては、不動産取得税は課税されません。

◇原発事故に伴う警戒区域内にある住宅用地や家屋の代わりの資産を取得した場合も同様に、不動産取得税は課税されません。

A　不動産取得税は、土地を購入した場合や家屋を購入・建築した場合など、不動産を取得したときにかかる税金です（地法73の2）。今回の震災で被災した建物の代わりの建物や、被災した建物の敷地の代わりの土地を取得し、一定の要件を満たす場合、取得した建物や土地に対する不動産取得税を免税とする措置が講じられました（地法附51）。建物については被災家屋の床面積相当分、土地については従前の土地の面積相当分が免税の限度とされます。なお、認定を受ける際に必要な手続き等については、代わりの資産が所在する都道府県にお問い合わせください。

◇**適用要件**

・代わりの家屋の取得者が、被災した家屋[※1]の所有者[※2]であることまた

は代わりの土地の取得者が従前の土地の所有者※2であること
※1 ここでいう「家屋」とは、住宅、店舗、工場、倉庫その他の建物をいいます。
※2 「被災した家屋の所有者等」とは、次に掲げる者をいいます（地令附31①）。
　① 被災家屋の所有者
　② ①の相続人
　③ ①の者の3親等内の親族で代替住宅家屋に同居予定の者
　④ ①の者が法人の場合には、合併存続法人、新設合併法人または分割承継法人
※3 「従前の土地の所有者」とは、次に掲げる者をいいます（地令附31②）。
　① 従前の土地の所有者
　② ①の相続人
　③ ①の者の3親等内の親族で代わりの土地の上にある家屋に同居予定の者、または代わりの土地の上に新築される家屋に同居予定と都道府県知事が認める者
　④ ①の者が法人の場合には、合併存続法人、新設合併法人または分割承継法人

- 平成33年3月31日までに取得すること
- 取得した建物や土地が、被災した建物や従前の土地に代わるものとして、都道府県知事が認めるものであること
- 必要書類を都道府県知事に提出すること

　なお、損壊した場合のほかに、東日本大震災により起きた東京電力福島第一原子力発電所の事故に伴う警戒区域※内にある一定の住宅用地や家屋に代わるものを取得した場合にも同様の不動産取得税を免税とする特例措置があります（地法附51③、④）。この特例は、警戒区域設定の指示があった日から指示の解除後3カ月（家屋を新築する場合は1年）以内に、警戒区域内の一定の住宅用地や家屋に代わるものを取得した場合に適用されます。
※　340ページ「警戒区域」参照。

第3部　復興プラン・資金調達編

第3部 復興プラン・資金調達編

第1章　東日本大震災の復興プラン
―復興に向けてすべきこと―

1　復興までのステップ

東日本大震災後の復興に向けたステップは、図表1記載のように、①震災直後の破たん防止、②業績悪化要因の見極め、③復興プランの策定と具体的実行、の三段階に分けることができます。

(1) 震災直後の破たん防止

まず、はじめにすべきことは、「①震災直後の破たん防止」です。震災直後は資金残高がどうなるか保守的に予測するとともに、金融・労務・税務に関する各種支援制度について情報収集を行い、活用を検討しましょう。震災に

図表1　企業業績と復興までのステップ

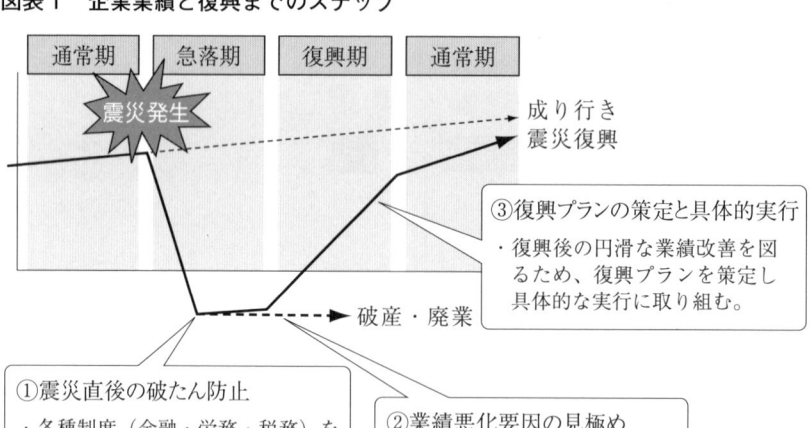

（グラフ：通常期／急落期／復興期／通常期の推移。震災発生後、成り行きは破産・廃業へ、震災復興は回復軌道へ）

③復興プランの策定と具体的実行
・復興後の円滑な業績改善を図るため、復興プランを策定し具体的な実行に取り組む。

①震災直後の破たん防止
・各種制度（金融・労務・税務）を理解し、取引先企業の資金繰り破たんを食い止めることが肝要（あらゆる手を尽くす）。
・中核事業の損壊が大きく継続困難である場合には、法的整理、廃業などを検討しなくてはならない。

②業績悪化要因の見極め
・業績悪化が災害の影響によるものであるのか、どの程度の回復余地があるのか、震災前後の業績を比較し、定量的な業績悪化の要因分析を行う。

よる影響で業績・資金状況が急速に悪化している場合には、資金ショートによる倒産に陥らないためにあらゆる手段を検討することが求められます。

(2) 業績悪化要因の見極め

次に、「②業績悪化要因の見極め」をします。震災後に業績悪化や資金不足に陥った場合には、悪化要因を定量的に分析・測定し、どの程度が震災によるものなのか、その後の回復見通しはあるのか、を見極めます。震災以前から業績が低調であった場合には、震災による影響が一段落したとしても業績回復は限定的であるといえます。

(3) 復興プランの策定と具体的実行

次に、「③復興プランの策定と具体的実行」を行います。取引先別の販売数量トレンド等の経営指標を参考にしながら短期的・長期的な回復プランを立案するとともに、具体的な行動計画を作成し、事業計画書に取りまとめます。行動計画や事業計画書は、復興を支援してくれる金融機関との情報共有のためにも必要ですし、復興プランを確実に実行していくためにも重要です。

図表2　被災地企業に対するアンケート結果（平成17年1月調査）

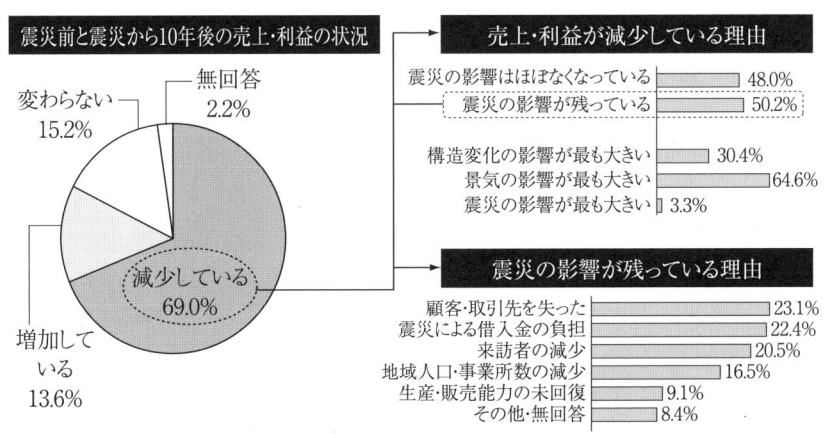

震災前と震災から10年後の売上・利益の状況
- 減少している 69.0%
- 変わらない 15.2%
- 増加している 13.6%
- 無回答 2.2%

売上・利益が減少している理由
- 震災の影響はほぼなくなっている 48.0%
- 震災の影響が残っている 50.2%
- 構造変化の影響が最も大きい 30.4%
- 景気の影響が最も大きい 64.6%
- 震災の影響が最も大きい 3.3%

震災の影響が残っている理由
- 顧客・取引先を失った 23.1%
- 震災による借入金の負担 22.4%
- 来訪者の減少 20.5%
- 地域人口・事業所数の減少 16.5%
- 生産・販売能力の未回復 9.1%
- その他・無回答 8.4%

（出所）（社）中小企業診断協会　兵庫県支部「震災10年目を迎えて―被災地域における中小企業の現状と課題」

金融機関の担当者や経営コンサルタント、税理士等の助言を受けながら復興プランを作成、実行するとよいでしょう。

なお、阪神・淡路大震災から10年後に中小企業診断協会が被災地企業に対して行った調査において、震災前と震災から10年後の売上・利益の状況を尋ねたところ、約7割の企業が減少していると回答しました（図表2参照）。震災の影響として、「顧客・取引先を失った」、「震災による借入金の負担」、「来訪者の減少」が多くの回答を集めました。震災後、10年経っても震災の前ほど業績を回復できていない企業が多いというデータを念頭に、復興プラン、特に資金計画は客観的で保守的であることが肝要でしょう。

2　短期的にまずすべきこと

厳しい経営環境において事業継続を図っていくためには、①突発破たんの防止、②公的制度の活用、③業績悪化の定量要因分析、④復興プランの策定と定量化、⑤エマージェンシープランの策定と実行、⑥復興プランに連動した資金計画の策定、が必要となります。

図表3　影響を受けた企業に対する対応策

1	突発破たんの防止	入金・出金予定の確認、支払延期（ジャンプ）等の可能性検討 →支払予定表の精査を行い、入金と出金のバランスを確認する
2	公的制度の活用	金融・労務・税務に関する各種制度の理解 →融資制度だけでなく経費節減につながる制度も理解するとよい
3	業績悪化の定量要因分析	外的・内的・震災要因による影響を特定し、事業／部門別で影響額を把握 →「震災がなかったら、業績堅調だったか」という分析が必要
4	復興プランの策定と定量化	短期的・長期的回復、または回復不能項目を特定、財務インパクトを把握 →主要取引先被災により、震災前ほど受注・売上が回復しない企業もある
5	エマージェンシープランの策定と実行	有事の際の緊急対応プランを策定し、社内合意を事前形成 →事前合意しておかないと有事に思い切った決断ができなくなる
6	復興プランに連動した資金計画の策定	上記に基づく損金・資金・調達計画を策定 →保守的なBadケースの復興計画を作成することで、金融機関の理解も得やすくなる

(1) 突発破たんの防止

まず、取り組むのが「被災後から当面の資金繰り」です。突発破たんを回避するためには、収入が最低限に落ち込むことを想定した保守的な資金見通しを立てなければなりません。その結果、資金ショートになることが予想される場合には、金融機関返済の猶予の要請、支払債務の遅延等、当面の支払いを可能な限り最小限に抑える手段を取りましょう。

(2) 公的制度の活用

資金繰りの工面にあたっては、復興緊急保証融資など公的融資制度の活用も検討する必要があります。

なお、震災復興に資する公的支援制度としては、公的融資制度等の金融支援制度に加え、税務や労務についても支援制度が設けられています。これら、金融・労務・税務の各種制度を上手に活用しましょう。

(3) 業績悪化の定量要因分析

次に、業績悪化の定量要因分析を行います。災害後の業績・資金状況悪化は、災害によるものなのか、仮に被災しなかった場合には堅調な業績を維持することができていたのか、ということを事業・部門別に把握します。もともと業績が低調であったのでは、今回の被災は単なるきっかけにすぎないともいえます。災害に見舞われる以前の業績は堅調であり、災害による一時的な業績悪化要因が解消すれば安定する見通しであることを確認する必要があります。

(4) 復興プランの策定と定量化

次に、復興プランを策定します。復興プランでは、短期的（1〜2年）・長期的（3〜10年）の回復プランを策定します。被災後の1〜2年は人員配置、経費構造を見直し、存続を図るべく短期的な縮小プランにならざるを得ないケースもあるでしょう。先に述べたように阪神・淡路大震災の例では、震災後10年経っても震災前ほど受注・売上が回復しないケースもあります。資金

繰りに直結する計画ですので、なるべく実態を反映した客観的な回復プランを立てることが肝要です。回復の見通しが立てられたら、回復に向けた行動計画を策定するとともに、財務見通し（貸借対照表、損益計算書、資金繰り表）を復興プランに落とし込みましょう。これは資金繰りに協力をしてくれる金融機関との情報共有のためにも必要ですし、復興プランの実行、実行結果の評価、評価に基づく計画の修正という、復興プランのPDCA活動（Plan（計画）→ Do（実行）→ Check（評価）→ Act（改善））のためにも重要です。

(5) エマージェンシープランの策定と実行

次に、エマージェンシープランを策定します。エマージェンシープランとは、「企業が自然災害、大災害、テロ攻撃などの緊急事態に遭遇した場合において、事業資産の損害を最小限に止めつつ、中核となる事業の継続あるいは早期復旧を可能とするために、平常時に行うべき活動や緊急時における事業継続のための方法、手段などを取り決めておく計画」のことです。災害対策の機運が高まっている今こそ、有事に向けてエマージェンシープランの策定に取り組み、従業員や株主といった利害関係者の事前合意を取り付けておくとよいでしょう。

(6) 復興プランに連動した資金計画の策定

次に、復興プランに連動した資金計画を策定します。災害直後に支援制度を活用し金融機関から融資を受けた企業や、既存借入の猶予要請をした企業が、復興プランの過程でどのように返済計画を立てていくべきか、ということです。例えば阪神・淡路大震災のときには「震災復興資金」という制度融資があり、当初3年据え置き、7年均等分割返済の10年返済（金利2.5%、利子補給により実質無利子）という条件で融資が行われましたが、実際には毎年据え置きが1年ずつ延長されました。多くの企業は3～5年の間に返済を再開できたと思われますが、10年間返済を再開できなかったケースもあるということです。当然のことながら取引銀行と相談して決める必要がありますが、仮に震災後から1～2年は縮小プラン、その後が事業再開のためのプラ

ンと考えると、正常な返済再開は早くとも3〜5年後ということになります。Goodケースの復興プランとあわせて、保守的に見積もったBadケースの復興プランを作成し、これに連動した資金計画をベースとすることで、金融機関からの理解が得やすくなるでしょう。

第2章　東日本大震災の復興プランと資金調達に関するQ&A

1　東日本大震災に係る金融支援制度

Q1 東日本大震災に係る金融支援制度にはどのようなものがありますか。

A 金融支援制度には以下のようなものがあります。

(1) 政府系金融機関における金融支援制度

　金融支援を行う金融機関で最も取扱いが多いのが、日本政策金融公庫や商工中金といった政府系の金融機関です。図表1は、政府系金融機関が実施している金融支援の一例です。様々な制度がありますが、対象者ごとに貸付条件が異なりますので、自社がどれに当てはまるか確認しましょう。直接被災者（地震・津波等で直接被害を受けた法人、原発事故に係る警戒区域・計画的避難区域・緊急時避難準備区域内の法人）は、金利や返済期間、据置期間が最も優遇されています。特に災害復旧貸付では、設備資金について据置期間5年となっていますので、復興プランでは該当分について5年後の返済再開を目標とすればよいということになります。間接被災者（直接被災者と取引している法人）は、直接被災者と比べて優遇幅が小さいものの、様々な制度が提供されていますので活用するとよいでしょう。その他の被災者は対象範囲が幅広いので、震災による景気悪化によって運転資金が不足することが見込まれる場合には申込みを検討することをおすすめします。

(2) 民間金融機関における金融支援制度

　民間金融機関でも今回の震災で影響を受けた法人・個人を対象として特別

1 東日本大震災に係る金融支援制度

図表1　政府系金融機関が実施している金融支援の一例

機関	制度名	対象者	貸付条件（A．貸付限度金額、B．貸付利息、C．貸付期間）	担保
政府系金融機関 ※1 日本政策金融公庫	災害復旧貸付①	・直接被災者 (1)地震・津波等による直接被害を受けた方（り災証明書が必要） (2)原発事故に係る警戒区域、計画的避難区域、緊急時避難準備区域内の方（納税証明、商業登記等の確認書面が必要） ・間接被災者 直接被災者（大企業可）の事業活動に相当程度依存している等の要件を満たす方	A．3億円（別枠） B．貸付期間に応じた基準利率 ・直接被災者に対する特別措置：基準利率から▲0.5%（貸付後3年間について1億円を上限に基準利率から▲1.4%） ・間接被災者に対する特別措置：基準利率から最大▲0.5%（貸付後3年間について3千万円を上限に基準利率から最大▲1.4%） C．直接被災者：運転資金→15年以内（据置期間5年以内）、設備資金→20年以内（据置期間5年以内） 間接被災者：運転資金・設備資金→15年以内（据置期間3年以内）	案件ごとの判断
	災害復旧貸付②	・その他の被災者 大地震を起因とする社会的要因により売上高が減少した方等	A．7.2億円（枠内③と合算） B．貸付期間に応じた基準利率 ・長期運転資金の貸付利率は3%が上限 ・特に業況が悪化しているなどの条件に該当する方の長期運転資金については基準利率から最大▲0.5% C．運転資金：8年以内（据置期間3年以内）、設備資金：15年以内（設置期間3年以内）	
	災害復旧貸付③（既存借入の返済期間延長措置） ―東日本大震災復興特別貸付をご利用の方 ―原則として新規融資と同時に既存公庫融資の借換えを行う	・その他の被災者 大地震を起因とする社会的要因により売上高が減少した方等	A．7.2億円（枠内②と合算） B．基準利率もしくは既往貸付の加重平均金利 C．8年以内（据置期間原則1カ月以内）	
	マル経融資	商工会等の経営指導を受けている小規模事業者（常時使用する従業員が20人以下（商業・サービス業の場合は5人以下）が対象）	A．1千万円（別枠） B．1.85%（貸付後3年間については△0.9%） C．運転資金：7年以内（据置期間1年以内）、設備資金：10年以内（据置期間2年以内）	不要
商工中金	危機対応業務	・直接被災者 事業者、事業用資産、生産設備、在庫等に被害を受けた方、原子力発電所事故に係る警戒区域内の方 ・間接被災者 直接被災者と相当の取引（販売・仕入）があり、その影響で売上が減少している方	A．元高：20億円以内※2 残高：損害担保付貸出、ツーステップローン各3億円以内 B．短期資金：短期プライムレート 長期資金：基準利率 ・直接被災者に対する特別措置：短期プライムレート、基準利率から3億円を上限に△0.5%（貸付後3年間については1億円を上限に△1.4%） ・間接被災者に対する特別措置：短期プライムレート、基準利率から最大△0.5%（貸付後3年間については3千万円を上限に最大△1.4%） C．直接被災者：運転資金→15年以内（据置期間5年以内）、設備資金→20年以内（据置期間5年以内） 間接被災者：運転資金・設備資金→15年以内（据置期間3年以内）	案件ごとの判断

※1　日本政策金融公庫の金融支援制度について
　　日本政策金融公庫は、1社あたり、計12億円が融資の限度枠となっていますが、災害復旧貸付①については、通常の限度枠である12億円とは別枠で利用することができます。つまり、直接被災者、間接被災者については、15億円まで融資限度枠が拡大されています。災害復旧貸付②と災害復旧貸付③については、通常の限度枠内であり、かつ、両制度合計で7.2億円が限度額となっています（図表2参照）。
※2　元高とは貸出額の累計です。貸付限度額は日本政策投資銀行等との合算運用となります。

図表2　日本政策金融公庫の1社あたりの融資限度枠の考え方

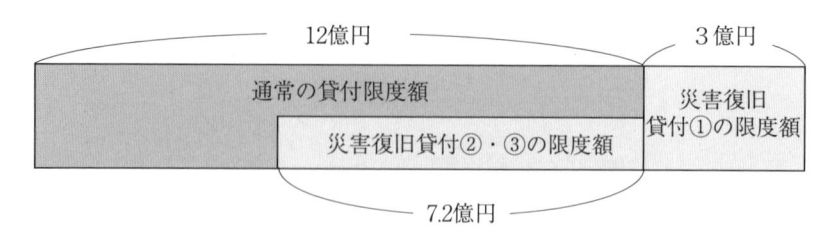

```
┌─────── 12億円 ───────┐┌ 3億円 ┐
│  通常の貸付限度額      ││災害復旧│
│   ┌──────────────────┐││貸付①の│
│   │災害復旧貸付②・③の限度額│││限度額 │
│   └──────────────────┘│└──────┘
└───────────────────────┘
        └─── 7.2億円 ───┘
```

融資制度を実施しています。政府は、東日本大震災で被災された方々への対応として、「今回の災害を直接・間接に受けている中小企業の借入金の返済猶予等やつなぎ資金等の借入の申込みについて、出来る限り応じること」と要請していることもあり、実施銀行は全国に及んでいます。図表3は民間金融機関が実施している金融支援の一例です。政府系金融機関と異なり、当面のつなぎ資金支援を目的としたものが多いので、必要資金額や資金使途に応じて使い分けるとよいでしょう。一部金融機関においては、既存の融資取引がなくても申し込めるものがあるので相談してみるのもよいでしょう。

(3) 地方自治体等における金融支援制度

今回の震災は、本社が被災地でない企業においても、支店や事業所が被災地にあり、直接被害を受けた方々がいるため、日本各地の地方自治体等においても、復旧融資制度が制定されています。図表4は行政機関が実施している金融支援の一例です。各自治体のホームページに、復旧支援制度についての情報が掲載されています。窓口機関は、各自治体のほか、信用保証協会、地域金融機関が指定されていることがありますので、よく調べて相談するとよいでしょう。各機関ともに融資の判断は案件ごとに異なってくるので、記載されている条件に当てはまらない場合でも、直接相談してみることをおすすめします。

1 東日本大震災に係る金融支援制度

図表3　民間金融機関が実施している金融支援の一例

機関		制度名	対象者	貸付条件（A．貸付限度金額、B．貸付利息、C．貸付期間）	担保
民間金融機関	みずほ銀行	災害復興支援融資	・直接被災者 3月11日に発生した震災により、本社・事業所・営業所・工場等の建物、機械器具等事業用設備や商品等に被害を被った事業法人（原則、被災（り災）証明書の提出が必要）	A．3千万円 B．みずほ銀行所定の適用金利より優遇 C．最長5年（元金均等返済、1年据置可能）	案件ごとの判断
	三菱東京UFJ銀行	災害復旧支援資金	・直接被災者 東北地方太平洋沖地震により被害を受けた事業法人（申込みについては、原則、被災（り災）証明書の提出が必要）	A．3千万円 B．1.475％から C．5年以内（元金均等返済、据置期間1年以内）	案件ごとの判断
	三井住友銀行	特別ファンド	・直接被災者 東北地方太平洋沖地震に伴い被災した地域の法人	A．2千万円 B．2.15％から C．最長5年（元金均等返済）	不要
	りそな銀行	復旧支援融資	・直接被災者 今回の地震にて被害を受けた事業者（法人・個人事業主）の方	A．2千万円 B．1.475％から C．最長5年	案件ごとの判断
	岩手銀行	災害復旧特別融資制度	被害を受けられた事業者の方 ※り災証明書等の提出は必要なし	A．2千万円 B．通常の事業者向けローンより0.2％引下げした変動金利 C．運転資金：5年以内（据置期間6カ月以内） 設備資金：10年以内（据置期間6カ月以内）	案件ごとの判断
	七十七銀行	七十七東日本大震災復興支援ローン無担保口	東日本大震災により被害を受けた法人	A．2千万円（七十七銀行と取引のない方は1千万円以内） B．1.975％（変動金利） C．10年以内（据置期間2年以内）	原則として不要
		七十七東日本大震災復興支援ローン信保口		A．8千万円 B．1.675％（固定金利） C．10年以内	宮城県信用保証協会の保証
		七十七東日本大震災復興支援ローンオリックス口		A．3千万円（七十七銀行と取引のない方は1千万円以内） B．1.975％（変動金利） 注．融資期間1年以内の場合は、固定金利 C．10年以内（据置期間2年以内）	オリックス（株）の保証
	東邦銀行	災害復旧緊急融資	東北地方・太平洋沖地震による被害を被った法人・個人事業主 ※原則、り災（被災）証明書の提出が必要	A．5千万円 B．東邦銀行所定の特別金利（変動金利） C．5年以内（据置期間1年以内）	案件ごとの判断

（注）　対象者欄に記載されている震災の名称は、各金融機関が公表したものをそのまま使用しています。

図表4　行政機関が実施している金融支援の一例

機関		制度名	対象者	貸付条件（A．貸付限度金額、B．貸付利息、C．貸付期間）	担保
行政機関	宮城県	災害復旧対策資金	・直接被災者 施設・設備・事業用資産等が損壊された方 ・間接被災者 取引先の被災による等、最近1カ月の売上高が前年同月の売上高に比して10％以上減少するか、減少する見込みがある方、上記の方で次のいずれかの証明書または認定書の交付を受けた中小企業者 (1)市町村長が発行する罹災証明書（事後提出も可）の交付を受けた方（直接被害） (2)市町村が発行するセーフティネット保証の認定（5号・地震による売上高等の減少基準に限る）を受けた方（間接被害） (3)知事・市町村長、商工会議所会頭および商工会会長の認定を受けた方（間接被害）	A．1千万円 B．1.0％以内 C．運転資金：10年以内（据置期間2年以内）	取扱金融機関および県信用保証協会所定
	福島県	震災対策特別資金	・直接被災者および間接被災者 東北地方太平洋沖地震により事業活動に影響を受け、売上等が5％以上減少するか、減少する見込みのある中小企業者	A．8千万円 B．直接被災者： 　　　　1.5％以内 　間接被災者： 　　　　1.7％以内 C．10年以内（据置期間2年以内）	審査により必要になる場合がある
	岩手県	中小企業災害復旧資金	・直接被災者 災害救助法（昭和22年法律第108号）の適用を受けた市町村区域（知事が特に認めるり災市町村区域を含む）において、事務所または事業所がり災した中小企業者で、市町村長または消防事務を行う一部事務組合の管理者が発行するり災証明を受けた方	A．1千万円 B．貸付期間3年以内：年1.7％以内 貸付期間3年超10年以内：年1.9％以内 C．10年以内（据置期間3年以内）	不要
	東京都	災害復旧資金融資	・直接被災者 次の(1)から(3)をすべて満たすもの (1)中小企業者または組合であること (2)都内に事業所（住所）を有し、保証協会の保証対象業種に属する事業を営んでいること。法人税（個人については所得税）または事業税を納付していること。当該事業を営むために許可等を必要とする業種にあっては、当該許可等を受けていること (3)平成23年東北地方太平洋沖地震等による災害により損失を受け、区市町村長等のり災証明を受けたもの	A．8千万円 B．1.5％ C．10年以内（据置期間1年以内）	この融資の保証を含めて保証合計残高が、8,000万円以下の場合は原則として無担保とする
	仙台市	災害対応経済変動対策資金（経済変動対策資金：災害関連）	・直接被災者 激甚災害の指定を受けた災害などで被害を受けたことにより、経営の安定に支障が生じている市内の中小企業者	A．3千万円 B．1.5％ C．運転資金：7年以内（据置期間1年以内） 設備資金：12年以内（据置期間1年以内）	案件ごとの判断

（注）　対象者欄に記載されている震災の名称は、各行政機関が公表したものをそのまま使用しています。

2 業績悪化の定量要因分析—震災の影響や回復可能性の検証

Q2 震災の影響を受け、業績が悪化しています。業績の悪化について震災の影響や回復可能性の検証をした方がいいと聞きました。震災の影響や回復可能性の検証はなぜ必要ですか。また、どのように算定すればよいですか。

A 金融機関は新規融資を行ったり、既存借入の返済条件を変更したりするときには、貸出先企業の事業力や返済能力をチェックします。今回の震災に当てはめると、「震災の影響により、収支状況が悪化しているが、震災の影響がなければ堅調な企業であること」や、「今後の復興が円滑に進めば十分返済できる」等が確認できれば、融資を受けやすくなる可能性があります。震災の影響による収支状況の変化を算定する際には、震災の影響がなかった場合の正常な収支の見込みを行い、実際（震災後）の収支との乖離をみる必要があります。

ここでは、山田商会（仮称）を事例に取り上げて、震災の影響および回復可能性について検証していきましょう。

【山田商会（仮称）の震災の影響および回復可能性の検証】
1　基本情報
　▪ 業種：食料品製造業
　▪ 取引先企業：商店およびスーパーマーケット等4社
　▪ 被害状況：間接被害（取引先企業の被災）
　▪ 検証時期：2011年5月
2　震災の影響
〇売上高
(1)　ポイント
　売上高における震災の影響について検証する際には、震災の影響がなかっ

361

た場合における正常な売上水準を示さなければなりません。

(2) 検証内容

山田商会は、各取引先と安定的な取引を行っており、計画通りの売上高で推移してきました。図表5は、震災後の4月における損益の計画値と実績値の表です。

図表5　4月の損益の計画値と実績値

(単位：千円)

	4月		
	計　画	実　績	差　異
売　上　高	120,000	84,000	▲36,000
製　造　原　価	90,000	73,000	▲17,000
売 上 総 利 益	30,000	11,000	▲19,000
販売・管理費	20,000	19,400	▲600
営　業　利　益	10,000	▲8,400	▲18,400

図表5をみると、震災の影響により売上高は計画値と比べ70％に減少しています。計画値が正常な売上水準であるという前提を置くと、この減少した30％の売上高が震災の影響であると推測することができます。

次に、この推測が正しいのかどうかを検証するために、売上高の減少した要因を検証していきます。図表6は、山田商会の売上高を取引先別に分けた表です。震災後の状況について各取引先にヒアリングを行ったところ、次の

図表6　取引先別売上高

(単位：千円)

取引先企業	4月		
	計　画	実　績	差　異
a社	48,000	32,000	▲16,000
b社	36,000	36,000	0
c社	24,000	0	▲24,000
d社	12,000	16,000	4,000
合　計	120,000	84,000	▲36,000

ような情報を得ることができました。

a社：計画停電の影響で、営業時間に制限があり、来店客数の減少に伴い売上高が減少した。

b社：被災地から離れており、今回の震災の影響はほとんどなく、計画通りの売上高であった。

c社：津波により販売店舗が倒壊してしまい、営業できない状況であったため、売上高が0であった。

d社：スーパーマーケットであり、被災地ではあったが店舗等の毀損はなく、買いだめが行われ、売上高が増加した。

取引先企業への販売額の変化と、ヒアリング内容から推察すると、山田商会の売上高の変動の原因は震災の影響であることがわかります。また、すべての取引先企業の売上が減少したわけでなく、d社については震災の影響により売上が増加したことがわかります。

○経費

(1) ポイント

震災により経費にどのような影響があったか検証するためには、増減がみられた勘定科目を抽出するとよいでしょう。

(2) 検証内容

図表7は、今回の震災の影響を受け変動したとみられる経費の一覧表です。科目ごとに変動の原因について調べたところ以下の情報を得ることができました。

〈製造部門経費〉
- 材料費：震災後生産を縮小したため、材料費が減少した。
- 労務費：工場の稼働を抑えたため、労務費が減少した。
- ガス燃料費：工場の稼働を抑えたため、ガス燃料費が減少した。

〈販売部門経費〉
- 運送費：c社が被災し、取引がなくなったため、商品を届ける際にかかる運送費が減少した。
- 水道光熱費：節電により、光熱費が減少した。

図表7　震災の影響で変動したとみられる経費

(単位：千円)

	4月		
	計　画	実　績	差　異
製造部門経費			
材料費	30,000	22,000	▲8,000
労務費	40,000	32,000	▲8,000
ガス燃料費	5,000	4,000	▲1,000
小　計	75,000	58,000	▲17,000
販売部門経費			
運送費	1,500	1,300	▲200
水道光熱費	2,000	1,600	▲400
小　計	3,500	2,900	▲600
合　計	78,500	60,900	▲17,600

　変動した経費の中身をみてみると、山田商会の取引先の企業の被災が原因であることがわかります。したがって、震災の影響により、経費は1,760万円（製造部門経費：1,700万円、販売部門経費：60万円）減少したと考えられます。

　以上より、山田商会は、今回の震災に伴う取引先の被災によって、1,840万円（売上高：▲3,600万円、経費：▲1,760万円）利益が悪化したと考えられます。

3　回復の可能性

　回復の可能性を検証する際は、山田商会の場合、①既存取引先企業との今後の取引の予測、②新たな販路の拡大の検証について考えなければなりません。

①　既存取引先企業との今後の取引の予測

　図表8は、既存取引先企業の今後の復旧の見通しについてのヒアリングの内容をまとめた表です。

　図表8より、a社とd社の取引が通常どおりに戻ることが想定されるものの、c社は営業再開の見通しがつかず、今後大幅な売上高の減少が予測されます。

図表8　既存取引先企業の今後の復旧の見通しについて

	今後の見通し
a社	近いうちに計画停電の影響もなくなり通常通りに回復する見通し
b社	（震災の影響なし）
c社	営業再開の見通しつかず
d社	4月中旬から5月末までは、買いだめの反動により売上高が下がる見通しだが、6月以降には通常通りに戻る見通し

② 新たな販路の拡大の検証

新たな販路の拡大については、山田商会の商品が代替となる可能性のある企業に営業を行うこと等を検討する必要があります。山田商会は震災後、新たな販路の拡大のために、取引先が被災してしまった企業に対する営業に注力しており、現在いくつかの企業と今後の取引について話が進んでいます。新たな取引はまだ開始できていない状況ですが、今後の営業により新たな販路の拡大が見込まれます。

以上により、現在の状況から判断すると、売上については一時的に大きく減少しているものの、6月以降は既存店舗の回復・販路の拡大により、十分に回復が可能であると見込めます。また、経費についても、販路の拡大を加味した上で、従来の水準に抑えることが可能であると見込めており、売上の回復とともに経費も震災前の水準に戻ることが予測できます。したがって、山田商会の回復可能性は十分に高いと考えられます。

事例では、食料品製造業の場合を検証しました。企業の業種および立地により震災の影響は様々ですが、共通する検討ポイントは以下のとおりです。

- 震災が起きなかった場合の正常な収支を把握する。
- 震災後の実際の収支と正常な収支との乖離を、売上・経費ともに要素ごとに分解していき、業績の変化の原因を明らかにする。

また、今後の回復可能性に関する検討ポイントは以下のとおりです。

- 各サプライチェーンの震災後の状況を把握し、事業の継続のための障壁

となる事柄を明らかにする。
- 事業継続の障壁となっている事柄について、代替案を検討する。
- 業界指標など、明らかに今後の市場の動向が変化していくことが判明している事柄について調査する。

以上のポイントをおさえて、震災による影響および回復の可能性を検証することにより、震災後に資金援助を必要とした際に、金融機関からの融資を受けやすくなる可能性が高まります。

3 エマージェンシープランの作成

Q3 エマージェンシープランとは何ですか。また、どのように作成すればよいでしょうか。

A エマージェンシープランとは、景気の悪化や業界における逆風等、危機発生により経営環境が悪化したときに発動する「緊急時計画」です。具体的には、人件費の大幅カット、投資の見送り、経費の大幅節減、資金繰り対策等が盛り込まれます。今回の震災において応用できる考え方ですのでご紹介します。

エマージェンシープランを事前に作成し従業員の同意を得ることにより、急な災害時でも迅速な経営判断を行うことができます。作成時に検討することとしては、経営状況の悪化度合いをレベル分けし、それぞれのレベルに応じた施策を決めておくことです。そうすることにより現実的な対応が可能となります。また、緊急時には大幅な人件費の削減が必要となってきますが、従業員の生活の確保を第一に考えるべきであり、収入の額によって削減額を変化させるべきでしょう。図表9はエマージェンシープランにおける財務計画方針です。

エマージェンシープランを策定する際は、まず、ステップ1として資金繰り対策（当面の運転資金確保）を考えます。換金可能資産を現金化することや、場合によっては経営者、オーナーから支援を受けることにより、危機対

3 エマージェンシープランの作成

図表9　エマージェンシープランにおける財務計画方針

ステップ	考え方	施策（案）
ステップ1 資金繰り対策	・換金可能資産の現金化により、危機対応資金を確保する。 ・経営者、オーナーの自助努力を検討する。	➢ 資産売却（有価証券等） ➢ 経営者、オーナーからの支援 ➢ 損害保険の解約返戻金
ステップ2 固定費削減	・会社の自助努力と判断でできることを中心に行う。 （一時的な危機対応措置であり、危機的状況を回避できた場合には従前通りとする）	➢ 人件費削減 ➢ 賞与減額 ➢ 各種手当見直し ➢ 車両等の売却 ➢ 工場集約
ステップ3 変動費削減	・取引先との話し合い等が発生するため、不確実性が高く効果の発生まで時間がかかるが、ステップ2の実行後についても企業の存続が困難な場合は実施する。	➢ 材料仕入れ、外注単価の見直し ➢ 省エネ設備によるコスト削減

応資金を確保する必要があります。

　次に、ステップ2として固定費の削減を考えます。固定費の削減を行う際は、会社の自助努力と判断により削減できる項目について、検討していきます。

　最後に、ステップ3として変動費の削減です。変動費の削減は、取引先との話し合いが必要であったり、不確実性が高く、時間がかかってしまったりする項目について、検討していきます。

4　自力再建のめどが立たない場合

Q4 震災の影響により事業の中核となる工場が被災して、自力では再建のめどが立ちません。このような場合、どのような対応策がありますか。

A 震災により大幅債務超過になる恐れがある場合、巨額の再建資金が必要となる場合など、自力での再建が困難な場合には、リスケジュールなどの方法を検討する必要があります。

(1) 返済の一時停止を含むリスケジュール

① 内容

借入金の返済が困難であるが、長期的には完済が可能であると見込まれる場合、金融機関等に借入条件の変更(リスケジュール)を依頼することを検討します。

② ポイント

リスケジュールは、まず、目先の資金ショートを回避するため、当社から一定期間の元金返済停止を金融機関に通知し、次に一定期間内に金融機関への返済計画を含む事業計画を金融機関に提出のうえ、元金返済の金額または一部の停止の合意(借入条件変更の合意)を取り付ける、という手順で行います。

(2) DDSによる事業再生

① 内容

DDSとは、既存の債務の一部を劣後借入金に変更することによって、企業を再生させる方法です。法的整理に陥った場合、劣後借入金は一般の借入金よりも返済順位が劣後されます。長期的には借入金の完済が可能だが、大幅な債務超過状態の会社についての再生手法です。DDSを実施す

るに当たっては合理的かつ実現可能性の高い再建計画が要求されます。

② ポイント

DDSを実施することによって、企業にとっては一般の借入金が劣後の借入金に転換されるため、一定期間元本返済が猶予され、債務者の資金繰りが改善される効果が期待できます。また、劣後借入金は純資産とみなされるので、DDSにより企業の債務超過額が圧縮されます。

(3) 第二会社方式による事業再生

① 内容

第二会社方式とは、収益性のある事業（部門）を会社分割や事業譲渡によって切り離し、他の事業者（第二会社）に承継させ、その後、悪化している事業が残っている旧会社につき特別清算等をすることにより、第二会社において事業を再生させる方法です。自力では借入金の完済が困難な場合の再生手法です。

② ポイント

金融機関の協力によっては、債務免除や税務上の課題（債務免除益課税）も解決可能となり、債務のリスクが遮断されることからスポンサーの協力が得やすくなります。

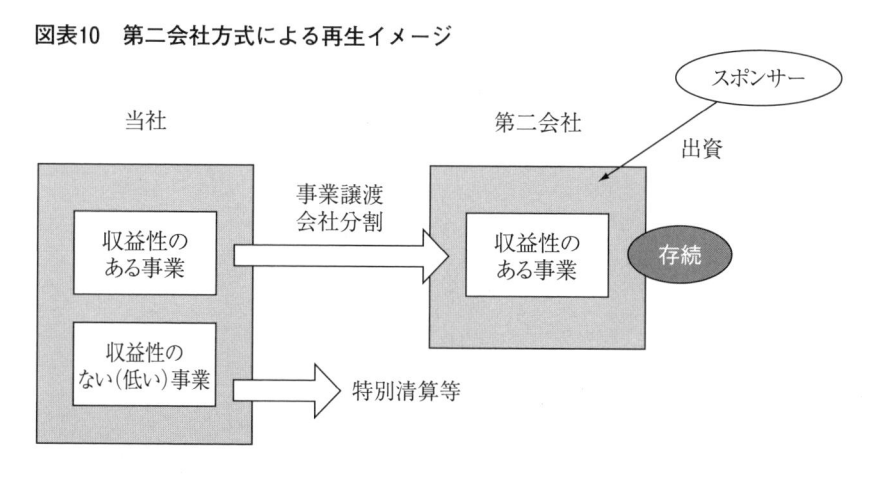

図表10　第二会社方式による再生イメージ

(4) **民事再生等の法的整理**

① 内容

　これまで述べてきた方法は私的整理といわれる方法です。

　私的整理においては、金融機関だけを対象として、仕入先などの債権者を私的整理の手続きから外すことも可能です。そのため、秘密裏に手続きを行い、風評被害を抑えることができますが、私的整理に参加する債権者全員の合意が必要となります。金融機関以外の様々な属性の債権者（例えば、仕入先やリース債権者等）の債権のカット等が必要な場合に債権者全員の合意を得ることは困難です。

　このような場合には、裁判所の関与のもと、債権者の多数決により債権カット等を行うことができる民事再生等の法的整理の手続きを検討することも必要です。

② ポイント

　民事再生等の法的整理は、倒産というイメージがつきまとうことから風評リスク、事業毀損リスクが問題となります。

　また、法的整理後は、仕入先等に対して従来の掛け払いを受け入れてもらえず現金払いが原則となりますので、精度の高い資金繰り予測が必要となります。

第3章　東日本大震災の労務に関するQ&A

○震災により生じると想定される労務に係る諸問題とそれらに対する特例措置

　会社が震災により被害を受けたことにより生ずる労務に係る問題としては、従業員を解雇または休業させざるをえなくなる、社会保険料等を期限までに納付することができなくなる、などが想定されます。そのような場合を想定し、それらに対応するための様々な特例措置が設けられています。

問　　題	特例措置
従業員を一時的に解雇しなければならない（再開のめどが立った場合には再雇用予定）	雇用保険の基本手当の受給ができる（ただし、災害救助法の指定地域にある事業所で、災害により事業を休止・廃止した場合）→Q9参照
休業を余儀なくされ、従業員に賃金を支払えない	雇用保険の基本手当の受給ができる（ただし、事業所が災害を受けたことにより事業を休止・廃止した場合）→Q9参照
社会保険料の納付ができない	納期限の延長ができる（ただし、岩手県、宮城県、福島県に所在地を有する事業所が対象で、2011年3月11日以降に納期限が到来するもの。なお、延長後の納期限については今後決定される）→Q11参照
各種助成金の申請等を期限までに行うことができない	期限までに申請があったものとして取り扱う（ただし、災害がやんで支給申請などが可能になった後一定期間内に、その理由を記した書面を添えて提出することが要件）→Q12参照
従業員が震災により業務中に怪我をした（震災により労災保険給付請求に必要な事業主の証明および診療担当者の証明が得られない）	当該証明がなくても、労災保険給付の請求書が受理される（なお、業務上災害として認定されるか否かは、兵庫県南部地震における業務上外の考え方に基づいて判断される）→Q10参照

1　従業員の解雇・休業にあたっての留意点

Q5 経営している会社が震災により被害を受け、従業員を解雇または休業させなければならない状況です。留意すべき点を教えてください。

A 震災下において従業員を解雇または休業させる場合は、被害の状況が直接的なものか間接的なものかにより、解雇の可否、休業手当の支払義務、休業手当の支給に対する雇用調整助成金等の受給の可否等、留意点が異なります。次ページに、それぞれのケースにおける留意点を示します。

2　直接被害の場合

Q6 経営している会社の事業所が震災により損壊し、早期の修復が不可能なため、従業員を休業させなければならない状況です。
　(1)　休業手当の支払義務はありますか。
　(2)　休業手当を支払った場合、雇用調整助成金の支給を受けることはできますか。

A 休業手当とは、使用者の責めに帰すべき事由（会社の都合）により従業員を休業させた場合に、休業させた所定労働日について、会社が平均賃金の100分の60以上の支払義務を負う手当のことです。

(1)　直接被害の場合における休業手当の支払義務

今回の震災により事業所が損壊し、その結果、従業員を休業させる場合は、休業の原因が天災事変等による不可抗力[※1]に該当するため、原則として使用者の責めに帰すべき事由（会社の都合）に該当しないと考えられます。し

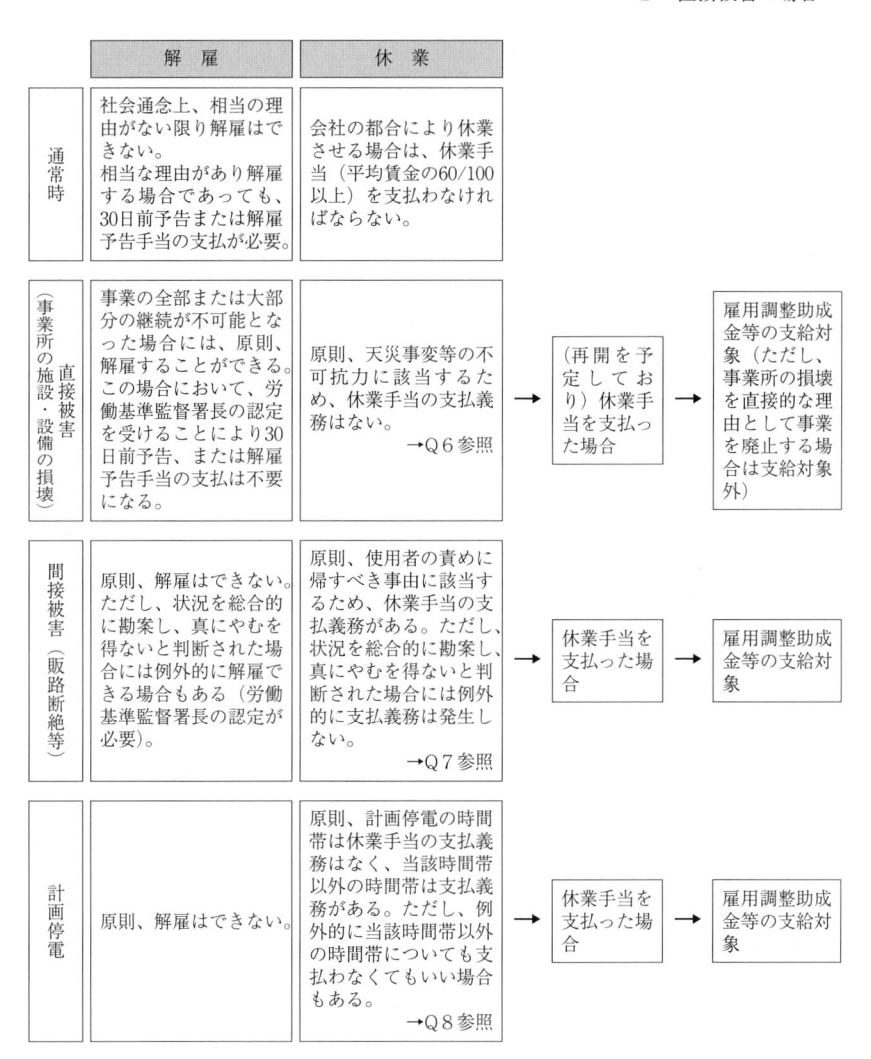

2 直接被害の場合

	解雇	休業		
通常時	社会通念上、相当の理由がない限り解雇はできない。相当な理由があり解雇する場合であっても、30日前予告または解雇予告手当の支払が必要。	会社の都合により休業させる場合は、休業手当（平均賃金の60/100以上）を支払わなければならない。		
直接被害（事業所の施設・設備の損壊）	事業の全部または大部分の継続が不可能となった場合には、原則、解雇することができる。この場合において、労働基準監督署長の認定を受けることにより30日前予告、または解雇予告手当の支払は不要になる。	原則、天災事変等の不可抗力に該当するため、休業手当の支払義務はない。→Q6参照	→（再開を予定しており）休業手当を支払った場合	→雇用調整助成金等の支給対象（ただし、事業所の損壊を直接的な理由として事業を廃止する場合は支給対象外）
間接被害（販路断絶等）	原則、解雇はできない。ただし、状況を総合的に勘案し、真にやむを得ないと判断された場合には例外的に解雇できる場合もある（労働基準監督署長の認定が必要）。	原則、使用者の責めに帰すべき事由に該当するため、休業手当の支払義務がある。ただし、状況を総合的に勘案し、真にやむを得ないと判断された場合には例外的に支払義務は発生しない。→Q7参照	→休業手当を支払った場合	→雇用調整助成金等の支給対象
計画停電	原則、解雇はできない。	原則、計画停電の時間帯は休業手当の支払義務はなく、当該時間帯以外の時間帯は支払義務がある。ただし、例外的に当該時間帯以外の時間帯についても支払わなくてもいい場合もある。→Q8参照	→休業手当を支払った場合	→雇用調整助成金等の支給対象

たがって、休業手当の支払義務はないと考えられます。

　なお、使用者の責めに帰すべき事由による休業とは、事業所の施設・設備が直接的な被害を受けていないにもかかわらず従業員を休業させる場合（ただし、※1の①②に該当する場合は除きます）や、計画停電実施時間帯以外の時間帯において従業員を休業させる場合などが考えられます。

　※1　不可抗力

「不可抗力」とは、①その原因が事業の外部より発生した事故であること、②事業主が通常の経営者として最大の注意を尽くしてもなお避けることのできない事故であること、の2つの要件を満たすものと解されています。

(2) 雇用調整助成金等の受給

休業手当を支払ったときは、雇用調整助成金(中小企業の場合は、中小企業緊急雇用安定助成金。以下「雇用調整助成金等」といいます)の支給を受けることができるものと考えられます。

「雇用調整助成金等」とは、経済上の理由により事業活動の縮小を余儀なくされた事業主が、従業員の雇用を維持するために、一時的に休業等を行った場合に、当該休業等に係る休業手当相当額の一部(中小企業で原則8割)を助成するものです。東日本大震災に伴う「経済上の理由[※2]」も当該助成金等の支給対象理由になります。

※2 東日本大震災に係る具体的な経済上の理由
① 交通手段の途絶により、従業員が出勤できない、原材料の入手や製品の搬出ができない、来客がない等のため事業活動が縮小した場合
② 事業所、設備等が損壊し、修理業者の手配や部品の調達が困難なため早期の修復が不可能であり生産量が減少した場合
③ 避難指示など法令上の制限が解除された後においても、風評被害により観光客が減少したり、農産物の売上が減少した場合
④ 計画停電の実施を受けて、事業活動が縮小した場合

震災により事業所が損壊したために当該事業を休止する場合は、「震災を直接的な理由とした事業活動の縮小」であり、「経済的な理由」に該当しないため、雇用調整助成金等の支給対象にはなりません。

しかし、ご質問のケースのように、休業手当の支払義務はないものの、労働力確保等の観点から会社の判断により休業手当を支払ったときには、支給要件[※3]を満たせば、雇用調整助成金等の支給を受けることができるとされています。

※3 主な支給要件
① 最近3カ月の生産量、売上高等がその直前の3カ月前または前年同期と比

較して5％以上減少している雇用保険適用事業所の事業主であること
　ただし、以下イ～ハの場合には、震災に伴う特例として、最近1カ月の生産量、売上高等が、その直前の1カ月または前年同期と比較し5％以上減少していれば対象となります。
　　イ　青森県、岩手県、宮城県、福島県、茨城県、栃木県、千葉県、新潟県、長野県のうち災害救助法適用地域※に所在する事業所
　　ロ　イに該当しない事業所であっても、上記の災害救助法適用地域に所在する事業所と一定規模以上（総事業量などに占める割合が3分の1以上）の経済的関係を有する事業所
　　ハ　ロの事業所と一定規模以上（総事業量の2分の1以上）の経済的関係を有する事業所
※　「災害救助法適用地域」とは、多数の者が生命または身体に危害を受け、または受けるおそれが生じたことにより、避難して継続的に救助を必要とする地域として災害救助法の適用が決定された地域をいいます。
②　休業等を実施する場合、公共職業安定所に事前にその計画を届け出ること

3　間接被害の場合

Q7　取引先が震災により被害を受け、原材料の仕入れができず、従業員を休業させなければならない状況です。
　　(1)　休業手当の支払義務はありますか。
　　(2)　休業手当を支払った場合、助成金の支給を受けることはできますか。

A　**(1)　間接被害の場合における休業手当の支払義務**
　　今回の震災により事業所の施設・設備が直接的な被害を受けていない場合には、原則として、使用者の責めに帰すべき事由（会社の都合）による休業に該当すると考えられます。
　ただし、休業について、①その原因が事業の外部により発生した事故であること、②事業主が通常の経営者として最大の注意を尽くしてもなお避けることができない事故であること、の2つの要件を満たす場合には、例外的に、

使用者の責めに帰すべき事由に該当しないと解されます。具体的には、取引先への依存の程度、輸送経路の状況、他の代替手段の可能性、災害発生からの期間、会社としての休業回避のための具体的努力等を総合的に勘案し、判断する必要があると考えられます。

したがって、ご質問のケースにおいては、原則に該当するか、例外に該当するかによって休業手当の支払義務の有無が異なることになります。

(2) 雇用調整助成金等の受給

ご質問のケースは、「経済上の理由」に該当すると考えられますので、374ページ※2の「東日本大震災に係る具体的な経済上の理由」に該当する場合には、雇用調整助成金等の支給を受けることができます。

4　計画停電の場合

Q8 計画停電の影響を受け、従業員を休業させなければならない状況です。
(1) 休業手当の支払義務はありますか。
(2) 休業手当を支払った場合、助成金の支給を受けることはできますか。

A　(1) **計画停電の場合における休業手当の支払義務**

計画停電の実施による休業については、原則として「使用者の責めに帰すべき事由（会社の都合）による休業」に該当しないとされており、休業手当（平均賃金の100分の60以上の手当）を支払わなくても法令違反とはなりません。

一方、計画停電がなされていない時間帯の休業は、原則として「使用者の責めに帰すべき事由による休業」に該当するとされています。ただし、計画停電がなされていない時間帯を含めて休業とする場合であっても、全体を「使用者の責めに帰すべき事由による休業」に該当しないとされるケースが

あります。他の手段の可能性、休業回避のための具体的努力等を総合的に勘案し、計画停電の実施時間帯のみを休業とすることが企業の経営上著しく不適当と認められる場合がこれに該当します。例えば計画停電の結果、工場・物流等に大きな乱れが生じ、製品・原材料納入が欠品したため店舗等での終日休業等を余儀なくされた場合などは、「休業回避」の努力を尽くしているといえるため、この例外事由に該当するものと思われます。

なお、計画停電が予定されていたために休業としたものの、実際には計画停電が実施されなかった場合においては、「計画停電の予定、その変更の内容やそれが公表された時期」を踏まえて判断することとされています。2011年3月～4月において、予定されていた計画停電が実施されなかったときは、直前またはその後に未実施が告知されたことが多かったようです。このケースは公表された時期があまりに切迫していること等から、使用者側が休業を回避することは困難であり、休業手当の支払義務は負わないと判断されるものと思われます。

(2) 雇用調整助成金等の受給

Q7のA(2)（376ページ）と同一の解釈となりますので、そちらをご参照ください。

5　休業による雇用保険の基本手当の受給

Q9 経営している会社が震災により被害を受け、事業を休止しなければなりません。その結果、従業員に賃金を支払うことができない状況です。

(1) その従業員に対し、何らかの特例措置はありますか。

(2) また、事業再開後に再雇用することを前提に、一時的に解雇した場合には、何らかの特例措置はありますか。

(1) 休業のために給与が支払われない従業員に対する特例措置

A 会社が震災により事業を休止・廃止したために、休業を余儀なくされ、賃金を受けることができない状態にある従業員については、実際に離職していなくても雇用保険の基本手当を受給することができます。

基本手当とは、雇用保険の被保険者が失業した際に給付される手当のことです。この場合、休業証明書を公共職業安定所に提出する必要があります。休業証明書は、公共職業安定所で配布していますので、最寄りの公共職業安定所にご相談ください。

なお、従業員が基本手当を受給したいと思っているものの、事業所周辺も含めて広範に災害を受けているため、事業主の方と連絡がつかず、手続きが進められないといった場合でも、本人の申出等により手続きを進めることができますので、まずは、最寄りの公共職業安定所または労働局にご相談ください。

その際、給与明細や賃金振込が確認できる通帳など、できるだけ就業時の状況がわかるような書類を用意しておけば、相談やその後の手続きを円滑に進めることができます。

(2) 再雇用を前提とした一時的な解雇の場合の特例措置

被害を受けた事業所が災害救助法の指定地域にある場合には、事業再開後の再雇用が予定されている場合であっても、基本手当を受給することができます。

この場合、被保険者資格喪失届および離職証明書を公共職業安定所に提出する必要があります。公共職業安定所で配布していますので、最寄りの公共職業安定所にご相談ください。

なお、離職証明書等の記載内容の確認のため、休業前における賃金支払状況など提出書類の記載内容が確認できる書類があれば、手続きを速やかに進めることができますが、確認できる書類が全くない場合でも、本人の申出等により手続きを進めることができますので、まずは、最寄りの公共職業安定所または労働局にご相談ください。

6　労災保険給付請求

Q10　従業員が就業中、震災により怪我をしました。労災保険給付の請求はできますか。また、請求する場合、誰がどのような手続きをすればいいか教えてください。

A　労災保険給付の請求ができます。

「労災保険給付」とは、業務上災害または通勤災害により従業員が負傷した場合等に、被災従業員等に対して給付される手当のことです。

労災保険給付請求は、通常、被災された従業員が所属している事業所を管轄する労働基準監督署（以下「監督署」といいます）に行いますが、今回の震災による怪我等に関する請求については、全国のすべての監督署で受け付け、所轄の監督署に回送しています。また、労働局の実施する出張相談等の場でも請求を受け付けています。

本来、従業員が労災保険給付請求をするためには、事業主の証明を得なければなりませんが、震災の影響により事業主証明が得られない場合であっても、請求書が受理されることとなっています。また、従業員が既に労災保険給付を受けていた場合であって、当該給付を受けていた医療機関が倒壊した等の理由から、診療担当者の証明が受けられないときであっても、請求書が受理されることとされています（上記の場合、請求者が事業主証明欄および診療担当者証明欄に記載事項を記載し、さらに当該証明を受けられない事項を付記する必要があります）。

なお、業務上災害として認定されるか否かは、兵庫県南部地震における業務上外の考え方[※]に基づいて判断され、労災認定された事例としては、以下のようなものがあります。

　※　兵庫県南部地震における業務上外の考え方
　　　地震により、業務遂行中に建物の倒壊等により被災した場合にあっては、作業方法や作業環境、事業場施設の状況などの危険環境下の業務に伴う危険が現

実化したものと認められれば業務災害となります。
- 作業現場でブロック塀が倒れたための災害
- 作業場が倒壊したための災害
- 事務所が土砂崩壊により埋没したための災害
- バス運転手の落石による災害
- 工場または倉庫から屋外へ避難する際の災害や避難の途中車庫内のバイクに衝突した災害
- トラック運転手が走行中、高速道路の崩壊により被災した災害

7 社会保険料等の納期限の延長

Q11 経営している会社が震災により被害を受け、期限までに社会保険料等の納付ができない状況です。何か救済措置はありますか。

A 次の①②のいずれにも該当する場合は、社会保険料[※1]の納期限の延長ができます。

① 平成23年3月11日以降に納期限が到来するもの

② 岩手県、宮城県、福島県に所在地を有する事業所等が納付するもの

なお、延長後の納期限は、災害のやんだ日から2カ月以内の日が定められることとなりますが、状況等を踏まえた上で、別途定められます。

さらに、納期限の延長された当該保険料は、延長後の納期限内に納付することができないと認められるときは、納付者の申請に基づいて、その納付が1年以内に限り猶予されます。

※1 ここでいう社会保険料とは、全国健康保険協会が管掌する健康保険の保険料および厚生年金保険料、船員保険料、子ども手当拠出金を指します。健康保険組合および厚生年金基金については、それぞれの組合または基金にお問い合わせください。

上記②の地域にない事業所であって、災害により相当な損失を受けた場合には、自らの申請に基づいて、平成23年3月11日以降に納期限が到来する保険料等の納付が1年以内に限り猶予されます。相当な損失とは、災害による

損失の割合が、全財産のおおむね20％以上であることとされています。なお、保険金や損害賠償金等で補てんされる金額は、損失の額から控除されます。

一方、労働保険料（労災保険料および雇用保険料）・一般拠出金についても特例措置が行われます。

(1) 免除

次の要件を満たす場合は、要件②に該当していた期間（最大で平成23年3月1日から平成24年2月29日まで）の賃金に関する労働保険料と平成23年度の一般拠出金が免除されます。

① 平成23年3月11日に、事業場が岩手県、宮城県、福島県の全域もしくは青森県、茨城県、栃木県、千葉県、新潟県、長野県の一部のいずれかに所在していたこと
② 震災の被害により、賃金の支払に著しい支障が生じている等、労働保険料の支払が困難である事情があること

(2) 申告・納付期限の延長

事業場が岩手県、宮城県、福島県に所在する場合は、一部市町村を除き、労働保険料・一部拠出金の申告・納付期限が平成23年9月30日まで延長されます。

上記指定されなかった一部市町村については、改めて告示される期限まで引き続き延長されます。

(3) 納付の猶予

社会保険料と同様、すべての地域において、震災により事業財産に相当の損失（おおむね20％以上）を受けた場合は、最大で1年間、労働保険料・一般拠出金の納付が猶予されます。この場合であっても、申告手続きおよび申請が必要となります。

8　助成金の申請期限の延長

Q12 助成金の申請をしようと思っていましたが、震災により期限までに支給申請を行うことができそうにありません。何か救済措置はありますか。

A 支給申請が可能になった後、一定期間内にその理由を記した書面を添えて提出することで、期限までに支給申請があったものとして取り扱われます。なお、いつの時点で支給申請などが可能になったかどうかについては、会社の事情を踏まえ、その都度判断されます。

一定期間とは以下の期間をいいます。

① 支給申請が可能になった日から7日以内
- 育児休業取得促進等助成金
- 介護基盤人材確保等助成金
- 介護未経験者確保等助成金
- 介護労働者設備等整備モデル奨励金
- 建設業新分野教育訓練助成金
- 建設業離職者雇用開発助成金
- 雇用調整助成金（中小企業緊急雇用安定助成金を含む）
- 受給資格者創業支援助成金
- 事業所内保育施設設置・運営等助成金
- 障害者就業・生活支援センター設立準備助成金
- 障害者初回雇用奨励金（ファーストステップ奨励金）
- 精神障害者雇用安定奨励金
- 地域雇用開発助成金
- 地域再生中小企業創業助成金
- 中小企業子育て支援助成金
- 中小企業雇用安定化奨励金

- 通年雇用奨励金
- 特定求職者雇用開発助成金
- 特例子会社等設立促進助成金
- 難治性疾患患者雇用開発助成金
- 派遣労働者雇用安定化特別奨励金
- 発達障害者雇用開発助成金
- 労働移動支援助成金

② 支給申請が可能になった日から1カ月以内
- 既卒者育成支援奨励金
- 3年以内既卒者トライアル雇用奨励金
- 3年以内既卒者(新卒扱い)採用拡大奨励金
- 試行雇用奨励金(トライアル雇用奨励金)
- 実習型試行雇用奨励金
- 正規雇用奨励金
- 若年者等正規雇用化特別奨励金
- 実習型雇用奨励金
- 精神障害者等ステップアップ雇用奨励金及びグループ雇用奨励加算金

〈編著者紹介〉

税理士法人山田＆パートナーズ　http://www.yamada-partners.gr.jp/
　〒100-0005
　東京都千代田区丸の内1丁目8番1号　丸の内トラストタワーN館19階
　TEL：03-6212-1660
　【主な業務内容】
　　税務申告、相続・事業承継コンサルティング、法人税務・財務・法務コンサルティング、医療機関・福祉施設支援事業、国際税務コンサルティング、新公益法人制度サポート
　【事業所】
　　関西事務所（大阪市中央区）、名古屋事務所（名古屋市中村区）、福岡事務所（福岡市中央区）
　総人員238名（平成23年7月現在）

山田コンサルティンググループ株式会社（ジャスダック上場）
　純粋持株会社。下記2社を含む各種コンサルティング事業会社を擁する。
　総人員352名（平成23年7月現在）。
　〒100-0005
　東京都千代田区丸の内1丁目8番1号　丸の内トラストタワーN館14階
　TEL：03-6212-2500

　　山田FAS株式会社　http://www.y-fas.co.jp/
　　【主な業務内容】
　　　M&A・企業再編の財務アドバイザリー、企業価値評価・財務デューディリジェンス、新株予約権評価、IPOコンサルティング、業務改善コンサルティング、事業承継コンサルティング、オーナー経営者の資産管理コンサルティング

　　山田ビジネスコンサルティング株式会社　http://www.y-bc.co.jp/
　　【主な業務内容】
　　　業績改善・持続的成長コンサルティング、事業計画の策定・実行支援、事業・財務・法務デューディリジェンス、M&Aコンサルティング、事業承継コンサルティング、人事コンサルティング、医療機関コンサルティング、中国進出企業コンサルティング、公的分野の調査・研究受託
　　【支店】
　　　大阪支店（大阪市中央区）、名古屋支店（名古屋市中村区）、東北事業所（仙台市青葉区）、シンガポール駐在所

〈監修者紹介〉

川田　剛
　昭和17年生まれ。
　昭和49年 大阪国税局柏原税務署長、昭和53年 在サンフランシスコ日本国総領事館領事、昭和58年 仙台国税局調査査察部長、昭和62年 国税庁長官官房国際業務室長、平成4年 国税庁徴収課長、平成7年 仙台国税局長、平成8年 辞職、平成16年 明治大学大学院グローバル・ビジネス研究科教授。

尾崎　三郎
　昭和17年生まれ。
　昭和61年 国税庁直税部資産税課課長補佐、平成7年 大阪国税局課税第一部資産税課長、平成11年 国税庁課税部資産税課長、平成12年 熊本国税局長、平成13年 辞職、同年税理士登録。

関場　修
　昭和24年生まれ。
　平成5年 国税庁直税部資産税課課長補佐、平成15年 税務大学校教育第二部主任教授、平成19年 成田税務署長、平成21年 辞職、同年税理士登録。

執筆者

布施　麻記子	佐伯　草一	加藤　友彦	春田　憲重
青木　啓輔	青木　康弘	浅川　典子	荒井　大
石田　裕之	伊藤　幸範	角田　実奈	柏田　光
門田　英紀	熊谷　仁志	久島　満洋	齊藤　幸浩
榊　裕之	関　博史	陣内　徳子	滝　亮史
鶴田　由美子	原山　和也	吉川　貴之	

東日本大震災の税務・復興支援

平成23年10月5日　初版発行 ©

　監修者　川田　剛　尾崎　三郎　関場　修
　編著者　税理士法人山田＆パートナーズ
　　　　　山田コンサルティンググループ株式会社
　　　　　山田FAS株式会社
　　　　　山田ビジネスコンサルティング株式会社
　発行者　富高　克典
　発行所　株式会社　財経詳報社
　　　　　〒103-0013　東京都中央区日本橋人形町1-1-6
　　　　　電話　03(3661)5266㈹　FAX　03(3661)5268
　　　　　http://www.zaik.jp　振替口座　00170-8-26500

落丁・乱丁はお取り替えいたします。　　印刷・製本　創栄図書印刷
ISBN 978-4-88177-274-4